내 영혼은
이런 대화를
원한다

내 영혼은 이런 대화를 원한다
Soul Talk

초판 1쇄 발행 _ 2004년 12월 8일
초판 10쇄 발행 _ 2010년 8월 19일
지은이 _ 래리 크랩
옮긴이 _ 윤난영
펴낸이 _ 김명호   펴낸곳 _ 도서출판 사랑플러스
기획책임 _ 박주성   편집책임 _ 김순덕
교정·교열 _ 조혜진   표지·내지디자인 _ 정선형
마케팅책임 _ 김석주

등록번호 _ 제22-2110호(2002년 2월 15일)
주소 _ (137-865) 서울 서초구 서초1동 1443-26
e-mail _ sarangplus@sarang.org   홈페이지 _ www.discipleN.com
영업부 _ 3489-4300   팩스 _ 3489-4319

값 10,000원 ISBN 89-90285-11-9 03230

● 독자의 의견을 기다립니다

내 영혼은
이런 대화를
원한다

래리 크랩 지음 | 윤난영 옮김

사랑플러스

Originally published in the USA By INTEGRITY PUBLISHERS, INC.
under the title
Soul Talk: The Language God Longs for Us to Speak
Copyright ⓒ 2003 Brentwood, Tennessee
All rights reserved.

Translated and used by permission of Integrity Publishers, Inc.
Through the arrangement of KCBS Literary Agency., Seoul, Korea.
Korean Copyright ⓒ 2003 by DMI Press, Seoul, Korea.

이 책의 한국어판 저작권은 KCBS, Inc.를 통해
저작권자와의 계약으로 도서출판 사랑플러스에 있습니다.
신저작권법에 의해 한국 내에서 보호를 받는 저작물이므로 무단전재와 복제를 금합니다.

이 책에 인용된 성경 말씀은 특별한 표시가 없는 한,
유진 피터슨의 『*The Message*』를 번역·인용한 것입니다.

우리의 의도적 영적형성그룹에게,
우리들 각자에게 언어를 배울 수 있는 기회를 주신 것을 감사한다.
하나님께서는 우리가 말하기를 간절히 원하신다.

추천의 글

널리 알려진 작가이자 상담학자인 래리 크랩이 이번에 출간한 『내 영혼은 이런 대화를 원한다』는 다루고 있는 주제는 비슷하겠지만, 담고 있는 메시지는 이전의 책들과 차이가 있다. 그것은 그가 겪은 삶의 정황 때문이다. 갑작스런 암 선고와 절망, 죽음의 공포 앞에서 그는 자신의 존재와 인생의 본질에 대한 깊은 성찰을 하게 되고, 바로 그 결과물이 이 책이다. 이런 점에서 볼 때 이 책은 연구를 통해 얻은 결과물이라 아니라 고통을 통해 얻은 열매라고 해야 할 것이다.

나는 고통이 우리 인생에 주는 유익에 대해 기회가 있을 때마다 말해 왔다. 저자의 고백에서도 볼 수 있듯이 우리가 겪는 모든 어려움은 결국 하나님을 갈망하도록 한다. 이 책은 바로 하나님을 향한 강한 갈망 속에서 쓰였다.

저자는 바쁜 사역에 쫓기는 나에게 가장 필요한 대화의 기술을 지적하였다. 그간 좀 더 효과적인 사역을 위해 조직적으로 행동하며 나누었던 나의 대화들은 이 책에서 말하는 '자아의 대화'였다는 생각이 든다.

성령께서는 이 책을 통해 한 영혼이라도 더 빨리 만나고 싶다면 오히려 느리고 조용한 영혼의 대화를 하라고 하신다. 그것은 자기만족과 이기적 관점을 버리는 것이다. 조용히, 그리고 느리게 상대방의 영혼을 보게 하신다. 내 것 대신 성령과 상대방의 필요를 내 영혼에 채울 때 그와 영혼의 대화를 할 수 있다.

성령의 커뮤니케이션 방식이 있음을 기억하라. 그것이 바로 그분이 원하시고, 우리가 갈망하며, 우리 이웃에게 필요한 대화이다. 예수의 제자라면 누구나 예외 없이, 저자가 이 책에서 제안하는 사랑하는 사람들의 영혼을 움직일 수 있는 능력의 말을 배워야 한다. 하나님께서는 우리 모두가 '영혼의 대화'를 배워 세상을 새롭게 하는 그의 백성으로 거듭나기 기대하신다.

사랑의교회 원로목사 **옥한흠**

추천의 글

살면서 만나는 많은 사람들의 성격이나 특성에 따라 원만한 관계를 유지하고 있지만, 그것은 영혼의 만족함이 없는 관계다. 이 책을 읽으면서 그것은 내 영혼의 문제임을 깨달았다. 내 영혼이 하나님 앞에서 완전히 낮아지지 않고, 하나님과 온전히 하나됨의 기쁨을 누리지 못해, 힘 있는 영혼의 대화를 못하고 있다는 문제 진단을 하게 된 것이다. 하지만 동시에 하나님께 나아가 그분을 통해 내 영혼과 모든 관계가 새롭게 되고자 하는 갈망을 성령이 부어 주고 계심을 느끼며, 여기에 소망의 끈을 붙들게 된다.

래리 크랩의 인도를 따라, 아니 성령님의 인도를 따라 영혼의 대화를 향한 여정을 시작하고 싶다. 내가 만나는 모든 사람들이 우리가 진정으로 원하는 대상은 하나님이라는 사실을 발견하도록 도울 수 있는 능력 있는 대화의 방법을 배우고 싶다.

기독교사연합 좋은교사운동 상임총무 **정병오**

가끔 아주 가까운 사람과의 대화마저도 지극히 형식적이라는 생각이 들 때가 있다. 무슨 말을 해야 할지 떠오르지 않을 때는 그냥 상대방 기분 좋을 말로 상황을 얼버무리고 말기도 한다. 상대 역시 내가 그를 백 퍼센트 이해 못했음을 눈치 채고 마음속으로 실망할 것은 자명하다. 그런 대화 후, 등 뒤로 느껴지는 허전함이란….

이 책 『내 영혼은 이런 대화를 원한다』에서 가르쳐준 영혼의 대화를 시작하면서 그 허전함의 부피가 조금씩조금씩 줄어들었다. 그 대신 상대방이 느끼는 만족의 부피는 조금씩조금씩 커지고 있음을 나 역시 느낄 수 있다.

하나님의 사랑을 전하는 통로를 넓히고 싶지만 방법을 모르는 분들과 함께 영혼의 대화를 시작하고 싶다.

MBC 아나운서, 〈아주 특별한 아침〉 진행자 **최윤영**

추천의 글 _6

O 프롤로그 인생이 시작되는 때 _13
1 커뮤니케이션의 혁명 생명이 있는 말 _25
2 새로운 방식의 관계 옛 방식은 무효다 _31
3 내면에 주의를 기울이라 새로운 언어생활의 시작 _45
4 하나님 우선주의 영혼에서 일어나고 있는 전투의 현장 _61
5 껍데기 안을 보라 전투장에서 춤추는 군사 _73
6 더 가까이 보기 위해 움직이라 종교는 나의 적이다 _87
7 가장 좋은 것을 추구하라 내 비전은 무엇인가 _101
8 동기가 무엇인가 문제를 해결할 열정 _121
9 세 가지 원리 소망없는 종교인 _129

10 선한 호기심 당신에게 할 말이 있습니다 _ 145

11 숨은 이야기들 섣부른 동감과 책임감 _ 157

12 사소한 이야기의 연장 기회는 항상 열려 있다 _ 177

13 모두 다 들으라 이야기 뒤에 숨어 있는 에너지 _ 193

14 이야기의 중심으로 들어가기 성령의 역사를 따르라 _ 209

15 새로운 땅 새로운 삶 성령의 역사에 동참하라 _ 223

16 내 파트너는 성령 혼자 막춤 추는 사람 _ 239

17 성령의 신비 할 수 없는 것에 대한 용기 _ 255

18 영광의 리듬을 배우라 하나님 기다리기: 마지막 이야기 _ 267

19 에필로그 작은 고리로 움직이는 큰 문 _ 281

참고 _ 288

주 _ 295

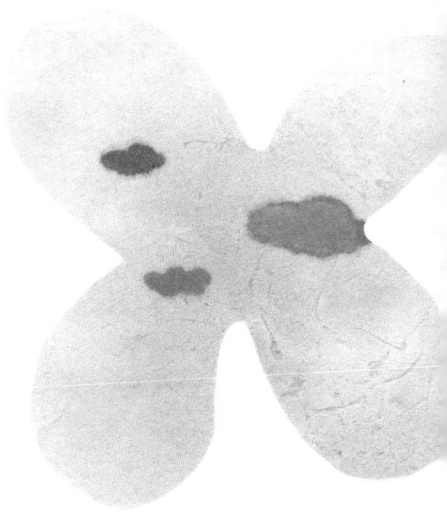

○
프롤로그

인생이 시작되는 때

　　　　　　　　　　　　　　1997년 7월 5일 정오가 막 지
났을 때, 의사는 내가 암에 걸렸다고 했다. 의사의 이름은 기억나지 않지만, 아내와 함께 검사 결과를 기다리고 있던 병실로 들어오던 그의 얼굴이 마치 비디오를 보듯이 생생하다. 입 둘레를 가득 덮은 굵고 검은 수염과 잔잔한 슬픔의 빛을 띠고 나를 바라보던 라틴계 특유의 강렬한 눈. 나는 올 것이 왔음을 직감했다.

　그는 마치 문둥병자로부터 거리를 두려고 긴장하는 선교사처럼 내 침대 끝에 서 있었다. 가까이 다가와서 내 어깨를 다독이고 싶은 마음을 억누르는 듯, 그는 말하면서 의사로서의 직업적인 거리를 유지했다.

　지금도 그때 그의 목소리가 들리는 듯하다. 그의 수염만큼이나 투박한 사투리였지만 알아듣는 데는 전혀 어려움이 없었다. "방금 조직 검사 결과가 나왔습니다. 위 근처에 테니스공만한 혹이 있군요. 악성임을 확인했습니다."

의사가 나간 후 아내와 나는 울음을 터뜨렸다. 그는 아무런 기약도 하지 않았다. 내가 살 수 있을지 죽게 될지 알 도리가 없었다.

인생이 무엇인지 깨닫는 데는 오랜 시간이 걸린다. 우리는 그때가 닥쳐서야 그 어려운 질문을 던진다. 그날, 나에게 인생의 의미를 물어야 할 때가 닥친 것이다. 그 의사의 말은 내가 여기서 뭐하고 있는지, 예측할 수 없는 이 인생을 어찌 살아야 하는지, 인생에서 내가 정말 원하는 것은 무엇이며 그것이 쓸모 있는 것인지에 대해 생각하게 했다.

내 영혼을 가리고 있던 커튼이 걷어졌고, 나는 내 안에서 무슨 일이 일어나고 있는지 보기 시작했다. 그러자 싸움은 시작되었다. 그것은 또한 인생이 시작되는 때이기도 했다.

영혼의 내면을 들여다보라

우리 대부분은 자신의 영혼을 자세히 들여다보지 않기로 작정한 것 같다. 우리가 사는 세상과 우리 자신에 대해 자세히 알고 싶어 하지 않는다. 우리는 이런 걱정들을 한다. '만일 우리가 원하는 것과 쓸모 있는 것을 가까이에서 보게 된다면, 그리고 우리의 영혼 속에서 일어나고 있는 모든 일들을 본다면, 우리는 포기하거나 미쳐 버릴 거야. 아니면 축구장에서 '예수 천당 불신 지옥'이라고 쓴 플래카드를 치켜드는 괴짜가 되는 건 아닐까. 더 나빠질수도 있고.'

| 프롤로그 |

내면을 모두 본다고 해서 그런 일이 일어나는 것은 아니다. 내면의 참 모습을 잠깐이라도 명확히 본다면 그런 일은 없을 것이다. 오히려 편파적으로 보는 것이 더 나쁜 결과를 가져온다.

우리의 영혼을 깊이 살피는 것은 우리의 인생을 새롭게 시작하도록 이끈다. 이전에 결코 살아보지 못한 그런 새로운 삶들. 어두운 밤이 당장 사라지지는 않지만 반드시 밝은 아침이 올 것이라는 약속을 품고 있듯이, 한 세계의 해넘이는 또 한 세계의 해돋이를 기약하고 있다. 기쁨은 반드시 실현된다.

그러나 이 일이 바로 이루어지는 것은 아니다. 마치 전등 빛에 익숙해진 우리의 눈이 햇빛에 익숙해지려면 시간이 걸리는 것과 같다. 이전에 한 번도 햇빛을 보지 못했고 그 온기를 모르는 사람처럼, 그리고 이후로도 그 빛을 보고 느끼는 것이 불가능한 것처럼, 어두움은 우리 인생의 마지막 날까지 끝나지 않을 것처럼 보일지도 모른다.

하나님을 향한 갈망 회복

아내 레이첼은 병원 규칙상 저녁 8시면 집으로 돌아가야 했다. 수술은 7월 8일 화요일 아침으로 잡혔고, 한 시간 정도 침대에 누워 있던 나는 일어나 환자복으로 갈아입고 창가로 다가갔다. 내가 있는 곳은 덴버 중심가에 있는 세인트조지프병원 9층이었고, 때는 토요일 밤이었다.

사거리에는 수많은 차들이 먹이를 찾아다니는 벌레처럼 늘어서서 끊임없이 거리를 배회하고 있었다. 동쪽으로는 문 닫은 제과점이 보였고 북쪽으로는 스타벅스가 보였다.

　진실을 외면하고 싶을 때 우리는 불필요한 생각들로 머리를 가득 채우곤 한다. 그런데 가끔 그런 불필요한 생각들 중 하나가 현실을 바로 보도록 우리를 이끌기도 한다. 지나가던 차 한 대가 스타벅스에 서더니 한 쌍의 남녀가 내렸다. 나는 그들이 나와 레이첼 또래의 행복한 한 그리스도인 부부일 거라고 생각했다. '그들은 카페인 없는 커피를 사이좋게 마시고는 아늑한 집으로 돌아가겠지. 그리고 내일 아침에 일어나 주일 예배 드리러 교회에 갈 거야.'

　그러자 곧바로 이런 생각이 들었다. '그들은 행복한 삶을 살고 있는데 나는 암 선고를 받다니. 이것은 공평치 않아. 나는 지금 혼자서 병원에 있고 아내는 집에서 울면서 하나님께 기도하고 있을 거야. 내 몸속에는 치명적인 암덩어리가 있어. 그런데 그들은 행복한 시간을 보내고 있잖아. 나도 그런 삶을 살고 싶어!'

　이런 때는 내 감정을 바꿀 만한 좋은 생각들은 도무지 떠오르지 않고, 그저 어리석은 생각들만이 머리를 어지럽히곤 한다. '어쩌면 내가 금요일에 경건의 시간을 제대로 갖지 않아서 토요일에 암이라는 결과가 나왔는지도 몰라. 만일 경건의 시간을 길게 갖고 성경 구절을 암송하고 화요일에 수술을 하면 종양이 악성이 아니라는 결과가 나오지 않을까? 아니면 쉽게 제거되어 집에 돌아갈 수 있을지도 몰라.'

　우리 능력으로는 제어할 수 없는 것을 제어하려 하고, 설명하기 어려운 것을 설명하려고 할 때, 우리는 어리석은 생각밖에 할 수 없다. 그리고 우리의 모든 감정들조차도 혼란스럽고 불안정하게 된다.

'내가 뭘 잘못했다고!'라는 교만한 생각을 하다 보면, '도무지 견딜 수가 없어!'라며 절망에 빠지게 되고, 결국 '누가 내게 이런 고통을 주는 거지?'라는 분노가 치밀어 오른다. 한참 그렇게 화가 났다가는 모든 걸 체념한다. '무슨 상관이야?' 이것은 평안을 가장하고 싶은 마음이다. 그러나 이후에 더 큰 혼란이 온다. '도대체 어떻게 해야 할지 모르겠네.'

꼬리에 꼬리를 물고 떠오르는 생각들이 머릿속에서 표류하는 것을 느끼면서 사탄이 예수님을 시험하던 장면이 떠올랐다. 여전히 창밖을 바라보면서 나의 상상은 계속 되었다.

사탄이 먼저 말했다. "예수님, 나는 당신의 인생을 빛내 줄 놀라운 계획을 가지고 있답니다. 그것은 당신에게 이미 주어진 것과는 비교할 수 없이 좋은 겁니다. 만약 당신의 계획을 바꾸지 않는다면 당신 앞에 어떤 일이 펼쳐질지는 당신도 알고 있겠지요? 당신의 일시적인 인기는 곧 사라지고, 메시아인 당신을 증오하는 권력자들이 군중들을 이용하여 당신의 생명을 빼앗을 것입니다. 당신의 제자들은 가장 필요한 순간에 당신을 배반하고 도망갈 것이고, 당신이 맞을 죽음은 당신이 상상하는 것 이상으로 잔인하고 무서울 거라고. 당신이 원하는 것은 그런 게 아니잖습니까? 당신은 더 나은 삶을 살 수 있잖습니까? 그게 어떤 것인지 궁금하지 않습니까?"

"먼저 당신을 위해 먹을 것을 만드십시오. 당신은 충분히 할 수 있다는 것을 알고 있습니다. 당신의 능력을 발휘해 보십시오! 당신은 지금 배고픈데, 생리적 욕구를 만족시키는 것이 잘못된 일입니까? 해 보십시오. 그러면 느낌이 좀 나아질 겁니다."

"아래를 내려다보십시오. 당신은 극장, 커피숍, 멋진 집, 교회, 골프장,

영화관, 뭐든지 가질 수 있습니다. 내가 이 모든 것들을 다 줄 수 있습니다. 당신 마음껏 원하는 대로 전부 가질 수 있단 말입니다. 그러면 당신은 승리자가 될 겁니다!"

"나는 당신을 당신이 기대하는 것보다 훨씬 더 인기 있는 사람으로 만들어 줄 수 있습니다. 당신의 메시지를 전할 강단이 필요하지 않습니까? 나에게는 모든 신문 일면에 사진과 함께 당신의 기사를 머리기사로 실을 전략이 있습니다. 당신은 유명해질 것입니다. 오! 〈오프라쇼〉나 〈래리 킹 라이브〉 출연은 어떻습니까?"

"이제 협상해 봅시다. 당신이 이 세상에서 바라는 것은 무엇이든지 가능하게 할 수 있는 능력이 내게는 있습니다. 그리고 난 그렇게 할 것입니다. 다만 당신도 협력해야 합니다. 그리 어려운 일은 아닙니다. 당신의 아버지께 한 마디만 하면 됩니다. '나는 정말 아버지를 사랑하고 가까이 하고 싶지만, 이 세상의 모든 것을 더 원해요.'라고 말입니다. 당신 자신을 위해 한 번 외쳐 보십시오!"

나는 여전히 스타벅스의 창가에 앉아 커피를 마시며 담소를 즐기고 있는 한 쌍의 남녀를 내려다보며 예수님의 반응에 대해 생각해 보았다. "나는 내 능력을 오직 한 가지 일, 내 아버지께 더 가까이 나아가고 그가 내게 바라시는 것을 위해서만 사용할 것이다. 인생에서 누릴 수 있는 즐거움과 아버지와의 친밀함 중에서 하나를 선택하라면 당연히 아버지를 택할 것이다. 아버지 없이 누릴 수 있는 모든 것보다 단지 아버지 한 분만을 바란다. 내 안에 있는 그를 즐거워하는 기쁨에 비하면 세상의 즐거움은 아무것도 아니며, 오히려 견딜 수 없는 고통일 뿐이다. 사탄아, 네 유혹은 아무 소용

없으니 물러가라!"

나는 침대에 누워 다시 생각해 보았다. 내 마음은 여전히 작은 돛단배처럼 흔들리고 있었다. 2천 년 전, 성 어거스틴의 예화가 떠올랐다.

어거스틴은 말했다. 하나님께서 당신에게 오셔서 소원하는 것들의 목록들을 작성해 보라고 하신다면 어떤 것들이 있겠는가? 그 목록들은 예수님을 따르는 자들이 대부분 공감하고 좋아하는 것들이다. 배고플 때의 좋은 음식, 멋진 가정생활, 만족스러운 인생의 목적과 보람, 사랑과 모험의 즐거움, 건강, 멋진 직업, 명성과 부, 취미나 스포츠, 숙면, 이 모든 것을 주신 놀라운 하나님께 감사와 예배를 드리는 주일 아침 교회에서 느끼는 만족감 등.

당신이 새 차나 별장과 같은 목록을 작성하고 있을 때 하나님께서는 다시 말씀하신다. "네가 원하는 목록들에 있는 것들을 모두 주고 또한 그것들을 즐길 수 있도록 오래 살게 해 주마. 그런데 한 가지 제약이 있다. 만일 네가 그것들을 받는다면 다시는 내 얼굴을 보지 못할 것이다."

어거스틴은 이 예화에서 이렇게 설명하였다. "하나님의 얼굴을 다시 볼 수 없다고 생각할 때 당신이 느끼는 섬뜩함은 하나님을 향한 당신의 사랑 때문이다." 내 마음에 이 말이 떠올랐을 때 나는 울음을 터뜨렸다. 지금 생각해 보면 그것은 성령의 도우심이었다. 그것은 깨달음의 눈물이었고 소망과 기쁨의 눈물이었다.

물론 나는 건강을 원하고, 병원에서 혼자 물을 마시는 것보다 아내와 함께 스타벅스에서 커피를 마시고 싶다. 나는 마조히스트도 아니고 고통을 좋아하지도 않는다.

다만 내 삶의 핵심은 하나님을 알고자 하는 것임이 내 머리에서 명확하게 정리되고 이해되었다. 인생의 핵심은 바로 하나님이다. 그가 우리를 사랑하신다는 것, 그리고 그 안에 내가 있고 당신이 있고 우리가 있다는 것이 중요하다. 그 무엇보다 내가 알기 원하는 것은 하나님이다. 그리고 예수님께서는 내게 그것이 가능하도록 하신다.

또 한 가지 깨달은 사실은 하나님을 향한 갈망으로부터 내가 아주 멀리 떨어져 있었다는 것이다. 나의 관심은 그저 나의 건강, 그리고 아내 레이첼과 함께할 수 있는 좋은 시간들에만 집중되어 있었다.

그날 밤 내 생각을 감싸고 있던 어두운 거미줄은 걷어지고, 내 눈은 올바른 초점을 찾게 되었다. 다른 어떤 것보다 전심으로 하나님을 원하는 내 영혼을 볼 수 있었다. 그것은 첫 번째 기적이었다.

그 이후 첫 번째 기적보다도 더 놀라운 두 번째 기적이 일어났다. 테니스공 크기의 혹이 갑자기 사라진 것은 아니다. 수술 받아야 하는 날짜가 하루하루 다가왔지만 그 시간을 기다리는 내 마음은 이상하게도 평안했다. 기쁨이 있었다. 그러나 핵심은 내가 평안과 기쁨을 찾은 것이 아니라 그날 밤 내가 하나님의 임재를 경험하였다는 것이다. 그보다 무엇을 더 바라며 무엇이 모자란다 말인가?

우리가 겪는 모든 어려움은 결국 우리가 하나님을 갈망하도록 한다. 그리고 그 시련이 우리 인생을 주께 열정적이도록 만든다는 사실을 모든 사람들이 알기 바란다. 성령에 취하고, 신랑이신 예수님께 반해서 하나님 아버지 안에서 기뻐하며, 삼위일체 하나님과 춤을 추며 하나님의 임재를 경험하는 것, 이것이 인생의 핵심이며 가장 깊은 기쁨의 근원이다.

내 인생에서 이룰 수 있는 가장 큰 사명은 하나님을 향한 갈망을 발견하는 것이며, 내 영혼을 다해 하나님을 사랑하는 것이다. 인생에서의 가장 큰 기적은 하나님의 사랑이 우리 내면에 가득 차고 넘칠 때까지 하나님을 갈망하는 것이다.

당신은 나를 위해 그런 삶을 살 수 있고 나는 당신을 위해 그렇게 살 수 있다. 꼭 암에 걸린다든지 비행기 사고를 당하지 않더라도 서로의 삶 가운데 기적을 가져다줄 수 있다는 말이다. 그러기 위해서는 하나님을 향한 갈망이 우리 영혼의 가장 강한 소원이 되도록 서로 대화하는 법을 배워야 한다. 이것을 위해 어떻게 우리가 서로 대화할 것인지를 이 책에서 나누고자 한다.

우리의 영혼을 가리고 있는 커튼을 열고, 우리가 진정으로 원하는 대상은 하나님이라는 사실을 발견하도록 서로 도울 수 있는 능력 있는 대화의 방법을 배우는 것이다. 그런 힘 있는 대화를 영혼의 대화(Soul Talk)라고 부르고 싶다. 그것은 정말 진솔한 대화이다.

영혼의 대화, 그 놀라운 능력

이 세계의 모든 사람들은 매일 누군가와 이야기를 나눈다. 잠이 들거나 홀로 있는 시간이 아니라면 우리는 항상 누군가와 말을 주고받는다.

예수님을 따르는 사람들이 이 세상 모든 나라에서 하나님의 초자연적인 능력을 드러내는 방법으로 말하기 시작한다면 무슨 일이 일어날지 상상해보자. 세상 모든 그리스도인들이 영혼의 대화를 한다고 가정하는 것이다.

이것이 이 책을 통해 꿈꾸고자 하는 비전이다. 자녀가 아직 학교에 가지 않는 꼬마이든지, 마약을 하는 청소년이든지, 이혼한 성인이든지 간에 자녀를 둔 부모가 자녀들에게 영혼의 대화로 이야기한다면 어떨까? 남편과 아내가 부부싸움을 영혼의 대화로 한다면? 장로들이, 직장 동료들이, 골프 친구들이, 선교사들이, 교회 직원들이, 상담자와 피상담자가 모두 영혼의 대화를 한다고 생각해 보라.

이것은 가능하다! 하나님께서 원하시는 일이다. 하나님께서는 이런 일이 일어나도록 모든 준비를 해 놓으셨다. 이 꿈은 실현될 수 있다. 하나님께서 계획하신 것이기 때문이다.

그러나 우리는 먼저 우리 영혼 안에서 일어나는 실제적인 전투를 이해해야 한다. 왜 우리가 그렇게 자주 낙심하고 쉽게 지치며, 정말 변화하고 싶은데도 그것이 그렇게 힘든지 이해해야 한다. 우리가 얼마나 자주 크게 화를 내는지, 배우자와 거리를 두고 있지는 않은지, 자녀를 배우자보다, 심지어는 하나님보다 더 우선하고 있지는 않은지 확인해야 한다. 만약 당신이 그렇다면 그걸 타당하게 여기고 있음을 인정해야 한다. 우리가 얼마나 다른 사람과 연합하지 못하고 떨어져 있으며, 때로는 교회에서 이루어지는 교제에서 오히려 더 외롭고 고독한 느낌을 받는지를 직시할 필요가 있다.

우리가 낙심하기 전에 우리 안에서 역사하시는 성령께서 모든 장애물을 하나님께로 가는 행복의 통로로 바꾸신다는 것을 알아야 한다. 그리고 영혼의 대화를 하는 예수님의 사람들을 통해 하나님의 선하신 계획을 이루신다는 것 또한 알아야 한다.

이제 우리는 대인 관계에서 혁신적인 변화를 이루어야 한다. 세상에 흩어져 있는 모든 그리스도인들이 하나님을 향한 열심을 드러내고 다른 이들에게도 그 열정이 불붙게 하여, 서로의 삶 속에 영향을 끼치는 능력 있는 대화를 해야 한다.

이를 위해서는 먼저 자신의 영혼을 정직하게 살피는 것이 필요하다. 대부분의 사람들이 그저 자아의 대화(Self Talk)에 머물러 있고 더 이상의 대화를 모른다.

중세의 지혜로운 영적 지도자였던 마이스터 에크하르트는 "하나님께서는 집에 계시는데 그를 찾기 위해 집 밖으로 나온 사람은 바로 우리들이다."라고 말했다. 우리는 모두 집을 떠난 자들이다. 그리고서는 하나님을 찾지도 않는다. 우선순위에 있어서 두 번째가 되어야 할 것이 첫 번째를 차지하였다. 자아의 대화란 우리가 진정으로 원하는 대상이 하나님임을 알지 못한 채 떠드는 우리의 언어이다. 하나님을 원한다고 말하지만 실제로는 세상의 것들을 얻고자 할 때만 그를 이용하기 위해 쓰는 우리의 언어이다. 그럴 때 우리의 입은 더욱 더 종교적으로 유창해지기도 한다. 그와 같은 자아의 대화는 마치 하숙집을 집으로 느끼고자 애쓰는 사람들의 언어라고 할 수 있다.

이제 우리는 우리 영혼의 집으로 돌아가야 한다. 그곳에는 하나님께서 계시며 그는 우리 영혼을 통해 다른 사람들의 영혼에게 말씀하시길 원하신다. 만일 우리가 우리 영혼의 집으로 돌아간다면 아주 놀라운 변화를 경험하게 될 것이다.

세상 모든 사람들이 일시적인 쾌락 대신에 영원한 만족을 바라게 될 것이다. 어려움이 생길 때 우리는 낙심하거나 포기하지 않을 것이다. 크고 위대하며 중요한 분, 어두운 밤이 지나고 밝은 아침이 올 때까지 우리를 안전하게 지켜 주실 그분을 알기 위한 것이 우리 삶의 이유라면, 우리는 더 이상 우리 자신의 동굴 속에 안주할 필요가 없다. 인생을 위한 꿈에 집착하는 것이 아니라, 주님께 매달려야 한다.

우리가 하나님께 더 가까이 나아가는 삶을 산다면, 더 많은 친구들과 연결되고 더욱 친밀해질 것이다. 그러나 가장 좋은 것은 삼위일체 하나님과 친밀한 관계를 맺게 되는 것이다. 우리는 마치 가장 좋은 저택에 초대받고서도 초라한 옷차림으로 어쩔 줄 몰라 하는 사람과 같다. 그러나 한순간 그 초라한 옷이 아름다운 옷으로 바뀌고 그 저택에 사는 세 주인들과 오랫동안 춤을 출 수 있도록 허락된 그 기분을 상상해 보라.

이것이 바로 인생의 시작이자 모든 것이다. 그리고 나는 이것을 바로 병원에서 배웠다. 하나님과 함께 춤을 출 수 있는 아름다운 시작을 모든 이들에게 알릴 수 있도록 나를 살리신 것을 믿는다. 그럼 이제 사랑하는 사람들의 영혼을 움직일 수 있는 능력의 말, 영혼의 대화를 배워 보자.

1
커뮤니케이션의 혁명

생명이 있는 말

모든 사회의 모든 계층에게 공통된 사실이 하나 있다. 경제적으로 부유하든지 아니면 가난하든지, 또는 신학교 학생들을 가르치며 성공적인 목회를 하고 있는 목사이든지 아니면 적은 선교비로 견디는 무명의 선교사이든지, 혹은 사교계에 출입하며 호화로운 만찬을 누리든지 아니면 좁은 사무실에서 식사를 해결해야 하든지 상관없이 모두에게 마찬가지다.

그것은 대부분의 사람들은 평생 마음속 깊은 이야기를 하지 않으며, 또한 영혼의 깊은 곳을 만져 주는 말도 듣지 못한다는 것이다.

침실이나 기숙사에서, 교회 사역자 모임이나 소그룹에서, 골프장이나 사역의 중요한 안건을 결정해야 하는 교역자 수양회에서도, 유원지로 놀러가는 주일 학생들을 태운 차에서나 다음 집회를 위해 타고 가는 비행기에서나 그 어느 곳에서도 마찬가지이다. 우리는 말하고, 논쟁하고, 계획하고, 잡담하고, 기도하고, 자랑하고, 거짓말하고, 전략을 세우며, 설교하지만, 결국 아무도 귀담아 듣지 않을 이야기만을 지껄이고 있는 것이다. 우리는 보기 싫은 사람에게 "만나서 반갑습니다." 라고 말할 줄도 알고, 세상의 문제를 논하며 종교적인 논쟁도 벌이고, 타락해 가는 문화에 대해 낙담하기도 하며, 때로 친구들과 가까워지기 위해 은밀한 비밀을 나누기도 하지만, 달라지는 것은 아무것도 없다. 치료실에서, 상담실에서, 때로는 집안에서 감정적 갈등이나 성문제, 직장문제, 영적인 문제, 돈문제 등을 조용히 드러내기도 하지만 달라지는 것은 없다.

우리는 영혼의 중심에서 나오는 말을 하지 않고, 인격에서 흘러넘치는 생명과 힘이 있는 말도 하지 못한다. 두려움과 분노와 좌절로 가득한 공허한 마음속에 소망을 던져 주며, 내면의 생명을 움직일 말도 듣지 못한다.

우리는 영적 지도자들과 그리스도인 사업가들에 대한 이야기를 듣고 말한다. 가난하고 소외된 사람들에 대해 이야기하면서 동정의 마음을 나타내며 스스로 위안을 받는 것도 사실이다. 신문에서 폭력, 매춘, 포르노, 자살에 대한 뉴스를 읽는다. 곤경에 빠진 선교사, 환멸을 느끼는 의사, 비판적 교인, 절망적인 독신자, 결혼생활에 문제가 있는 부부, 마음이 상한 부모 등 여러 이야기들을 들으며 산다.

그리고 우리는 '도대체 이 세상이 어떻게 되려고 이러지?' 라는 태도로 머리를 흔든다. "이 모든 문제들에 대한 무슨 대책이 있어야 해."라고 옆 사람에게 말하기도 한다. 그러나 만일 우리의 삶이 비교적 편안하다면 우리는 그 편안함을 해치는 일을 하려고는 하지 않는다. 만일 우리의 삶이 평탄치 못하다면, 기도원에 간다든지, 성경 공부 프로그램에 참석한다든지, 기도 제목 목록을 만들기도 하면서 교회나 사회봉사에 열심을 내 보기도 한다. 어떤 교회가 이 악한 세상을 바르게 하기 위해 노력하는지, 또 어떤 교회가 사회의 소외된 사람들을 위한 여러 프로그램들을 잘 마련하는지 관심을 기울인다. 영향력 있고 유명한 그리스도인들은 세상을 변화시키기 위해 필요한 것들을 계획하느라 애를 쓴다.

정치인들은 사회·경제 문제에 대해 자신들의 능력보다 더 큰 공약을 하며 섣부른 공약의 해결책을 찾으려 한다. 착한 사람들은 노인들을 병원에 모셔다 드리는 봉사를 하거나 놀이방에서 아이들을 돌보고 노숙자들에게 음식을 제공하기도 한다. 대학 교수들은 현시대에 걸맞은 사상을 만들기 위해 책을 쓰고, 신학교에서는 현대 문화에 맞는 모델을 찾으려 노력한다. 전도사들과 수양회 강사들은 강의 내용을 효과 있게 전달할 수 있는 새로운 방법들을 찾는다. 그러나 이 모든 사람들도 예외는 아니다.

사람들은 서로서로를 인격적으로 깊이 알지 못하고, 관심받지 못하며, 감동적인 감정의 교류 없이 외롭게 산다. 우리는 겉모습만을 꾸며 가장하고, 그 모습 뒤에 있는 진실한 언어로는 다른 사람의 영혼에게 아무 말도 하지 못한다. 우리는 우리의 영혼을 다른 사람의 영혼으로 이끌어 주거나 또는 함께 하나님께 나아가자는 말을 거의 듣지 못하고 있다.

심지어, 물론 전부는 아니지만, 많은 교회들이 세속적인 곳만큼이나 우리 영혼에게 위험한 곳이 되었다. 그 결과 무감각해진 교인들은 피상적이며 형식적인 교회생활을 한다. 종교적인 행사들은 세상의 모임만큼이나 실제 생활과 무관하다. 교회에서 교인들끼리 흔히 하는 말들은 "당신 집을 최근에 새로 꾸몄다고요? 멋지네요. 자세히 좀 말해 주세요." 아니면 "오늘 설교 말씀이 좋았지요? 예화들이 마음에 와 닿았어요." 등이다. 기독교 단체들은 도덕적 타협과 분열, 고집스런 자아상 때문에 그 내면에서 갈등하고 있는 사람들에게 복음을 전하고자 한다. 기독교 운동가들은 성경 구절을 외치며 낙태 반대 운동과 음란물 저지 운동을 한다. 그러나 그들의 말들은 거룩한 하나님으로부터의 변화에 초점을 두고 있지 않다. 마치 은혜 없는 율법주의와 도덕주의가 떠드는 말과 같다. 변화가 수반되지 않는 종교적인 대화는 증시의 투자 전략이나 모금을 부추기는 말처럼 상투적으로 들린다.

은퇴한 노인들은 다방에서 자식이 성공했다고 자랑을 늘어놓거나, 아니면 자식이 자주 찾아오지 않는다고 한탄을 한다. 중년의 사람들은 문제를 일으키는 사춘기의 자녀들이나 사업 혹은 건강에 대한 대화를 나눈다. 젊은 사람들은 육아와 새로운 직장, 교회 활동에 대해 이야기한다. 청소년들은 공부에 매달리거나 체념하고, 방황하거나 영웅을 찾고 친구들과 어울려 자기 정체성을 찾느라고 몸부림친다. 나이, 계층, 종교를 막론하고 모든 사람들은 마찬가지이다.

대부분의 사람들은 그들의 영혼을 외면하고, 그들에게 채울 수 없는 허전함이 있다는 사실을 무시하려고 애쓴다. 그래서 우리 영혼을 정직하게 들여다봄으로써 나오는 말을 하지 않고, 자신을 돌아보도록 용기를 주는 정직한 말을 듣지 못한다. 정직하게 자신을 돌아보는 것은 비록 당시에는 고통스러울지라도 진정한 생명으로 이끌어 주는 소망이 되는데도 말이다.

이 세상 사람들은 인생을 그럭저럭 살아간다. 흥분, 두려움, 부담, 행복, 지루함, 만족, 공허, 비참, 즐거움, 기대, 불쌍히 여김, 무관심, 수치, 종교적 경외심 등 이런 감정들을 느끼면서 말이다. 내면에 있는 감정의 실상을 느끼지만 생명은 느끼지 못한다. 다른 사람의 영혼 깊숙한 곳에 이르기 전에 우리는 진정한 생명의 기쁨, 사랑을 경험할 수 없다. 그리고 다른 사람이 우리의 있는 모습 그대로를 허용하고 용납할 때 우리는 진정한 자유를 누린다. 그럴 때 우리는 힘을 가지고 세상으로 나갈 수 있다. 비로소 하나님의 생명이 우리 안에서 넘쳐 다른 사람에게로 흘러가는 것이다. 다른 사람의 삶에 영향력 있는 말을 할 수 있게 되는 것이다. 분열시키고 파괴시키는 언어들을 버리게 되는 것이다.

영혼의 대화 배우기

예수님만이 줄 수 있는 초자연적인 능력을 가지고 우리 영혼 깊은 곳으로 나아가는 것, 이것이 모든 일의 기초가 되어야 한다. 이것은 가능하다. 우리는 예수님을 따르는 자로서 우리 안에 있는 생명을 발견할 수 있고, 또한 그 생명을 다른 사람에게 전할 수 있으며, 다른 사람에게서 그 생명을 받을 수도 있다.

우리 안에 진정으로 살아 있는 것을 말하고 다른 사람의 내면에 진실로 살아 있는 것을 듣고 받아들이는 것이 바로 영혼의 대화다.

영혼의 대화는 자아의 대화와는 근본적으로 다르다. 자아의 대화는 예수님 외의 모든 사람들이 본성으로 말하는 언어다. 그것은 자기보호와 자기만족과 자기몰입의 언어다. 또한 하나님께서 보시기에 좋은 것에 헌신하는 것이 아니라 사람이 보기에 좋은 것을 하려고 노력하는 것이다. 고상한 야망, 도덕적인 관심, 삶의 질을 높이고자 하는 언어다. 자아의 대화는 사교적인 언어이고, 종교적인 언어이며, 정치적인 언어이며, 사업적인 언어이고, 대인관계의 언어다. 그것은 성령의 소욕이 아닌 육신의 소욕에서 나오는 언어다. 그것은 이 세상에 적응하기 위해, 이 세상에서 편안하게 살기 위해, 또 행복하게 살기 위해, 더 큰 만족과 안전을 위해 나오는 말이며 또한 다른 사람들을 육신의 힘으로만 도우려는 말이다. 결국 그것은 우리의 영혼을 질식시킨다.

만일 하나님의 성령께서 개입하지 않고 또 우리가 반응하지 않는다면 어쩌면 우리 모두는 무덤까지 그런 말만 하다가 죽을 것이다.

그러나 성령께서 개입하신다.

지금 개입하고 계신다.

지금이 바로 반응해야 할 때다.

2
새로운 방식의 관계

옛 방식은 무효다

점심시간에 우울한 나에게 한 친구가 이렇게 물었다고 하자. "잘 있었어?" 나는 굳어 있는 미소로 힘없이 "그렇다"라고 대답할 것이다.

그는 내게 무슨 어려움이 있다는 것을 눈치 챌 것이다. 그는 좋은 친구다. 그는 나를 위해 무엇을 할 수 있을까? 나의 비위를 맞추면서 유쾌한 대화로 이끈다면 나는 어쩌면 그 우울한 감정을 털어낼 수도 있을 것이다.

그러나 그에게도 무슨 일이 있다고 하자. 그러면 그는 나의 우울한 감정에 대해 반응하는 것을 피곤하게 느낄 것이다. 그의 마음에는 여러 생각들이 떠오르지만 나에게는 말하지 않는 게 낫다고 생각할 것이다. '내 아들이 여자 친구와 문제를 일으켰다는 사실을 최근에야 알게 된 나보다 이 친구는 더 우울해 보이는군. 그의 두 아들은 행복한 결혼생활을 하고 있고, 주님과 항상 동행하고 있다고 들었어. 그런데 왜 우울해 하지? 무슨 어려움이 있나? 하지만 문제 없는 사람이 누가 있겠어. 내 아들의 이야기를 하고 싶지만 참아야겠지. 오늘은 내가 그에게 도움을 주어야 할 것 같아.'

이렇게 생각하며 약간 주저하고 있는 나에게 그는 이렇게 묻는다. "아무 일 없지? 하는 일은 잘되니? 기분이 좋지 않아 보이는데…."

내 안에 무엇인가가 걸리고 순간 화가 난다.

왜 화가 날까? 내가 원하는 질문을 해 주었는데 무엇이 문제란 말인가? 그가 말하는 태도가 나의 신경을 거슬린 것이다. '무슨 일 없냐고? 하는 일 모두 잘되냐고? 얼마나 어리석은 질문인가. 모든 것이 잘되고 있다면 내가 왜 이렇게 우울하겠어? 그는 내 감정을 정말 알고 싶기나 한 것일까? 자기도 내 어려운 일에 대해서 듣는 게 유쾌하진 않겠지. 다른 사람은 내 안에 일어나는 모든 것을 알면서도 나와 함께 있어 줄까?'라는 생각을 해 본다. 심지어 나조차도 내 안에서 일어나는 것을 다 알면 미칠 것 같아 회피하기도 하니까.

나는 다시 내가 너무 심했다고 생각한다. '그는 좋은 친구이고 내가 어떤지 묻는 거잖아. 다시 한 번 말을 걸어 봐야겠어. 나를 괴롭히는 어려움에 대해 말하고 그가 어떻게 하는지 봐야지.'

나는 커피를 저으며 성의 없게 되는 대로 대답한다. "정말 피곤하구먼. 글을 써서 보내야 하는데 시간은 촉박하고 써지지는 않고…. 전에도 이런 적이 있으니까 괜찮을 거야." 이제 내 마음 문을 열었다. '친구가 내 마음의 이야기를 더 듣고 싶어 할까? 나를 가르치려고 할까? 나의 이야기를 진

정으로 들어줄까?'

평소 그 친구는 나에 대해 진심으로 관심이 많지만, 지금 그에게는 따뜻한 감정이 없다. 왜냐하면 그의 아들에 대한 생각으로 꽉 차 있고 자기의 문제가 내 문제보다 더 심각하다고 생각하기 때문이다. 그는 대답하기에 앞서 이런 생각을 할 것이다. '나는 글을 쓰지 않으니까 그가 느끼는 마감 기간의 스트레스에 공감할 수 없어. 하긴 나도 요즘 집에서 힘드니까 그런 그의 심정을 이해할 수 있을 것 같기도 하다. 하지만 그가 받는 스트레스는 어느 정도 자신으로 인한 것 같아. 왜 마감시한을 맞추지 못하지? 그가 책을 처음 내는 것도 아니잖아. 그는 너무 많은 일을 하고 있어. 글 쓰고, 상담하고, 강의하고…. 거절할 수도 있을 텐데 자기가 하겠다고 하고는 마치 자기 어깨에 세상의 모든 무거운 짐을 지고 가는 것처럼 느낀다 말이야. 그렇다고 그에게 이렇게 말할 수는 없지. 그는 그런 조언을 받아들이지 않을 테니까.'

그래서 그는 이런 생각들을 접어 두고 대신 이렇게 말한다. "정말 피곤해 보이는군. 전혀 쉴 시간이 없나? 골프라도 치면 어떨까?"

"당분간은 그럴 시간이 없을 거야."

이제 친구는 마음이 상했다. 그는 민감하게 내 필요를 감지한다. '나를 좀 불쌍히 여겨줘. 내가 얼마나 열심히 일하고 있는지, 내가 하는 일이 얼마나 가치 있는 것인지 확신시켜 줘.' 라는 나의 필요를 느낀 친구는 짜증이 난다. 그의 표정에는 나에 대한 연민이 없다.

그럼에도 그는 나를 좋아하며 나를 중요하게 여기기 때문에 관심을 갖고 돕고 싶어 한다. 그래서 도움이 되는 무엇인가를 이야기하려고 노력한다. "자네가 이 책을 다 마친 후에 한 달쯤 쉴 계획을 세울 수는 없나? 자기 시간을 가지란 말이야. 한 달만이라도 아무 약속도 하지 말고 아무것도 하지 않으면 어때?"

나는 친구의 말의 의미를 잘 안다. 그리고 그런 그가 고맙다. 그런데 왜 나는 그 자리를 박차고 떠나고 싶을까? 왜 그렇게 무엇인가 빠진 듯이 허전하지? 내가 성인으로서 내 책임을 잘 감당해야 하는데 너무 아이처럼 관심만을 요구하며 어리광을 부리는 것은 아닌가? 나는 친구가 그냥 내 이야기를 들어주기만을 바란다. 그저 바라봐 주고 들어주었으면 좋겠다. '충고보다 내 마음에 관해 더 물어봐 줄 수는 없을까? 내 문제를 해결해 주려고 노력할 필요는 없는데. 내가 원하는 것은 그것이 아니야. 한 가지 문제만 듣고 전부라고 추측해서 해결하려고 하지 않았으면 좋겠다. 자기 보기에 잘못되었다고 생각되는 것을 고치려고 하지 말고, 내 기분을 더 좋게 해 주려고 노력하는 대신에 그냥 들어주고 나와 함께 있어 줄 수는 없을까? 나를 잘 알면서도 여전히 나와 함께 있기를 원하는 사람이 필요하다. 그런데 지금 그는 그렇지 않다.

그러나 우리는 친구다. 내가 화나게 만들어도 그는 오랫동안 참아 주기도 했다. 나는 우리의 우정을 귀하게 여기기 때문에 그것을 깨뜨리고 싶지 않다. 그래서 말한다. "그래, 정말 한 달 정도 쉬고 싶군. 좋은 생각이야. 그러나 그렇게 할 수 있을지는 모르겠네. 쉴 수 있는 시간이 일주일도 안 될 것 같아. 나는 시간을 잘 관리하지 못하거든. 내가 너무 많은 것을 하고 있단 말이야. 프란시스 쉐퍼의 이런 말이 생각나네. 현대의 그리스도인들은 자신의 개인적 평안에 너무 매여 있어서 하나님을 진정으로 알아가는 것에 무관심하다고 했어. 나도 그렇다고 생각해. 나도 내 속에서 그런 모습을 본다네. 나도 골프를 치고 좋은 소설책을 읽으며 쉬는 것을 좋아하지. 그러나 우리가 멋진 휴가보다 하나님을 실제로 경험하고 하나님을 즐거워하는 것이 어떤 것인가를 정말 원하고 제대로 알고 있는지 궁금하군."

이제 친구는 내가 훈계했다는 느낌을 받았고, 내 말에 마음이 끌리지 않을 것이다. 대신 그는 말할 기회를 기다릴 것이다. 그와 나 사이에 하나의 벽이 쌓이게 되었다. 그래서 그는 더 이상 내 이야기가 듣고 싶지 않을 것이다. 이제는 피고 앞에 있는 피의자를 변론하기 위해 앉아 있는 변호인처럼 느끼며 논쟁을 하고 싶은 마음이 들 것이다.

"그래, 맞아. 우리가 하나님을 아는 것이 우선이 되어야겠지. 그러나 사람은 휴식도 필요하단 말이야. 예수님도 한적한 곳으로 가셔서 하나님 아버지와 홀로 시간을 보내셨으니까. 어느 정도의 쉼은 필요하고 좋은 것이지. 그것도 하나님을 알아가기 위해 필요한 일부분이라고 생각해. 자네는 영적으로 휴식할 수 있는 곳으로 반드시 가야 해."

나는 이 이야기를 들으면서 축 처지지 않을 수 없다. 특히 마지막 말을 들을 때는 피곤해지고, 방어적이기보다는 물러서게 되고, 화가 나기보다는 지치는 것을 느낀다. 나도 산에서 영적인 휴식을 갖기를 간절히 원한다. 시냇물이 흐르고 큰 소나무가 있는 산장에서 휴식을 취하는 것은 생각만 해도 멋진 일이다. 그런데 웬일인지 눈물이 쏟아지려고 한다.

친구와의 대화를 통해 마음이 시원하게 풀리기보다는 더 복잡해진다. 마음이 더욱 굳어진다. 나는 친구의 말을 인정하지만 그에게 항복하거나 내 자존심이 무너지는 것을 원치 않는다. 나는 억지로 웃으면서 "다른 친구도 내게 하나님과 함께하는 시간을 위해 여행을 떠나도록 권면했었지. 의사는 우울해하는 내게 우울증 약을 주더군. 그러나 나는 내 우울증이 영적인 휴식이나 약으로 치료될 거라고 생각하지 않네. 오히려 그것조차도 하나님을 아는 좋은 길이 될 수 있다고 생각해." 이 말에 친구는 또 어떤 감정을 느낄 것이다.

이런 식으로 계속 대화를 하다 보면 분명 두 사람은 말로 표현하는 부분과 마음속으로 생각하는 두 가지 다른 코드로 인해 둘 다 실망하고 낙심하게 된다. 우리 마음속에는 우리가 감히 말하지 못하는 생각들과 느낌들이 있다. 또한 핵심을 비켜가면서도 그것을 알기 원하는 의중을 가지고 표현하는 애매한 언어들이 있다.

그리스도 안에서 한 형제이며 그리스도를 따르는 사람들의 관계에서조차도 대화하면서 대화하기 전보다 더 지치고, 복음에 대한 열정이 식어지고, 맥 빠지는 경우가 너무나 많다. 생명을 주는 하나됨도 없고 하나님을 향한 열정도 불붙게 하지 못하는 그런 대화 말이다. 모든 대화는 하나님을 향한 갈망을 더 자극하든지 아니면 식게 만든다. 그런데 이런 대화는 오히려 식게 하는 대화이다. 영혼의 대화가 아니기 때문에 능력이 없는 것이다.

우리는 자아의 대화에 머무름으로써 영혼을 만날 기회를 놓쳐 버리는 것이다. 두 영혼이 만날 수 있었지만 만나지 못했다. 왜일까? 무엇이 잘못됐을까?

예수님은 운명하시기 몇 시간 전에 그를 따르는 사람들을 위해 아버지께 "우리가 하나가 된 것같이 … 그들도 온전함을 이루어 하나가 되고, 아버지께서 나를 보내신 것은 죄 많은 세상에 증거가 되도록 하기 위해서이다."(요 17:22, 23)라고 기도하셨다.

왜 예수님을 따르는 사람들이 2천 년이 지난 오늘날까지 하나되지 못하고 더 나뉘어졌을까? 왜 우리의 대화는 다른 사람들로 하여금 예수님께 가까이 가도록 자극하지 못하는 것일까?

이 질문이 바로 내가 이 책에서 대답하고 싶은 질문이다. 어떻게 하면 예수님을 따르는 사람들이 하나님의 초자연적인 능력을 나타내는 수준이 되어서 다른 영혼들을 살게 하고, 생명을 즐거워하게 하며, 사랑이 흘러넘치고, 영혼들이 연합하는 대화를 할 수 있을까?

자아의 대화의 파괴력

나와 친구가 점심시간에 나눈 대화는 무엇이 잘못된 것일까? 우리가 대화할 때 요한복음 17장의 예수님의 기도가 응답되지 못한 이유는 무엇일까?

우리는 마음속에 있는 생각을 말하면 우리 둘의 관계가 어려워질 것이라는 생각에 마음의 감정을 서로에게 숨겼다. 그러나 그 대화가 비록 솔직한 자신의 감정을 드러내는 것일지라도 그것이 초자연적인 능력이 아닌 인간의 본성에 기댄 표현들이라면 그 관계를 해치곤 한다. 인간의 본성에 기인한 솔직함은 영혼을 상하게 한다. 왜냐하면 그것은 아무리 솔직한 대화일지라도 파괴적인 힘을 갖고 있는 자아의 대화이기 때문이다.

- 영혼 속에 있는 본성적인 생각과 감정만을 의식하는 우리는 내면에서 일어나는 것을 긍정적인 표현으로 바꾸어 다양한 자아의 대화를 한다. 그것을 사교적인 자아의 대화

라고 할 수 있다. 우리는 우리 안에 있는 본성을 기독교화 하고 영성화 하려고 최선을 다하지만, 서로에게 능력을 줄 수 없는 자기중심적이고 사교적인 자아의 대화만을 할 뿐이다.

- 우리는 내면 한가운데서 고동치며 영혼 깊은 곳에 감추어져 있는 거룩한 생명을 보지 못한다. 그곳은 변장하지 않은 진실이 나오는 곳이며, 하나님을 알고자 하는 열망을 일깨우는 곳이다. 우리가 각자 영혼 속에 있는 성령의 생각과 감정을 깨닫고, 그것을 언어로 표현하는 것이 영혼의 대화이다. 그럴 때 우리는 선한 능력을 가지고 다른 사람의 삶에 영향을 끼치는 대화를 하게 된다.

그러나 우리는 영혼 속에 있는 새 생명의 기적을 보지 못하고 있다. 참지 못하고, 강요하며, 불안정한 의식이 영혼 속에 살아 있어서, 선하고 능력 있는 새 생명의 의식을 밀어낸다. 관계를 편하게 유지하기 위해서 그리스 비극의 주인공처럼 가면을 쓰는 것이다.

친구가 내게 "자네 강의는 지루해."라고 말했거나, 내가 그에게 "자네의 질문은 정말 어리석군."이라고 말했다고 하자. 어쩌면 우정에 금이 가거나 깨졌을지도 모른다. 우리 영혼 속에 그리스도의 생명이 없다면 우리는 솔직한 자아의 대화(솔직한 느낌대로 말해서 관계를 깨뜨리고 영혼을 상하게 하는 위험을 무릅쓰는 대화)를 하든지, 사교적인 자아의 대화(정중한 대화로 바꾸어서 유쾌하지만 공허하고 피상적인 관계를 유지하는 대화)를 하게 될 뿐이다.

그러나 예수님은 우리에게 다른 대안을 주셨다. 복음을 통해 그의 거룩한 성품에 참여하게 된 우리 영혼의 중심에는 하나님의 생명이 살아 있다.

이 생명은 아주 실제적이며 열정적이다. 그것은 내용을 가지고 있으며, 능력 있고, 진실하며, 약동하는 생명력이 있다. 예수님을 따르는 모든 사람들은 그 내면에 영혼의 대화를 할 수 있는 능력이 있다. 진지하게 마음을 열기만 한다면 말이다. 생명의 언어로 말하여 갈급한 영혼들에게 생수를 주고, 지치고 거짓된 삶에서 쾌락을 찾아 유혹 속에 떠도는 영혼들에게 활력을 주는 것이다.

영혼의 대화하는 법

그렇다면 어떻게 해야 하는가? 우리가 내면을 깊이 살피고, 영혼 속에서 흘러넘치는 생명의 강을 인식하고 다른 사람들에게 말을 한다면 어떻게 하는 것일까? 다른 사람의 삶에 영향을 끼치는 능력의 말을 하려면 어떻게 해야 하는가? 이것을 알고자 한다면 다시 핵심 질문으로 돌아가야 한다. 어떻게 하면 예수님을 따르는 사람들 사이의 대화가 하나님의 초자연적인 능력을 분명하게 나타낼 수 있을까?

나는 이 책에서 영혼의 대화가 무엇이며 그 방법에 대해 이야기하려고 한다. 이 책의 각 장들은 영혼의 대화를 배우기 위한 실전의 장이라고 생각해야 할 것이다. 물론 단번에 잘할 수 있는 사람은 없다. 그러나 한 번에 한 가지씩 배워서 은혜의 리듬에 맞추어 자연스럽게 할 수 있을 때까지 계속해 나간다면 그것은 가능하다.

영혼의 대화를 배움으로써 우리는 사랑하는 사람들의 영혼, 그 내면의 세계를 보게 될 것이다.

영혼의 대화는 영혼을 돌보는 언어임을 명심하기 바란다. 영혼을 돌보는 것은 초자연적인 목적을 가지고 만나고 교제하는 아주 특별한 섬김이다. 그것은 성령의 인도하심으로 다른 사람의 삶에서 하나님에 대한 열망을 이끌어 내는 것이다. 우리가 "그리스도의 형상이 이루기까지 다시 너희를 위하여 해산하는 수고를 한다."(갈 4:19, 개정)면 그것은 타인의 영혼을 돌보는 일일 것이다.

영혼의 대화는 영혼을 돌보는 일을 위한 언어이다. 그것은 초자연적인 목적을 가지고 섬기기 위해 초자연적인 열정과 지혜를 가지는 언어이다. 다른 사람이 다른 어떤 것보다도 하나님을 더 원하도록 돕기 위해 성령의 지혜와 열정으로 말하고자 할 때, 영혼의 대화는 가능하다. 영혼의 대화는 성령께서 그의 뜻에 따라 우리의 언어를 사용하시도록 기도하면서 지혜와 열정으로 말씀하시는 것이다. 그러므로 영혼의 대화에는 힘을 겨루는 싸움이 없다.

이쯤 되면 너무 복잡하여 이것은 내가 도달하기 힘든 것이 아닌가 하는 생각이 들지도 모른다. 그리스도를 따르는 평범한 사람으로서 그저 잘 살아보려고 노력하는 보통사람인 나는 어떤 특별한 은사나 신비한 경험, 또는 강한 훈련 따위는 받아 본 적이 없기 때문에 그것은 불가능한 일이라고 여길지도 모른다.

그러나 잘 들어보라. 당신은 그저 '평범한' 사람이 아니다. C. S. 루이스는 '그냥 살다가 그냥 죽는' 사람은 아무도 없다고 했다.¹ 만일 당신이 예수님을 따르는 사람이라면 당신의 영혼은 하나님과 함께 살아 있다. 삼위 하나님의 실제적인 생명이 당신을 통하여 이 순간도 살아 역사하시는 것이다. 당신의 영혼은 하나님을 갈급해하고 다른 어떤 것보다 더 하나님을 사모하고 있다.

그 갈급함은 당신의 언어로, 목소리로, 얼굴 표정으로 드러난다. 영혼의 대화는 영성이 뛰어난 사람들만이 배울 수 있는 수준 높은 기술이 아니다. 그것은 이미 당신 안에 있으며, 해방되기를 기다리는 열정과 에너지이다.

그것은 외국어가 아니라 당신이 태어나면서부터 배운 모국어이다. 그것은 당신이 하나님의 자녀로 거듭났을 때 당신의 영혼에 거하게 된 성령의 언어이다. 이제 당신은 성령께서 이끄시는 대로 말할 수 있다.

영혼을 돌보는 다섯 단계

영혼을 돌보는 일은 다섯 단계를 통하여 이루어진다. 각 단계를 더 잘 이해할수록 영혼의 대화를 더 잘 할 수 있다.

첫째, 내면을 생각하라. 다른 사람의 영혼 속에 있는 영적 전투를 보라. 사람들이 말하는 문제의 뒤에서, 그리고 영혼 속에서 일어나고 있는 갈등을 이해하기 위해서는 초자연적인 분별력이 필요하다.

둘째, 비전을 생각하라. 성령께서 왜 사람들의 영혼에 들어오셨는지, 무엇을 위하여 오셨는지 성령의 진정한 계획을 생각해 보라. 성령께서 상대방의 삶에서 행하기 원하시는 비전을 발견하기 위해서는 초자연적인 상상력이 필요하다.

셋째, 열정을 생각하라. 상대방과 이야기할 때 당신의 영혼 속에 일어나는 혼란을 직시하라. 자신의 자아에 대한 관심이 마치 진정한 사랑인 것처럼 교묘하게 꾸미는 것을 인정할 수 있는 초자연적인 용기가 필요하다. 상대방의 영혼에 있는 혼란을 잘못 판단하지 않고 분명하게 볼 수 있으려면 먼저 자신의 혼란을 명확하게 보아야 한다.

넷째, 영혼의 이야기를 생각하라. 당신과 이야기하고 있는 그 사람에 대해 진정으로 알아야 한다. 그가 말하기를 꺼려하는 이야기와 그 인생에 큰 영향을 미친 사건들에 대해 알아보라. 그러면 그가 하나님보다 더 귀하게 여기고 있는 것이 무엇인지를 알 수 있다. 이처럼 깊은 것을 말할 수 있을 만큼 편안한 상대가 되기 위해서는 초자연적인 관심을 갖고 듣는 자세가 필요하다.

다섯째, 성령의 역사를 생각하라. 먼저 하나님을 사랑하고 또한 그리스도의 사랑으로 다른 사람을 사랑할 수 있도록 자아를 깨뜨리라. 깨어지기를 저항하는 자기방어와 자기만족을 완전히 소멸시키는 성령의 역사를 따르라. 성령께서 영혼 속에 역사하시도록 하기 위해서는 성령과 호흡을 맞추는 초자연적인 리듬이 필요하다.

시작하기 전에 알아둘 것

영혼의 대화를 발견하고 실행하는 순례의 길을 떠나기 전에 생각해야 할 것이 있다.

- 만약 심한 부담을 느낀다면, 그것은 좋은 현상이다. 자신의 부족함에 압도된다고 느끼는 사람만이 성령께서 가르쳐주시는 영혼의 대화를 하는 법에 귀를 기울일 수 있기 때문이다.

- 만약 이 책의 내용이 단순히 종교적인 옷을 입은 심리학일지도 모른다는 회의가 든다면 나를 믿어 주기 바란다. 영혼의 대화는 피상적이고 예측할 만한 공식이 아니다. 이것은 다른 사람의 삶 속에 능력 있는 말을 하기 원하는 모든 '평범한' 사람들에게 잘 맞는 언어이다.
- 만약 성령과 함께 개혁하고 싶은 마음이라면 그가 대장이 되어 주실 것이다. 당신은 예수님이 인간의 영혼을 만족시키시고 사랑해 주시는 유일한 분임을 영혼의 대화를 통해 증거할 수 있을 것이다. 당신의 인간관계에서부터 하나씩 변화가 일어나도록 하나님께 구하라. 그래서 세계의 모든 사람들이 안전하게 서로를 알게 되고, 은혜 가운데 발견하고, 소망을 찾고, 능력으로 어루만질 수 있을 때까지 변화되도록 기도하라.

이제 영혼의 대화를 배워 보자.

3
내면에 주의를 기울이라

새로운 언어 생활의 시작

"시작하기 전에 한 가지 부탁이 있어요." 아내와 나에게 춤을 가르치려던 헤더에게 나는 이렇게 부탁했다. "처음부터 가르쳐주세요! 나는 아무것도 모르니까요."

그녀는 따뜻한 미소를 지으며 대답했다. "걱정 마세요. 천천히 쉽게 가르쳐줄 테니까. 당신들은 잘할 수 있을 거예요. 어디서부터 시작할까요? 왈츠, 아니면 포크댄스? 어떤 것을 배우고 싶은가요?"

헤더는 아직 방향을 잡지 못하고 있었다.

"나는 춤을 추면서 아내의 발을 밟거나, 아내가 내 발에 걸려 넘어져서 웃음거리가 되지 않기를 원해요. 즐겁게 춤을 출 수 있었으면 좋겠어요."

그제야 내 의중을 안 그녀는 분명하게 말했다. "춤을 추는 자세를 바로 하셔야 해요. 당신은 너무 꼿꼿하게 서 있기만 하네요. 상체를 앞뒤로 조금씩 움직여 보세요."

헤더는 방향을 잡고 기초부터 시작했다.

영혼의 대화를 할 수 있는 언어를 배울 때도 이렇게 시작해야 한다. 이제 시작해 보자.

영혼의 대화 시작

당신이 있는 곳에서부터 시작하자. 사람들이 당신에게 어떤 이야기를 할 때 당신이 느끼는 감정과 당신의 생각은 무엇인가? 그들이 아무에게도 이야기하지 않았던 비밀이나 갈등을 당신에게 이야기한다면 당신은 어떤 감정과 생각이 들겠는가?

나 같은 경우에는 먼저 놀란다. 그런 이야기를 듣기에는 내가 너무 부족한 사람이라고 생각하기 때문이다. '왜 내게 이런 말을 하지? 내가 무엇을 할 수 있을까? 내 말에 능력이 있는가?

가끔 나는 그런 고통스러운 감정을 거짓된 확신이나 조용한 침묵 뒤에 감춘다. 그러나 내 마음은 심하게 갈등한다.

나는 부족하고 어설프기 때문에 다른 사람의 삶에 능력을 줄 만한 대화를 할 수 없을 거라고 생각한다. '배려해 주고 관심을 기울이며 적당한 제안을 해 줄 수 있겠지만, 능력 있는 말을 할 수 있을까? 내 입에서 나오는 말로 인해 중요한 변화가 일어날 수 있을까? 하나님의 말씀으로 이 세상은 창조되었다. 예수님의 말씀으로 나사로가 살아났다. 그런데 사람들이 내 말에는 하품을 하면 어쩌나?'

그러나 어쩌면 바로 이 순간이 당신이 사람들에게 말을 시작하기 가장 좋은 순간일 수도 있다. 만약 당신이 사람들의 삶에 변화를 가져다줄 만큼 능숙하고 매끄러운 말을 할 수 있다고 자신한다면, 우리의 목표는 낮아질 수도 있다. 나도 한때 내가 말을 잘한다고 생각했었다.

부끄러운 이야기이지만 수년 전 상담학 수업 시간에 나는 학생들에게, 나와 오랫동안 상담하는 사람들에게는 언제든지 도움을 줄 수 있다고 말한 적이 있다. 나는 나와 상담하길 원하는 사람들에게는 항상 충분한 시간을 낼 수도 있고 확실히 그들을 도울 수 있다고 생각했었다. 아마도 그때 나는 교만의 약을 매일 먹었나 보다.

만일 당신이 자신의 부족함을 솔직히 인정할 수 있다면, 그리고 사람들과 함께 이야기할 때 느끼는 어색하고 어려운 감정을 기꺼이 받아들일 수 있다면 당신은 이미 영혼의 대화를 배울 준비가 된 것이다.

내 부족함 넘어서기

대화할 때 부족함을 느끼는 고통스러운 경험을 면하는 길은, 다음 세 가지밖에 없다.

첫째, 자신이 충분히 알고 있는 것을 이야기한다. 매일 반복되는 세상사나, 종업원들을 다루는 방법, 또는 동료들과 함께 세운 휴가 계획, 효과적인 수업 방법 등 자신 있는 이야기들을 나누는 것이다.

둘째, 목표를 낮춘다. 긴장을 다소 완화시켜 주거나, 갈등관계를 조금 부드럽게 하거나, 어떤 이에게 약간의 확신을 심어 주기도 하거나, 격려해 주거나, 타인에게 조금 나은 느낌을 주고자 배려하거나, 공동체를 구성하여 교회를 세우거나, 감정 때문에 고민하는 이들을 치료해 주거나, 결혼생활에 충실하거나, 부모로서 기대하는 바를 어린 자녀에게 가르쳐주거나, 사라지지 않을 사랑의 이름으로 우정을 맺는 것이다.

셋째, 그렇다고 여긴다. 내가 받은 훈련, 재능, 거룩함, 성숙, 경험, 표현 능력, 빠른 생각, 따뜻한 태도, 다양한 독서, 평판, 학위, 성경 지식, 심리학 이론 등이 다른 사람에게 영향력을 행사하는 것이라고 여긴다는 말이다.

그러나 만일 자신이 다룰 수 있는 일에만 매이는 것이 아니라 다른 사람의 영혼을 위한 전투에까지 참여하고 싶다면, 만일 낮은 목표에만 머무르는 것이 아니라 다른 사람도 하나님이 우선되는 삶을 사는 것을 보고 싶다면, 만일 그렇다고 여기면서 사는 것이 아니라 능력이 없음을 스스로 고백하고 싶다면, 영혼의 대화를 배우고자 하는 겸손의 태도가 갖춰졌다고 할 수 있다. 이제 한 발 앞으로 내딛은 것이다.

성령의 리듬

헤더는 나에게 이렇게 말했다. "만일 내가 음악을 틀고 당신에게 혼자 춤을 추라고 한다면 당신은 뒤뚱거릴 거예요. 그러나 나는 당신 안에 이미 존재하는 것을 이끌어 내어 그것이 활동하게 할 수 있답니다. 그것은 바로 리듬이지요. 만일 내 생각대로라면 당신은 리듬에 따라 춤출 수 있어요. 앞으로 춤을 더 잘 배울 수 있다는 말입니다."

예수를 따르는 그리스도인들이여! 이미 당신 안에는 성령의 리듬이 있다. 우리 안에는 겸손한 심령에서만 나올 수 있는 은혜의 능력이 있다. 아이러니하게 들리겠지만, 이상하게도 당신이 할 수 없다는 사실을 알게 되는 순간, 할 수 있는 것이 된다. 자신이 보지 못한다는 것을 아는 사람만이 볼 수 있는 능력을 갖기 원하기 때문이다. 그 능력을 알기 위해서는 내면을 살펴야 한다.

뒤뚱거리며 춤을 배우고 있는 사람은 우리가 춤을 추기 위해 필요한 모든 것이 이미 그의 안에 있다는 사실을 모르거나 믿지 못할 것이다. 당신이 삶의 표면 아래 있는 내면을 들여다보고 그 안에 있는 진정한 전투에 대해 알게 될 때, 사람들이 점점 변화되어 더욱 예수님을 닮아가는 모습을 보기 원할 때, 영혼 안에 숨어 있는 능력을 하나님께 간절히 구할 때, 비로소 보기에는 평범해 보이지만 실제로는 거룩하고 특별한 능력이 당신 안에 있음을 발견하게 될 것이다.

올바른 시작을 위한 원칙은 이것이다. 성령의 도우심 없이 하는 말은 자아의 대화이고, 성령의 도우심으로만 할 수 있는 말이 영혼의 대화이다.

나는 이 원칙을 깨닫는 데 오랜 시간이 걸렸다. 삼십 년 이상 임상심리학자로서, 상담학 교수로서, 성경 교사로서 나는 성경을 해석하고 증명하는 데 최선을 다 했다. 또한 성경을 잘 알아서 그 원리를 실제적인 갈등에 적용하고 행동 과정을 수정할 줄도 알았다.

나는 잘 들어주는 사람이었고 질문을 통해 사람들의 마음속 깊은 곳을 살펴 좋은 생각들을 끄집어내도록 도와주었다. 나는 정말 많은 사람들이 잘되도록 돌봐 주고 싶었다. 그들의 자녀들이 잘 자라고 가정이 건강하고 그들의 우울증이 나아지기를 원했다. 그래서 그들의 어려움에 초점을 맞추고 민감하게 관심을 기울여서 대화했다. 그리고 남을 쉽게 판단하지 않는 은혜에 대해서도 충분히 터득하고 있었다.

예수님을 연구하고 본받아 살며, 많은 갈등들에 관해 전문적인 대화를 나눈 삼십 년의 세월과 충분한 경험을 통해 나는 상당한 통찰력을 갖추었다. 수많은 문제들이 안개가 걷히듯이 해결되는 것을 보았고 많은 사람들을 건강하고 유익한 방향으로 인도해 내는 능력을 보았다. 나는 성령의 능력이 없이도 이런 것들을 할 수 있었다. 내가 받은 훈련과 재능과 사고방식만으로도 어느 정도 충분했다.

그러나 다른 사람의 영혼에 능력을 끼칠 수 있는 말은 성령 없이는 할 수 없다. 성령이 아니면 내 안에 있는 거룩한 힘을 발견할 수도 없고 발휘할 수도 없다. 사람의 영혼 속에 있는 하나님에 대한 열망을 일깨우고자 한다면 성령의 도우심을 따라야 한다. 그의 행하심과 리듬의 속도에 순종해야 한다.

나는 심리학적인 통찰력, 인간적 경험, 대인 관계의 기술, 도덕적 확고함을 가지고 사람들에게 말할 수 있다. 그러나 실제로 내가 생각하는 것이 하나님으로부터 직접 오는 것이라는 확신이 없다면 다른 사람의 삶을 변화시킬 수 없다. 그러므로 하나님을 의식하지 않고 말하는 모든 말은 자아의 대화이다.

삶을 변화시킬 수 있는 능력을 가지고 말하는 영혼의 대화는 자아의 대화와 전혀 다르다. 나는 수십 년의 세월을 보낸 후에야 그 차이를 알기 시작했다. 영혼의 대화는 우리의 인간관계를 변화시킬 수 있다.

나는 아직 영혼의 대화의 기초를 배우고 있다. 그러나 내가 누구이며 인생이 무엇인가 하는 모든 질문을 하나님과 연결해서 생각하고, 인생에 안주하지 않고 하나님을 알고 싶은 기대로 충만한 대화가 나의 마음을 사로잡았다. 영혼의 대화는 상담하는 방법, 교회를 섬기는 방법, 배우자를 대하고 자녀들을 양육하는 방법, 소그룹을 인도하는 방법, 사업을 하고 목표를 세우는 방법, 우정을 키우는 방법을 변화시킨다.

나에게 있어서 그것은 인간관계를 맺고 살아가는 새로운 방법이다. 바울은 '성령의 새로운 길(영의 새로운 것)'을 '의문의 옛 생활의 길(의문의 묵은 것)'과 대조시켜 묘사했다(롬 7:6, 개역). 나는 대화할 때 더 이상 어떤 형식에 매여 있을 필요가 없게 되었다. 대화의 형식을 억누르던 어떤 부담감에서 벗어나게 된 것이다.

이제 나는 때로는 빠르게, 때로는 천천히 당신과 함께 춤을 출 것이다. 때로는 너무 가까워 서로 닿기도 하겠지만, 때로는 뒤로 물러서서 각자의 길을 가도록 허용할 것이다. 그것은 인간관계의 새로운 길인데 우리 안에 계시는 성령의 리듬에 전적으로 의존하고 우리의 자아를 버리고 그의 움직이심에 따르는 길이다.

말을 할 때 하나님의 능력으로 하나님에 의해 말하기 때문에 인간관계의 새로운 길인 능력 있는 말이 내게 열리게 되었다. 그러면 이제 함께 영혼의 춤을 춰 보자.

내면을 생각하라

여기서는 어떻게 영혼의 대화를 시작할 수 있는지에 대해 이야기할 것이다. 다른 사람이 자신의 갈등에 대해 이야기할 때 그 감정에 휘둘리지 않고, 그를 도와주려 하거나 다른 전문가 도움을 받고 싶은 유혹을 뿌리치라. 그 대신 내면을 생각하라. 무슨 차이가 있는가?

7시 30분에 남편이 지친 몸을 끌고 돌아와서 소파에 몸을 던지며 "오늘은 정말 누군가가 내게 총을 쏘았으면 좋겠다는 생각이 드는 하루였어."란 말을 했다고 가정해 보자.

당신은 무슨 말을 하기 전에 먼저 깊이 들어야 한다. 물론 그의 말은 들었지만 아직 그 영혼의 언어는 듣지 못했다.

휘말리려는 유혹을 이겨내라. 공포심('어머나! 그가 자살하려나 봐!')이나 혐오감('내 하루도 그렇단 말이야!')에 빠지지 말아야 한다. 당장 도와줘야 한다는 유혹을 극복하라. 공포심이나 연민으로 인해 당장 그의 기분을 풀어 주려는 노력을 버려야 한다. 그러나 도와주고 싶은 유혹을 뿌리치기는 힘들 것이다. 사람들은 도움을 구하며 자신을 위해 무엇인가 해 주기를 기대하기 때문이다. 항상 고상한 이유는 아닐지라도 우리는 친구들과 사랑하는 사람들을 돕기를 원한다. 이 상황에서도 남편을 위로할 말과 행동을 찾고 있을 것이다. 그렇지만 그런 충동을 절제해야 한다.

다른 사람에게 도움을 청하고 싶은 유혹을 버리라. 도와줄 만한 다른 사람과 연결시켜 주어야겠다는 생각을 버려야 한다. 나에게는 도와줄 능력이 없으니 친구나 목사, 상담자에게 연결시켜 주어야겠다고 생각하지 말라.

대신 마음속으로 생각해 보라. 당신 안에 살아 있는 것은 무엇이고, 그 사람 마음의 가장 큰 갈등이 무엇인지를 생각해 보라. 당신의 가장 깊은 내면에서 일어나고 있는 것과 그가 갈등하고 있는 진정한 전투는 무엇인가? 내면을 깊이 살펴보라. 물론 훈련이 필요하다. 깊이 생각하는 것을 우선하다 보면 리듬에 맞는 동작처럼 그것이 자연스럽게 느껴질 때가 있을 것이다. 내 안에 있는 생명과 그의 진정한 내적 전투가 무엇인지 발견될 때까지 생각을 계속하는 것이 먼저 필요하다.

이 장의 나머지 부분에서는 예수님을 따르는 모든 사람들 안에 있는 생명에 대해 살펴보기로 하자.

우리 안에 있는 하나님의 생명

우리가 사는 세대는 하나님께서 예수님을 믿는 모든 사람들에게 주신 생명을 훼손하고, 무시하고, 숨기고, 가두고, 심지어 거짓으로 꾸며서 실제로는 믿지 않고 있다. 만일 우리가 능력 있는 말을 하기 위해 필요한 생명을 발견하고자 한다면 체험적이고 기적에 기댄 언어를 포기해야 한다. 수천 명이 모인 집회에서 사람들이 넘어가고 쓰러뜨리고 성령 안에서 육신은 죽은 것이라고 선포하는 데는 흥행 기술이 요구된다. 그것은 기대와 희망을 잃어버린 절박함에서 나오는 집단적인 강박증에서 기인하기도 한다.

예수님께서 지상에서 사역하시는 시간이 흐를수록 특별한 이적들이 점점 줄고 조용한 기적들이 일어났음을 생각해 보자. 예수님께서는 중보기도가 가장 필요할 때 잠들어 있는 세 명의 제자들을 보면서 노하지 않으시고 그들을 위해 기꺼이 죽으셨다. 이것은 죽은 자를 살리신 이적보다 더 많은 감동을 준다. 후자의 기적은 우리를 놀라게 하지만 전자의 기적은 우리를 초청한다. 즉 우리를 예수님과 같은 인격이 되고자 하는 소망으로 이끌어 준다는 말이다.

내가 관심을 갖고 있는 영혼의 대화는 "치유될지어다!"고 외치는 식의 말이 아니다. 하나님 아버지와 아들이 서로 사랑하고, 예수께서 성령께 의존하고 우리를 사랑하시는 것처럼 우리들도 사람들을 사랑하고 거룩한 성품의 초자연적인 능력으로 인간관계를 맺는 것이야말로 바로 능력이고 우리가 추구하는 기적이다.

마르틴 루터는 그것을 '왼손'의 능력이라고 불렀다. 오른손의 능력은 사람들 위에 특별하게 나타나는 능력이고, 왼손의 능력은 사람들 안에 있는 조용한 능력으로 인생에 어떤 일이 일어나더라도 하나님을 향한 갈망을 버리지 않는 능력이다. 영혼의 대화는 왼손의 능력이다. 우리는 예수께서 재림하실 때 하나님의 오른손의 능력을 볼 것이다. 그러나 지금은 내면으로부터 변화될 수 있는 능력을 가지고 사람들에게 이야기할 때이다.

우리 안에 있는 복음의 능력

우리는 먼저 복음으로 인해 내면에 일어나고 있는 생각에 집중함으로써 인간 영혼의 내적 세계로 들어갈 수 있다. 당신의 중심에서 어떤 에너지가 고동치고 있는가? 다른 어떤 것보다도 당신을 미치게 하는 것은 무엇인가? 지금 당장 당신이 가장 하고 싶은 것은 무엇인가?

이런 질문들에 도움이 될 성경 내용을 살펴보자. 현대의 언어로 쓰여진 유진 피터슨의 『메시지』(*The Message*)의 말씀을 인용하였다. 『메시지』는 하나님의 말씀을 오늘날 우리 문화에 맞는 언어로 표현하려고 한 그의 탁

월한 노력의 산물이다.

- 그리스도의 충만함을 깨닫기 위해서는 망원경이나 현미경이나 운세도 필요 없습니다. … 그분께 나아갈 때만 그의 충만함이 당신에게 임할 것입니다. 그는 모든 정사와 권세의 머리이십니다(골 2:9, 10).
- 그 충만함에 거한다는 것은 우리의 이해나 노력으로 되는 것이 아닙니다. 여러분은 이미 속해 있습니다. 그 안에서 함께 일으키심을 받았습니다(골 2:11, 13).
- 당신 안에는 삶의 근원 되시는 그리스도의 호흡과 보혈이 흐르고 있습니다(골 2:18, 19).
- 그 비밀을 간략하게 말한다면 바로 그리스도가 당신 안에 계시다는 것입니다. … 그만큼 간단합니다(골 1:27).
- 우리에게 새로운 소망이 주어지고 … 나그네 된 삶을 살아갈 때 하나님의 임재를 깊이 체험하십시오(벧전 1:3, 17).
- 또한 우리는 여러분에게 줄 지극히 큰 약속을 받았고, 이것은 신의 성품에 참여할 수 있는 티켓입니다(벧후 1:4).

나는 매일 아침 일어날 때마다 초자연적인 능력보다는 풀리지 않은 피곤함과 나쁜 입 냄새를 더 의식한다. 사람들이 나에게 어떻게 반응하고 내가 그 사람들을 어떻게 느끼며 대했는지를 살피다 보면 하나님의 생명이 내 안에 없었음을 깨닫는다.

믿을 만한 증거나 느낌이 전혀 없을 때에도 하나님의 말씀을 믿을 수 있다는 것이 얼마나 큰 은혜인지를 내 아버지는 알려 주셨다. 심장 수술을 받으신 아버지는 열흘간 병원에 계신 적이 있다.

병원에서 집으로 돌아오는 길에 그는 내게 "병원에서의 고통스러운 기간 동안 많은 친구들이 방문해 주었지. 그러나 내가 가장 왔으면 했던 하나님께서는 나타나지 않으셨어. 수술 침대에 누워 있을 때조차도 그의 임재를 느낄 수 없었지."라고 말했다.

아버지의 목소리는 떨리고 있었다. "다른 증거가 아무것도 없었어도 단지 그가 함께하시겠다는 그 말씀을 믿었고, 그런 나를 주님께서 신뢰하셨을 거라 생각하니 너무나 감사하구나."

하나님께서는 우리에게 사실로 믿을 수 없는 한 진리를 말씀해 주셨다. 만일 당신이 예수님을 믿고 따르는 사람이라면, 성삼위 하나님의 교통하시는 놀라운 능력과 열정이 지금 당신 안에 있다는 사실이다. 하나님 아버지의 무조건적인 사랑, 예수님의 측량할 수 없는 은혜, 성령의 무한하신 오래 참으심이 모두 당신의 영혼 중심에 이 순간 살아 있다는 말씀이다.

그것이 항상 사실처럼 느껴지지 않는다는 것을 나도 잘 안다. 우리는 오히려 자기를 보호하려는 힘, 자기를 섬기려는 열심, 조건적인 사랑, 찌푸려지는 거절, 참을성 없는 조급함을 더 쉽게 느끼곤 한다. 그러나 그와 같은 것이 우리 영혼의 중심에 있지는 않다. 그런 본성은 우리가 누구인가를 정의하는 것이 아니라 예수 그리스도만이 우리의 정체성을 정의해 주신다. 기독교의 궁극적인 목적은 우리를 '작은 그리스도'로 만드는 데 있다. 그 일은 이미 이루어지고 있다. 그리스도의 성령께서 그의 열심과 지혜로 이미 우리 속에서 역사하셨기 때문이다.

예수님께서 행하신 모든 것, 그 열정 뒤에 있는 에너지를 생각해 보라. 예수님께서는 목마르실 때 물을 구하셨다. 예수님께서는 곤하실 때 무리를 떠나 홀로 계셨다. 예수님께서는 바리새인들 때문에 화가 나셨을 때 그들을 책망하셨다. 예수님께서는 외로우실 때 제자들에게 함께 기도하기를 부탁하셨다.

그의 모든 행동 뒤에는 우선적인 동기가 있었다. 그는 하나님을 사랑하셨고 하나님을 기쁘게 하기를 원하셨다. 그가 원하고 느끼고 행했던 그 어떤 것도 그의 영혼을 다스리는 하나님을 향한 열정 이외의 다른 것과는 타협하지 않으셨다. 그는 하나님을 전인격으로 온전히 사랑하셨다. 그가 깊이 즐거워했던 영혼의 기쁨은 다른 사람의 칭찬이나 인정, 성취, 성공과는 무관한 것이었다. 그는 하나님 안에서 깊이 만족하셨으며, 그의 정체성 중심에는 하나님 아버지가 계셨다.

그러므로 예수님께서는 다른 사람에게 어떤 보상도 바라지 않으시고 자기 자신을 온전히 주실 수 있었으며, 그 중심에 자신이 아닌 다른 사람을 놓고 그 영혼들을 열심으로 돌보셨으며, 배척당할 것을 뻔히 알면서도 진리의 말씀을 전하셨다. 하나님을 사랑하는 열심으로부터 하나님을 드러내는 지혜가 생긴다. 그리고 그와 같은 열심과 지혜가 지금 우리 안에 있다!

영혼의 대화는 이런 것

우리가 생명에서 나오는 말을 할 때 우리는 영혼의 대화를 하게 된다. 다음 이야기가 그것을 잘 설명해 줄 것이다.

어떤 목사가 내게 말했다. "우리 교회는 마치 가느다란 줄에 매달려 있는 것처럼 느껴집니다. 그 줄을 자르고 교회를 무너뜨리려는 가위들이 있지요. 교회가 지금 여러 문제로 분열되어 있습니다."

그 교회에 오래 있었던 목사의 친구가 위원회에서 있었던 일로 감정이 상하여 교회를 떠나겠다고 위협하고 있는 상황에서 그 목사는 나를 찾아왔고, 그동안 있었던 일을 말해 주었다.

"점심에 그 친구를 만났습니다. 저는 그에게 좀 성숙해지라고 말하고 싶었답니다. 그는 마치 보채는 아기 같았지요. 저는 그보다 더 심하게 감정이 상했지만 견디고 있었기 때문에 그도 참을 수 있어야 한다고 생각했습니다. 그런데 두렵더군요. 저는 친구이며 교회의 한 동역자인 그를 잃고 싶지 않았으니까요. 그러나 이 모든 감정들이 제 안의 성결하지 못한 부분에서 나오는 것 같았습니다. 저는 제가 바라는 것과 내 자신에 대한 생각뿐이었으니까요.

친구를 보면서 '정말 안타까운 것은 그가 자기의 만족을 위해 하나님을 소홀히 여길 뿐만 아니라, 자기감정에 속고 있다는 거야. 그와 함께하기가 정말 힘들겠어.'라고 생각했습니다. 저는 정말 그의 아내와 자식들이 불쌍하게 느껴졌답니다.

이런 생각을 하니까 어느 정도 평안을 느끼게 되었습니다. 그가 떠나도 괜찮을 거라는 생각이 들었어요. 그래요. 저는 가끔 염려 때문에 새벽 두 시에 깨어서 힘들어했고 이 친구가 정말 떠나는 게 좋은지 고민했습니다. 그러나 이제는 더 이상 그런 문제들로 인해 많이 괴로워하지 않습니다. 저는 우리 교회의 부흥보다 하나님께 더 가까이 나아가기를 원하게 되었으니까요. 그래서 제 친구가 떠나든지 남아 있든지 상관하지 않기로 했습니다. 그래서 제가 원하는 모든 것을 하나님께 맡겼고, 친구에게도 그렇게 말했답니다."

우리의 마음이 하나님을 향한 열망으로 다스려질 때 입에서 나오는 모든 말은 영혼의 대화이다. 우리의 본성적인 열망은 비워지고 예수님의 생명으로 가득 채워질 때 다른 사람에게 하는 말은 초자연적인 능력을 갖게 된다. 이 능력은 분명하게 보이지 않을 수도 있다. 그러나 성령께서는 살아 움직이신다.

이것이 시작이다. 우리 안에 하나님의 생명이 있다면, 그 생명이 다른 사람에게 하나님을 향한 열망을 일깨워 줄 것이다.

우리는 여전히 뒤뚱거리지만 춤을 추기 시작한 셈이다.

다음 장에서는 내면에서 일어나고 있는 전투를 살펴보고자 한다.

4
하나님 우선주의

영혼에서 일어나고 있는 전투의 현장

우리는 잘못된 싸움을 하고 있다. 하나님을 제쳐 놓고 다른 것들에 흥분하고 지쳐 버린다. 서로 주도권을 잡으려고 애쓰고, 캠페인을 벌이고 또 다른 길을 모색한다. 어떤 행사를 치르고 추진하는 데는 에너지와 자원을 총동원하면서도 하나님께서 가장 원하시는 것은 하지 않는다.

무엇이 잘못됐을까? 잘못된 교회 프로그램이 문제인가? 아니면 매주일 교회 뒷자리에 혼자 앉아 있는 이름 없는 교인에 대한 무관심에서 비롯된 것인가? 전에는 백여 명이 모였지만 이제는 삼십 명도 모이지 않는 주일학교가 문제인가? 아니면 주일학교 교사의 마음에 가득한 패배감이 문제인가? 아버지의 음주, 아내의 절망감, 자녀의 학습부진으로 깨어지고 있는 가정 때문인가? 아니면 자기를 증오하는 아빠, 두려움에 떠는 엄마, 외로운 자녀, 이들의 아름다움과 가치를 전혀 발견하지 못하는 사회가 문제인가? 전국적으로 벌인 낙태 반대운동의 실패가 문제인가? 아니면 영혼의 돌봄을 받지 못하고 낙태수술을 받은 미혼모가 문제인가?

우리는 무명의 교인을 의식하며, 인원이 줄어든 주일학교의 교사가 어떤 심정일지 공감하며, 깨어지는 가정을 염려하며, 낙태수술을 받는 미혼모의 죄의식과 고통을 느끼기도 한다. 그러나 그 해결책으로 더 쉬운 방법을 택한다. 영혼을 돌보기보다는 프로그램을 다시 강화하며, 주일학교 출석을 높이기 위해 아이디어를 짜내며, 이혼율과 낙태 숫자에 대항하여 가정을 지키기 위해 싸운다.

물론 좋은 일이다. 그러나 교회 뒷자리에 앉아 있는 교인에게 말을 건네 보지 않고, 주일학교 교사의 고충을 들어 보지도 않고, 깨어지는 가정의 가족들에게 관심을 기울이지 않으며, 낙태하는 미혼모의 영혼을 돌보지 않는 것은 잘못된 일이다. 그들을 깊이 돌보는 데는 시간이 문제 되기도 한다. 그러나 갈등하는 사람들과 어떻게 대화해야 할지 불편함을 느끼는 것이 더 큰 문제이다. 그 결과 프로그램은 활성화되고, 사역은 커지고, 도덕적 캠페인은 잘 이루어지지만, 보살핌을 받지 못한 영혼들은 다른 사람들에게 무관심해지고 서로 잘 알지 못하며 서로에게서 감동받지 못한다.

프로그램이나 행사가 커지면서 도덕적 운동이 영혼의 대화를 대신하게 되었다. 물론 많은 사람들은 삶에 직접 와 닿지 않은 채 조직화되는 것에 저항한다. 개개인을 위로하며 함께 갈등하고자 한다. 그러나 오늘날의 문화는 우리의 몸과 영혼을 돌보는 일마저도 조직적으로 하고, 그 성공의 여부를 크기로 판단하며, 다른 사람의 어리석음을 통해 자신의 지혜를 자랑하고, 남의 죄에 비교하여 자신의 거룩함을 뽐내려는 경향이 있다. 우리는 너무 바쁘며, 크고 많은 일을 열심히 하고 있지만, 영혼 속에 일어나는 진정한 싸움은 외면하고 산다. 세계의 수많은 사람들은 관심받지 못하는 비극 가운데서 살고 있다. 인정받고 용서받고 관심받기를 간절히 원하는 사람들에게 이보다 더 큰 비극은 없다.

영적 지도자가 계획을 세우고 인도하며, 비전의 사람들이 이 종교적 행사에 사람들을 초청하며, 사업가는 어떻게 하면 효과적인 모임을 할지를 찾아낸다. 광고주는 그 모임이 모든 사람들의 입에 오르내리도록 알리고, 재능이 있는 실행위원들은 사회를 보거나 찬양을 인도한다. 다시 말하지만 이 모든 것들은 중요하고 좋은 일이다. 하지만 우선순위에 있어 첫 번째는 아니라는 것이다. 더 중요한 것은 영적 지도자들을 대중이나 어떤 모임 안에서 아는 것이 아니라 한 인격으로서, 가까운 친구로서, 친근한 동료로서 알아야 한다는 것이다. 그래서 막연히 신뢰하는 것이 아니라 친밀하고 투명한 관계 속에서 진정한 신뢰를 쌓아야 한다는 것이다.

친밀하게 알고 싶다

우리는 서로의 이름을 알고, 직업도 알며, 함께 일하기도 하고 흥미 있는 이야기도 나눈다. 또한 함께 기도하며 서로 즐거워하고 함께 웃는다. 그러나 우리는 인격적으로는 서로를 잘 모른 채 지낸다. 아무도 우리 영혼의 깊은 곳에서 일어나는 전투를 알지 못하며, 우리조차도 그것을 알지 못한다.

그러나 우리는 그것을 큰 문제로 삼지 않는다. 열심히 일하면서 잘 지내고 있다고 생각하기 때문이다. 그러나 정말 그런가?

"내 백성이 상처받고 무너졌다. 그리고 그들이 상처를 고쳐 주며 말하기를, '괜찮습니다. 별거 아닙니다.'라고 한다. 그러나 사실 괜찮은 것이 아니다"(렘 6:14). 예레미야 시대에 하나님께서 상처 입은 그의 백성들을 보시면서 하신 말씀이다.

그러나 우리는 말한다. "잠깐, 우리가 정말 상처 입고 깨어진 것은 아니에요. 물론 너무 열심히 일해서 피곤할 때도 있고 인간관계에서 때때로 갈등하기도 해요. 가끔은 외로움을 느끼는 적도 있어요. 그러나 우리는 매일 사람들과 함께 있다고요. 너무 바빠서 우리가 어떻게 느끼고 있는지 생각할 겨를도 없지요. 심리학의 좁은 시각에 얽매이고 싶지 않아요. 할 일이 너무 많으니까요. 만일 사람들이 책임을 다하며 바쁘게 산다면 내면세계에 대해서 염려할 필요가 없을 거예요."

"물론 문제는 있어요. 그러나 다른 사람도 그렇지 않나요? 나는 배우자를 속이지 않았고, 나쁜 성인물도 보지 않고, 아침마다 큐티를 하기 시작했으며, 교회의 사역에 열심히 동참하고 있지요. 나는 정말 잘 지내고 있답니다. 만일 사람들을 깊이 잘 알기 위해 시간을 보낸다면 지금 내가 하는 많은 일들은 할 수 없을 거예요. 나는 친구가 많으니까요."

나는 오십 명, 오백 명, 오천 명, 심지어는 오만 명 앞에서 말씀을 전하고 강단에서 내려온 첫 순간이 가장 힘들다. 어떤 사람들은 좋았다고 격려해 주기도 하지만 강의를 못했을 경우에는 외면하는 사람들도 있다. 혹은 잘했을 경우에는 사람들이 악수를 청하며 인사를 하려 한다. 나는 강의를 잘했을 때나 못했을 때나 모두 깊은 내면에서 외로움을 느낀다. 내가 행한 일이 내 인격보다 더 중요하게 여겨지기 때문이다.

무엇인가가 우리의 내면에서 죽어가고 있다. 아무도 당신을 알고 싶어 하지 않고, 당신 안에서 일어나고 있는 것에 대해 관심 있게 물어보는 사람이 없다. 당신 안에 있는 하나님의 생명을 발견하고 흥분하는 사람도 없고, 당신 안에 있는 생명이 다른 사람 안에 있는 생명과 어떻게 닿을 수 있는지 아는 사람도 없다. 그래서 포기하고 싶어 한다. 당신의 내면 깊은 곳에 있는 것에 대해 상관하려는 사람이 없기 때문이다.

피터 크리프트는 기독교에서 불교로 개종한 사람의 말을 인용하였다. "나는 기독교의 교리에 대해서 가르쳐주는 책과 교사들은 알고 있었지만 그 교리를 실현하는 사람은 발견할 수가 없었다." 크리프트는 "그가 그리스도인들 중에서 볼 수 없었던 것을 불교에서 발견했을 때 불교인이 된 것이다."라고 덧붙여 말했다.[2]

하지만 내 견해는 다르다. 나는 믿음을 체험하고 실현시키는 많은 영적 지도자들과 평신도들을 봐왔다. 물론 그렇지 않은 사람들도 많았지만 말이다. 그리스도인에게 있어 믿음의 핵심적인 교리는 삼위일체다. 모든 관계 속에서 삼위 하나님을 즐거워하는 것이다. 그것은 그리스도인에게서 가장 핵심되는 요소이지만, 사실 가장 발견하기 어려운 것이기도 하다.

내가 본 대부분의 그리스도인들은 그 '기쁨'의 근거를 축복에서 찾는다. 그러나 축복에 근거한 기쁨을 누리는 사람들은 그렇지 않은 사람들의 영혼에게 말할 능력을 가지고 있지 않다.

어쩌면 내가 사람들을 혼란스럽게 만드는지도 모르겠다. 오늘날의 기독교는 하찮고 사소한 일에만 바쁘고, 다른 사람의 영혼 따위는 돌보지도 않는다는 비난으로 들릴지 모르겠다. 그러나 만일 내가 성경을 믿지 않았다면 오래전에 기독교를 떠났을 것이다.

나는 종종 군중 속에 파묻혀 다른 사람들과 함께 앉아 있곤 한다. 그들은 집회에서는 흥분하지만, 개인적으로는 진지하게 다른 사람의 이야기를 들어주려고 하지 않는, 갈급한 사람들이다. 선포되는 말씀이 강력하고 찬양이 감동적이면 은혜받고 헌금을 한다. 그들은 들은 말씀이 헛되지 않도록 실제적인 삶에 적용하기 위해 애쓴다. 또한 기독교 서적을 열심히 읽고, 소그룹에서의 교제와 기도와 성경 공부에 참여한다. 모두 참 좋은 일이다.

그러나 우리에게는 마음을 알아주거나 우리를 깊이 알고 싶어 관심을 기울이는 친구가 없다. 이것은 마치 에이즈가 몸에 치명적인 것처럼 영혼에 해로운 비극이다. 회심하여 그리스도를 믿었음에도 불구하고, 성령에 의해 심령이 바뀌지 않고 굳어 있는 이유는 무엇일까? 아마도 그것은 인간 영혼 속에서 벌어지고 있는 실제적인 전투를 보지 않기 때문일 것이다. 우리는 영혼의 전투를 알지 못하기 때문에 싸우지 않는 것이다.

최근에 들은 세 가지 이야기를 나누고 싶다.

어떤 선교사가 자신이 소속된 선교단체의 기준에 어긋나는 일을 했다. 실수를 한 것이다. 선교이사회는 그 선교사에게 상황을 설명할 시간을 주지 않고 재제를 가했다. 선교사는 마음에 원망이 가득했지만 그것을 억누르고 하나님 나라를 위해 자신이 맞추어야 한다고 생각했다. 아무도 그의 영혼 속에 벌어지고 있는 전투를 보지 않았을 뿐만 아니라, 선교사 자신도 보지 않았다.

어떤 담임 목사가 에너지는 넘치지만, 지혜가 없는 청소년 사역자 때문에 힘들어하고 있었다. 몇몇 부모들과 청소년들이 그 사역자에 대해 불평하는 것을 들은 그 목사는 열 달 동안 그 청소년 사역자를 아침이나 저녁 식사 시간에 집으로 초대했다. 그를 알고자 했고 격려했으며, 어려운 문제들을 나누었다. 그러나 자기가 불공평하게 판단받고 까다롭게 비평받았다고 느낀 그 청소년 사역자는 자기를 좋아하는 몇몇 학부모들에게 담임 목사에 대해 나쁘게 말하기 시작했다. 그 교인들은 목사의 인격을 의심하기 시작했다. 분열될 위기에 빠진 교회는 그 담임목사가 계속 사역을 할 수 있을지 모를 정도였다. 몇 명의 가까운 친구들이 그 목사의 고통을 알고 옆에 있어 주기는 했지만 아무도 그의 진짜 전투는 보지 못했다.

마약을 복용하는 아들을 둔 신실하고 경건한 부모가 가정을 위한 수양회에 참석했다. 강사 부부는 그들의 네 자녀들을 어떻게 영적으로 성숙하고 하나님을 신뢰하는 자녀들로 키웠는지에 대해 강의하였다. 그들은 이제 청년이 된 자녀들을 초청해서 하나님의 영광을 위하여 간증하게 하고 강의를 마쳤다. 강사는 마지막으로 "하나님의 신실하심을 기억하십시오. 그는 약속을 이루어 주십니다. 만일 우리가 그가 주신 원칙대로 자녀들을 키운다면 그들은 우리 마음의 기쁨이 될 것입니다."라고 말했다. 청중들이 일어나서 박수를 치는 동안 완전히 실패자라는 생각과 함께 크게 낙심한 그들은 자신들이 뭘 잘못했는지 생각하면서 조용히 자리를 떠났다. 그들은 아들을 위해 꾸준히 기도해 왔으며 마약을 끊도록 그들이 할 수 있는 모든 것을 해 보았다. 그러나 그들 자신의 영혼에서 일어나고 있는 진정한 전투는 보지 못했고 싸워 본 적도 없었다.

형제자매들이여, 우리는 잘못된 싸움을 하고 있다! 사람들의 영혼에서 일어나는 진짜 전투를 아직 모르기 때문이다.

영혼 속에서 전투가 일어나고 있다

오직 하나님 아버지만이 우리가 받기 원하는 사랑을 주실 수 있다. 오직 예수님만이 우리의 심령을 변화시킬 수 있다. 오직 성령만이 우리의 영혼을 기쁨과 평안과 사랑으로 채울 수 있다. 우리는 그 사실을 알고 있다. 그러나 우리가 다른 사람에게 능력으로 말할 때까지는 사람들이 그 사랑을 느낄 수 없고, 변화를 경험할 수 없고, 예수님을 따르는 사람에게 있는 생명을 나타낼 수 없다. 우리는 영혼의 대화로 말하는 것을 배울 때에야 능력을 가지고 싸울 수 있을 것이고, 그렇게 되면 사람들이 다른 어떤 것보다 하나님을 더 원하게 될 것이다.

그러나 우리는 다른 것들 때문에 너무 바쁘다. 우리는 어떤 일을 이루기 위해 애쓰거나 이미 무엇인가를 이뤄낸 사람들과 함께하느라 바쁘다. 우리는 팀의 일원이 되어 지도자들이 원하는 대로 맞추고, 우리의 기관이 원활하게 운영되도록 원리에 따라 직원들을 관리하고, 자녀들을 하나님의 영광을 드러내도록 양육하기에 바쁘다.

우리는 더 영적인 사람이 되기 위해, 하나님을 더 신뢰하기 위해, 문제들을 해결하기 위해, 불평을 멈추고 중요한 일에 더 열심을 내기 위해, 덜 우울해 하기 위해, 모든 책임을 다하기 위해, 모든 사람을 기쁘게 하기 위해, 교회를 더 좋아하기 위해, 더 긍정적이 되어 죄의식을 적게 느끼고 부담을 덜 느끼기 위해, 배우자와 자녀들과 친구들을 더 잘 대하기 위해 열심히 노력한다.

예수님은 현대의 문화를 바라보시며, 예배 장소에 모인 군중들 혹은 수양회나 당회에 모인 사람들의 얼굴을 보시면서 소망을 갖고 말씀하신다. "삶이 무겁고 힘드냐? 종교에 지쳐 있느냐? 내게로 와서 쉼을 얻으라. 그리하면 너의 삶이 회복될 것이다"(마 11:28, 29).

또 예수님은 우리가 다른 사람의 인생에 대해 깊이 말할 수 있고 그 영혼을 돌볼 수 있는 믿을 만한 그리스도인들로 세워지도록 하나님께 기도하는 사람들이 되기를 바라신다. 이천 년 전 그분은 세상이 영혼의 대화를 할 준비가 되었다고 말씀하셨다. 이미 그때 준비되었던 것이다. 그렇다면 지금은 더 준비가 된 때이다. 그것은 틀림없다.

하나님께서는 구약 시대의 백성들이 그분을 예배하러 모였지만 실상은 자신들의 인생이 잘되기만을 바랐다는 것을 알고 계셨다. 아무도 하나님을 즐거워하지 않고 그저 잘살기 위해 '종교적으로 사는' 열심의 노력만을 다한 것이다. 이에 대해 하나님께서 탄식하시며 외치셨다. "너희 중에 성전 문을 닫을 자가 있느냐? 그러면 너희 중에 들어와 종교의 이름으로 어리석고 마음에도 없는 예배를 드리지 못할 것이다. 내가 기뻐하지 않는다"(말 1:10).

만일 그가 오늘날 우리 문화를 향해 직접 말씀하신다면 이렇게 말씀하셨을 것이다. "프로그램과 큰 행사와 너의 도덕적인 의무는 부차적인 것이다. 그것들을 네 마음의 가장 우선순위에 둘 때 그것들은 가증한 것이 되어 너는 나와 멀어질 것이다. 너는 인간의 영혼 속에서 일어나고 있는 진정한 전투를 볼 수 없느냐? 깨어나라. 그것은 마음의 문제이다. 내 백성인 너는 나보다도 다른 것들을 원하지만, 결국 너는 그것들 때문에 망할 것이다. 인생이 잘 풀리기 위해 하는 노력들은 너를 지치게 하고, 점점 더 나에게서 멀어지게 만든다. 내가 너의 유일한 소망이며 쉼과 기쁨의 유일한 근원이다. 영적 전투를 시작하여 사람들로부터 능력 있게 말하는 것을 배우라. 나를 갈급해 할 때까지 나를 향한 갈급함을 북돋우라. 네가 나와 함께할 때 너의 생명이 회복될 것이다. 영혼 속에서 전투가 일어나고 있다."

한 남자의 갈등

내 친구 중에 팀 벌크라는 야구 선수가 있다. 메이저리그의 투수인 그는 뉴욕 메츠와 미네소타 트윈스에서 공을 던졌고, 뉴욕 양키스의 일류 선수로 그의 경력을 마쳤다. 그는 입양한 다섯 자녀들과 더 많은 시간을 보내기 위해 일찍 은퇴했다. 『메이저리그 아빠(*Major League Dad*)』라는 자신의 책에서 그는 그의 사랑과 놀라운 희생에 대해 이야기하고 있다.[3]

그러나 그 이후의 이야기는 잘 알려져 있지 않다. 네 명의 아이들이 오랫동안 치료를 받아야 하는 반응애착장애로 판명이 났다. 팀과 그의 아내 크리스틴은 너무나도 힘들었다. 게다가 막내딸은 10개월일 때 수술을 하다가 뇌를 다쳐서 평생을 불구로 살아야 한다. 팀은 이 모든 압박감으로 비틀거렸다. 그의 믿음은 약해졌고, 결혼생활은 어두운 터널로 달려가고 있었으며, 재정은 거의 바닥났다. 그는 매일 아침마다 죽기를 바라면서 일어났다. 설상가상으로 그는 크리스틴과 별거하였고, 그때 음주 운전 단속에 걸렸다.

팀의 영혼에는 어떤 전투가 일어나고 있을까? 하나님께서 나에게 지난 2년간 팀과 영혼의 대화를 할 기회를 주셨을 때 이 질문은 내게 중요한 문제로 다가왔다.

당신이 팀과 함께 앉아 있다고 상상해 보라. 그가 자신의 이야기와 고통과 실패를 나눌 때, 당신은 뭐라고 말할 수 있겠는가? 당신이 그에게 해 주려고 생각한 모든 말은 너무 단순하고 힘이 없고 허공을 치는 것과 같이 들릴지도 모른다. 말하는 능력이 부족하다고 느낀 당신은 상황을 변화시킬 다른 무언가를 말하고 싶을 것이다. 자신에게 솔로몬의 지혜가 있었으면 하고 바랄 것이다. 당신은 어떻게 하겠는가?

- 휘말리려는 유혹을 극복하라!
- 당장 도와주고 싶은 유혹을 극복하라!
- 남의 도움을 청하려는 유혹을 극복하라!

내면을 생각하라. 하나님의 생명이 당신 안에 있다. 당신은 팀의 영혼에 능력 있는 말을 하고 싶다. 그러나 어떻게 해야 할지, 무엇을 말해야 할지 모른다. 당신은 본능적으로 '올바른' 말을 하려 할 것이다. 그러나 그런 부담감을 버리고 당신의 마음을 다른 것에 쏟도록 하라.

마음속을 더 깊이 살펴보라. 당신 안에 성령의 생명이 있고 그가 역사하심을 믿으라. 어디서? 어떻게? 팀의 영혼에서 어떤 전투가 일어나고 있는가? 그것이 다음으로 생각하고 팀과 함께 찾아야 할 질문이다.

5
껍데기 안을 보라

전투장에서 춤추는 군사

　　　　　　　　　　　우리 앞에는 실제적인 전투가
있다. 피할 수도 없고 피해서도 안 되는 것이다. 우리는 우리 안에 있고 또한 타인에게도 있는 그 전투에 대해 분명하게 알아야 한다. 만일 겉에만 반창고를 붙이듯 그 싸움을 종교나 심리학적인 반창고로만 해결하려 한다면 결과는 뻔하다. 뿌리 없이 부푼 소망만 주는 것이다. 단순하게 안심시켜 주는 것만으로 문제를 덮는 감상적인 신학자가 되든지, 아니면 다양한 방법과 프로그램들로 문제를 해결하는 노련한 기술자가 될 뿐이다.
　그러나 우리가 우리 안에 있는 그 실제적인 전투를 제대로 인식한다면, 우리는 열정적인 진리와 불타는 사랑으로 뜨거워질 것이다. 거룩한 리듬에 맞추어 행군하는 군인처럼 아름다울 것이다. 능력 있는 말로써 사람들을 자유롭게 할 것이다.

　모든 그리스도인 공동체 안에 살아 계신 성령께서는 우리에게 그 전투의 실체를 알게 하신다. 눈을 열어 주신다. 우리가 대항하고 있는 것이 무엇인지 알게 하시고 그 전투를 준비하게 하신다. 그의 방법은 항상 놀랍다. 지금 우리가 중요하게 생각하는 교회 성장, 프로그램 개발, 가정의 회복, 마약 퇴치, 교리 수호 등이 중요한 문제가 아님을 가르쳐주신다. 이것이 싸움의 본질이 아니다. 물론 그것들은 추구할 가치가 있고 그렇게 된다면 축하할 만한 것들이다. 그러나 그것들이 우리를 근본적으로 변화시키는 것은 아니다. 우리는 그것들을 좋아하고 만족해 하며 행복한 것으로 느끼지만, 우리 안에 있는 갈급함이나 자기중심적인 내면이 변화되었다고 느끼지는 않는다. 채워지지 않은 공허함은 더 좋은 프로그램을 부르짖는다. 그러나 그 갈급함은 성령만이 채우시는 것이다.

　우리의 공허함을 채울 것처럼 보이는 공식적인 방법과 프로그램에 실망했다면, 성령께 감사하라. 그것은 처음에는 확실한 해결책으로 보이지만, 마지막에는 그 얄팍함을 드러내며 우리를 실망의 바다로 이끈다. 문제의 해결은 더 좋은 프로그램, 또는 상담원이나 기도원을 통해서 해결되는 것이 아니다. 우리가 우리의 가면을 벗고 두려움을 직시하여 우리는 이 세상에 속한 사람이 아니라 다른 세상에 속해 있음을 정확하게 알게 될 때 이루어진다. 이런 순례의 삶을 통해 우리는 비로소 믿음으로 살아가는 온전함을 이루게 되는 것이다.

　우리는 세상의 어느 것으로도 채울 수 없는 영혼의 갈급함이 있음을 알아야 한다. 만일 이것을 깨닫는다면, 오랫동안 친구로 보였던 것이 사실은 진정한 기쁨을 가로막고 있는 원수임을 알게 될 것이다. 우리는 평탄한 결혼생활을 하고 일의 경력을 쌓으며 모험과 사랑을 성취하는 것이 좋은 삶이라 생각하고 그것에 모든 에너지를 다 쏟아 붓는다. 그러나 이런 것들을 인생의 가장 중요한 것으로 추구한다면, 하나님의 존재를 그의 임재로 알기보다는 협력을 위한 조력자로 여기게 된다. 그러면 우리가 하나님께 향하는 것은 진정한 마음이 있어서가 아니라 종을 부리듯 하나님께 간구할 것을 말하기 위해서일 뿐이다.

그렇다면 우리가 첫 번째 순위에 두어야 할 것은 무엇인가? 우리 영혼에 깊은 만족을 주시는 하나님의 존재 그 자체이다. 단순히 육신을 만족시키는 것들이 아니다. 이 대목에서 우리는 우리가 싸워야 할 대상, 즉 원수를 정확하게 알 필요가 있다. 그저 가리고 숨기는 것만이 능사가 아니다. 성령께서 우리를 승리의 전투장으로 부르신다. 우리는 하나님의 은혜와 능력으로 원수를 멸할 준비가 되어 있다. 성령의 리듬에 맞춰 춤을 추면서 승리할 수 있는 것이다. 분명한 사명을 가지고 승리를 바라보며 우리 영혼에서 일어나고 있는 우주적인 전투장으로 들어갈 것이다.

우리 자신과 우리가 사랑하는 사람들의 영혼에서 일어나고 있는 전투에 참여하게 됨을 성령께 감사하라. 이제 어떻게 해야 하는가? 먼저 우리는 그 전투가 무엇이며 어떻게 싸워야 하는지를 알아야 할 것이다.

실제의 전투를 보라

당신이 팀과 마주 앉아서 그의 이야기를 듣는다고 상상해 보자. 아마도 당신은 큰 부담을 느낄 것이다.

당신은 그의 이야기를 듣기보다는 하나님께서 행하신 성공담을 더 듣고 싶거나 좋아하는 운동을 하고 싶은 마음이 잠깐이나마 들지도 모른다. 어려운 이야기를 듣고 싶지 않을 것이다. 그것이 당신 안에 상당한 두려움을 일으키기 때문이다. 그와 같은 일이 당신에게도 일어날 수 있다는 두려움 말이다. 당신은 그의 말을 들으면서도 무슨 이야기를 해 줘야 할지 정말 모를 것이다.

진부한 이야기나 간단한 기도, 또는 친절한 태도로 그것을 회피하고 싶을 것이다. 또 할 수 있으면 도와주고 싶고, 그의 끔찍한 감정을 해소할 수 있는 소망을 주는 영적 훈련이나 상담을 소개해 주고 싶다는 생각을 뿌리치기가 어려울 것이다. 당신의 부족함이 결국 당신의 영혼 안에 있는 성령의 리듬을 들을 기회가 된다는 사실을 깨닫기가 어려울 것이다.

'나에게는 지나친 일이야. 내가 팀의 친구이기는 하지만, 팀은 나보다는 이런 문제를 다루도록 훈련받은 사람과 이야기할 필요가 있어. 이것은 너무 심각한 문제이고 그는 정말 낙담하고 있다 말이야.' 이런 생각으로 자신을 위로하며 다른 사람의 도움을 청하는 데 분주할지도 모른다. 그러나 회피하거나, 당장 도우려고 하거나, 너무 빨리 다른 도움을 청하지 말라. 아마도 회피하고 싶은 느낌이 들 것이고, 돕고 싶은 마음이 간절할 것이다. 그리고 의사로부터 약을 처방받거나 전문상담자에게서 지혜를 얻는 것이 타당할 수도 있다.

그러나 팀의 내면에 있는 생명에게 말할 수 있는 당신의 능력을 과소평가하지 말라. 3장에서 언급했던 대로, 우리 안에 있는 초자연적인 생명을 볼 수 있도록 내면을 깊이 살펴보아야 한다. 당신 안에 하나님의 능력이 있다는 사실을 믿고(비록 당신이 전투에 임하기 전까지는 그 능력을 느끼지 못하겠지만), 하나님의 실제 생명이 당신의 영혼을 통해 흐르고 있음을 내면에서 인식하고, 앞에 놓인 전투를 바라보는 것이다. 팀의 깨어진 꿈 뒤에, 그의 인생에서 일어난 끔찍한 사건들로 인한 피할 수 없는 모든 고통 뒤에 바로 당신이 무장하고 들어가서 싸워야 할 전투가 있다. 그것은 팀의 인생에서 일어난 가장 중요한 전투이다.

그 전투를 설명하면서 "오, 그렇군요! 그 문제는 영적인 것이지요."라고 말하는 것은 도움이 되지 않는다. 우리가 그 전투를 보고서 겸손으로 침묵할 때까지, 할 말이 없어 무릎을 꿇고 "하나님 아버지, 당신의 이름이 거룩히 여김을 받으시옵소서. 우리를 시험에 들게 마시고 악에서 구원하여 주옵소서. 우리를 불쌍히 여겨 주옵소서! 하나님 없이는 우리 모두는 죽은 자들입니다."라고 부르짖을 때까지는 초자연적인 능력으로 다른 사람에게 말할 수 없을 것이다.

다음 두 장에서는 전투를 분명히 바라보는 것에 초점을 맞추려 한다. 다음 세 가지의 진리가 우리가 봐야 할 것을 충분히 보도록 도와줄 것이다.

진리 1 영혼의 대화는 진정한 만남을 포함한다

전투에 필요한 무기인 영혼의 대화는 훈련된 전문가가 실행하는 과학적인 기술이 아니다. 그것은 우리 안에 있는 생명으로 다른 사람의 필요를 채워 주려 할 때 필요한 언어이다(엡 4:29 참조).

중요한 열쇠는 전문적인 기술이 아니라 진정한 만남에 있다. 영혼의 대화는 나쁜 것을 제거하거나 상한 것을 고치는 것이기보다는 오히려 완성시켜 주는 것과 같다. 그것은 다른 사람의 메마른 영혼에 살아 있는 생명을 부어 준다.

당신이 생명으로 대화하고 있다는 사실을 다른 사람들이 느낄 때 그들 영혼 주위를 둘러싼 벽은 낮아진다. 관계를 가로막고 있던 벽이 조금씩 무너지기 시작한다. 그것은 마치 예수님이 우물가의 여인에게 물을 달라고 말씀하자, 유대인이 사마리아인과 대면하지도 않았던 벽이 무너졌던 사건과 같다.

이것이 첫 번째 진리다. 당신에게는 초자연적인 생명이 있기 때문에 당신의 자녀나 배우자나 친구에게 초자연적인 능력을 가지고 말할 수 있다. 진정한 전투를 보기 원할 것이다. 전투장에서 영혼의 대화가 주는 힘을 느낄 수 있기 때문이다.

진리 2 영혼의 대화는 성삼위 하나님과 교제해야 한다

영혼의 대화는 당신의 심령이 올바르며, 성삼위 하나님과의 교제가 튼튼할 때 일어난다.

우리는 보통 서로에게 영혼의 대화를 하지 않는다. 그것은 우리가 지식이 없거나 기술이 없어서가 아니라 우리 안에 있는 리듬을 정확하게 느끼지 못하기 때문에 그렇다.

헤더는 한 시간 동안 춤의 기본 동작을 설명할 수 있다. 칠판에 도표를 그려서 정확한 이론을 가르쳐줄 수 있다. 그러나 내가 리듬을 느끼지 않고 그것에 나를 맡기지 않으며, 음악의 박자에 대한 감각이 살아 있지 않으면 결코 춤을 출 수 없다.

그러나 리듬의 감각은 이미 내 안에 있다. 거룩한 생수가 내 영혼에서 흘러나와 하나님 아버지가 부르시는 기쁨의 노래 리듬을 맞춰 은혜로 춤을 출 수 있는 것이다. 하지만 나는 아직도 자아의 대화를 하고 있다. 왜? 왜 춤추지 않을까? 왜 당신에게 능력으로 말하지 않을까?

그것은 내가 잘못된 주파수에 맞춰서 움직이기 때문이다. 내 안의 힘이 거룩한 생수에서 흘러나온 것이 아니라 일반 수돗물에서 나오기 때문이다. 게다가 그 물은 자신을 증명하고, 주목받고, 인정받고, 가치를 느끼며, 능력 있는 것처럼 보이고, 자신을 보호하며, 주장하려는 교만으로 오염되어 있다.

내가 팀을 처음 만났을 때 나는 스타를 만난다는 생각에 흥분했다. 수천 명의 사람들이 그가 야구장에서 공을 던지는 모습을 보려고 비싼 표를 샀었다. 그는 그 유명한 양키스 줄무늬 유니폼을 입었다. 그런 그가 내 앞에 앉아서 나에게 그의 마음을 쏟아 놓는 것이다.

나는 비록 야구는 아니지만, 내가 종사하는 상담 분야에서 상당히 능력 있는 사람임을 그에게 알리고 싶었다. 그 능력을 보이기 위해 중간 중간에 질문도 하고, 여러 제스처를 썼다. 하지만 영혼의 대화에서는 단지 바라보기만 해도 된다.

내가 무엇인가를 해야 한다는 부담감, 할 수 있을까라는 두려움은 사랑을 내쫓는다. 나는 그가 감동할 만한 말을 하려고 하고, 그가 미처 생각지 못한 것들을 이야기해 주고 싶어 했다. 나는 팀이 싸우고 있는 전투에 대해서는 생각해 보지도 않고 내 자신의 어리석은 전투에 뛰어들기에 바빴다.

지옥의 외침을 들은 나는 그것을 음악으로 생각했다. 내 본성적인 힘으로 하나님을 나타내기보다는 내 자신을 증명하기에 더 바빴다. 사탄이 조종하는 세상의 음감은 박자에 어긋나는 춤을 추게 한다. 그것은 단순히 어리석은 것이 아니라 악한 것이다. 주님이 미워하시는 일곱 가지가 있는데 교만이 그 첫 번째다(잠 6:16~19 참조).

내 마음이 하나님과 어긋나 있었다. 나는 하나님보다 나에게 더 많은 관심을 쏟고 있었다. 그래서 천국의 음악을 들을 수 없었고 영혼의 대화를 할 수 없었던 것이다.

그러나 나를 깨우치는 음악이 있었다. 내가 얼마나 잘못된 결정들을 했는지, 친구의 영혼에 얼마나 큰 해를 끼쳤는지를 알게 해 주었다. 처음에는 조용하지만 그 곡조는 귀를 기울이다 보면 점점 크게 들린다. 그것은 아름다운 음악이었다.

그것은 성자 예수님께서 작곡하시고, 성령께서 부르시는 성부 하나님의 기쁨의 음악이었다. "이것은 네가 진실로 원하는 대화가 아니다. 또한 네가 누구인지를 전혀 반영하지 않고 있다. 너는 그보다 더 나은 사람이다. 그것을 숨기지 말라. 너는 용서받은 자이다. 네 심령에 귀를 기울이라. 그곳은 내 집이며 내가 거하는 곳이다. 너는 기꺼이 친구의 고민을 들어주고, 그가 싸우고 있는 전투를 직시하며, 내가 너에게 부어 준 생명을 그에게 부어 주라. 나는 너를 사랑하고 너와 함께하는 것이 즐겁다. 또한 나를 사랑하고, 팀을 사랑하고 있다. 가서 그와 함께 대화하라."

그때 나는 춤을 추기 시작했다. 춤추는 군사라는 이미지가 이상하게 보이겠지만 나는 그렇게 느꼈다. 십자가 위에서의 예수님처럼 말이다. 그는 아버지의 뜻에 따라 리듬에 맞추어 춤추시기 위해 그의 전부를 주시고 죄를 이기셨다. 그는 전투에서 춤을 추면서 이기셨다.

우리의 심령이 천국의 음악으로 가득 차고, 고통과 수치심이 우리를 깨뜨리고 그 음악을 듣도록 귀를 열어 줄 때 우리는 춤을 추며 전투로 나아간다. 그러면 전투의 열기 가운데서도 춤추고 있는 자신을 발견하게 될 것이다.

진리 3 영혼의 대화는 성령을 기다린다

영혼의 대화는 인내하며 기다린다. 우리가 변화의 시기를 주도하는 것이 아니기 때문이다. 그것은 성령의 역사이다. 그러므로 부담감을 내려놓고 안도할 수 있다.

우리 아들들이 6살과 8살이었을 때, 나는 그들이 하나님에 대해 진지해질 때가 되었다고 생각했다. 그날 오후 나는 대학원 시절 나의 영적 멘토였던 분이 믿음을 버렸다는 말을 들었기 때문이다. 그 말에 나는 큰 충격을 받았다. 그런 일이 그에게 일어났다는 것은, 내 자녀들을 포함하여 누구에게든지 일어날 수 있다는 것이다.

그래서 말에 안장을 얹고 칼을 빼고 전투를 준비했다. 나는 그날 밤 내 아이들이 자신의 모든 것을 전적으로 그리스도께 드리는 것이 하나님의 뜻이라고 믿었다. 하나님의 말씀을 읽고 예배를 드린 후, 어안이 벙벙한 아이들에게 손가락을 걸고 맹세를 하게 했다. "이제부터 너희 둘은 하나님을 위해 살아갈 것이다! 알겠니?"

그러나 그것은 공격적인 자아의 대화 이외에는 아무것도 아니었다. 사태가 위태로워 보일 때 상황을 우리의 손 안에 쥐고 싶은 유혹이 생긴다. 그것은 우리가 주관할 수 없는 것을 주관해 보려는 마음 때문이다. 다른 사람의 영혼을 주관하려는 것이 얼마나 어리석고 거만한 일인가. 그것은 우상 숭배와 같은 것이다. 자아의 대화는 비록 그것이 올바른 말이더라도 성령의 능력이 없다.

만일 당신이 팀과 함께 대화해야 한다면, 기다리고 듣고 돌보고 기도해야 할 것이다. 인내하며 내면을 깊이 살펴보아야 할 것이다. 그러면 하나님께서 전투의 실체를 보여 주시고 당신이 그 전투에 대해 말할 수 있는 능력을 주실 것이다. 어쩌면 오늘 당장 당신의 눈앞에서 기적을 보여 주실 수도 있고 그렇지 않을 수도 있다. 그것은 당신의 소관이 아니라 하나님의 주권이다.

전투의 중심으로 들어가라

앞의 세 진리를 기억하라. 그리고 각 사람들의 영혼 안에서 벌어지는 실제 전투에 초자연적인 능력을 가지고 투입된 춤추는 군병의 말을 들어 보라. "준비하십시오. 당신의 대적이 당신의 능력보다 큽니다. 모든 도움을 청하고, 하나님의 전신갑주를 취하십시오. 이것은 악한 날에 당신이 능히 대적하고 모든 일을 행한 후에 서기 위해서입니다. … 쉬지 말고 기도하며 … 방심하지 마십시오"(엡 6:13, 18).

우리는 사도 바울에게서 행진의 명령을 받았다. 이제 전투로 들어가자!

전투의 중심으로 들어가라. 다음과 같은 핵심 질문을 해 보라. 팀이 가장 원하는 것이 무엇일까? 하나님께 더 가까이 나아가고 그리스도와 닮아 가는 것일까? 아니면 다른 것일까?

같은 질문을 당신 자신에게 다시 한 번 해 보라. 당신이 대화하고 있는 그 사람은 자신의 영혼을 만족시키실 하나님과 교제하기를 더 원하는가, 아니면 그의 삶이 편안하고 형통하게 되기 위하여 하나님으로부터 도움받는 데 더 관심이 있는가?

인생이 힘들 때 세상에서 가장 자연스러운 본성은 그 어려움이 자신의 뜻대로 잘 해결되어 안정되기를 원하는 마음이다. 또한 인생이 잘 풀릴 때 가장 자연스러운 본성은 그 형통이 계속 되기를 원하는 것이다. 우리는 항상 안정을 얻고 축복을 유지하는 것을 선호한다. 다른 사람에의 의존은 불안하기 때문에 자기 힘으로 이루어 보려고 애쓴다. 그것이 인간의 본성적인 생각이다.

그러나 인생이 어렵든지 편안하든지 간에 우리가 할 수 있는 초자연적인 생각은 하나님을 더 알기 원하고, 그를 기쁘게 하고, 그의 뜻을 이루고자 하는 것이다. 인생이 잘 풀리도록 계획하기보다 하나님의 임재로 들어가는 순례를 더 원하는 것이다. 물론 팀은 그의 삶이 좀 더 나아지기를 원했다. 그것은 죄나 잘못은 아니다. 그것은 정상적인 바람이다. 하지만 중요한 것은 하나님을 더 원하느냐이다.

아브라함은 아들 이삭을 원했지만, 그의 생명보다 하나님을 알기를 더 원했다. 마리아는 결혼 전의 임신으로 인한 수치를 피하고 싶었지만, 하나님께 순종하는 것을 더 원했다. 예수님께서는 죄인으로 취급받는 것을 피하고 싶었지만, 하나님 아버지를 기쁘게 하기를 더 원했다.

아담은 하나님과 교제하기를 원했지만, 선악을 알고 더 많은 것을 주관하고 싶은 유혹에 넘어갔다. 그 선택의 결과로 아담은 하나님과 사탄 사이의 치열한 전투를 인간 세계로 가져왔다.

그것은 욕망을 시험하는 싸움이다. 인간의 마음은 하나님을 알고 신뢰하고 따르는 것보다 인생에서 필요한 것을 더 중요하게 여기며, 하나님을 경험하는 기쁨보다 인생의 형통함을 더 바라는 싸움터가 된 것이다. 성경은 그것을 우상 숭배라고 한다.

팀은 상처를 입고 절망했다. 살고 싶지 않다고 한다. 팬들의 환호, 입양 신청서에 서명하면서 가졌던 기대, 사랑스러운 아내와의 추억이 그를 고통스럽게 한다. 만일 그가 시간을 되돌릴 수만 있다면 그렇게 하고 싶은 심정이다. 하지만 그의 눈에는 어둡고 고통스러운 미래뿐이다. 왜 살아야 하나?

만약 어떤 사람이 그의 자녀들을 회복시키고, 결혼생활의 친밀함을 돌려주고, 그의 능력을 인정받을 수 있는 방법을 가르쳐준다면 팀은 마다하지 않고 즉시 그 방법대로 할 것이다. 그러지 않을 사람이 어디 있겠는가? 만일 금식으로 하나님의 축복을 되돌릴 수 있다면, 영적인 인도를 받아 일이 더 잘될 수만 있다면, 소그룹에 참여하고 사역 팀에서 봉사하는 것이 그의 가치를 높여 줄 수만 있다면 그는 그렇게 할 것이다. 그의 영혼 깊은 곳에 아담의 후손으로서의 본성이 있는 것이다. 나는 내 인생을 더 잘 살기 위한 것을 하고 싶다.

또한 그의 영혼 깊은 곳에는 하나님의 자녀로서의 본성도 있다. 나는 하나님께서 허락하시는 것을 통해서 하나님을 경험하고 인생이 잘되든지,

어렵든지 그를 신뢰하기를 원한다.

    전투는 계속되고 있다. 자연적인 본성은 첫 번째를 요구하지만, 초자연적인 요구도 조금씩 일어난다. 우리가 무릎 꿇고 기도하면서 그 전투를 더 잘 지켜보아야 한다.

6
더 가까이 보기 위해 움직이라

종교는 나의 적이다

종교는 사탄의 고안물이라 할 수 있다. 그것은 세상의 특허품이다. 우리 인간은 종교를 얻기 위해 영혼을 저당 잡혔으면서도 우리가 매매를 잘해서 좋은 결과를 얻었다고 생각한다. 유진 피터슨은 성경 『메시지』의 아모스서 서론에서 "종교는 인간에게 알려진 가장 위험한 에너지의 근원이다."라고 언급했다.

   제2차세계대전 이후 정치인들은 가정마다 자동차와 풍성한 식량이 있는 경제 번영을 이루겠다고 공약했다. 에덴동산 이후로 사탄의 대승리는 '모든 영혼들에게 종교를'이라는 구호 아래 이루어졌다. 그의 메시지는 호소력이 있다. 지혜롭게 살아야 한다. 사탄은 당신에게 당신의 인생을 스스로 잘 운영할 수 있다고 유혹한다. 사탄은 자신이 모든 것을 가진 것처럼 연출하고 그렇게 보이도록 한다.

교만과 본성의 정욕대로 살기 원하는 사탄의 꼬임에 우리 모두는 넘어갔다. 그것은 아담을 통해 우리에게 유전되어 내려온 것이다. 우리는 인생이 더 나아진다면 무엇이든지 할 용의가 있다. 종교의 핵심은 이렇게 간단히 설명될 수 있다. 우리가 최고의 가치를 두는 것을 이루기 위해서는 가능한 모든 능력을 사용할 수 있고 그런 노력은 또한 옳고 정당한 것이다.

물론 도덕성을 가지고 있는 종교는 각 개인의 목표 추구가 다른 사람의 인생을 방해하지 않도록 한다. 더 일반적으로 말하자면 자기 자신뿐 아니라 다른 사람의 삶까지도 더 좋아지도록 하는 것이 바로 그 핵심이다. 이것이 바로 종교이다. 그 다른 어떤 가치보다도 풍요로운 삶을 최고의 가치로 두고 스스로 자아도취에 빠져 버린다.

사탄은 그 기반을 잘 닦아 놓았다. 종교, 그것은 자신이 잘되는 길을 찾기 위한 자기집착이다. 그리고 지금 그것은 마치 우리의 본성적인 에너지인 것처럼 가장하여 모든 인간들의 영혼을 잠식하고 있다. 우리를 죽이고 있다. 우리는 영적 순례를 위해 만들어진 존재들이다. 하지만 우리는 종교적 순례만을 하고 있다. 뿐만 아니라 비인격적이고 심리적 공황 상태라고 할 수 있는 정신병의 대부분도 그것으로 인한 것이다. 종교가 기쁨을 약속하는 것으로 보이지만, 도리어 기쁨을 빼앗아간다. 종교가 도움이 되는 것처럼 보일 때조차도 그것은 우리를 지치게 하고 있다.

만일 예수님께서 당신과 나, 그리고 팀을 보신다면 우리의 어떤 부분을 보실까? 잘 지내는 것 같은 사람들에게도 예수님께서는 '고생하며 유리하는'(마 9:36 참조) 사람들이라고 하셨다. 그 말은 '억압되고 지쳐 있는' 이라는 의미이다. 예수님께서는 그들 영혼에서 싸우고 있는 하나님과 사탄과의 전투를 보셨다. 사탄이 고안한 종교는 유효했다. 모든 사람들이 보다 나은 삶을 위해 필요한 것이라면 무엇이든 닥치는 대로 열심히 수고할 준비가 되어 있으며, 그 수고를 하다가 지치기 때문이다.

'이것을 하라! 저것을 하라! 당신 자신을 보호하라. 보다 잘 살기 위해 신중하라. 여기 멋지게 살고, 자녀를 잘 키우고, 교회를 성장시키고, 우울증을 사라지게 하는 방법이 있다. 사람들에게 친절하라. 참으라. 관대하라. 오라. 당신은 할 수 있다. 바쁘게 열심히 일하라! 계속 노력하라! 그러면 당신이 원하는 것을 얻고 인생이 형통할 것이다!'

그것은 바리새인들이 연주하는 음악의 소리다. 우리는 오늘도 가정에서, 학교에서, 직장에서, 교회에서조차 이 같은 노래를 듣고 부르고 있다. 자녀들이 당신의 마음을 아프게 하는가? 이런 방법으로 그들을 대하라. 어려운 돈 문제가 있는가? 재정에 대한 성경적인 원리를 따르라. 외로운가? 화가 나는가? 참기 힘든가? 우울한가? 끔찍한 기억으로 고통받고 있는가? 어떻게 하면 그 문제를 해결할 수 있는지를 설명하는 것이 종교의 모든 것이다. 그리고 그것은 모두 자아의 대화이다.

전투가 시작되다

모든 사례들이 시작된 처음으로 되돌아가 보는 것은 이해하는 데 큰 도움이 되곤 한다. 지난 시절 예수님께서 갈릴리 사람들을 바라보시던 때처럼, 오늘의 우리를 살피신다면 그는 우리 내면에서 일어나는 전투뿐만 아니라 그 전투가 시작되고 종교가 처음 등장한 때를 주목해 보실 것이다.

아름답고 축복되고 행복한 하나님의 한 천사의 마음에 어쩐 일인지 이상한 생각 하나가 자리 잡는다. 그것은 하나님 주위를 맴도는 것보다 더 즐겁고 유쾌한 무언가가 있으리라는 생각이다. 그 생각은 하나님의 인격을 바라는 것보다 그의 중심에 자리 잡는다. 그는 자신도 완전한 권위, 주권, 경배와 존경받음과 같은 신만의 특권을 갖고 싶었다.

하나님과의 친밀함에 순종하는 것에서 떠나 완전한 쾌락을 추구하는 반역을 일으키게 된다. 루시퍼는 피조물로서의 본질을 잃어버리고 최초의 도덕적 정신병자라고 할 수 있는 사탄이 되었다. 하나님을 떠나서는 완전한 즐거움이 없음에도 불구하고 그는 그럴 수 있다고 생각했다.

루시퍼는 미쳤지만 어리석지 않았다. 간교함에 있어 경쟁자가 없을 정도로 뛰어난 그는 역사상 가장 큰 반역을 일으켰다. 그는 하나님으로부터 사랑받고, 하나님과 다른 피조물을 사랑하도록 지음을 받은 창조물들을 유혹했다. '여기 더 좋은 게 있어. 우리 안에 지배력이 있다 말이야.' 개인의 욕망들이 마음의 중심에 자리 잡았다. 그 결과 우리의 가장 깊은 갈망 가운데 계셨던 하나님의 존재를 내몰고, 그의 영광스런 임재를 느낄 때만이 우리가 충분히 만족할 수 있다는 사실에 눈을 감아 버린다. 우리는 종교적인 조상들처럼 어리석게 되었다.

종교라는 병이 우리 인간의 영혼에 들어왔다. 나는 매일 그 병의 증상을 경험한다. 내 아내가 나에게 잘해 주는 것이 내가 그녀에게 잘해 주는 것보다 더 좋다. 팀에게 감동을 주는 것이 팀을 섬기는 것보다 더 유쾌하다. 전투는 계속되고 있다.

아담의 자손인 나는 내가 나를 주관하기를 원한다. 나의 형통을 위해서 모든 일들을 내 마음대로 하고 싶다. 그리고 내가 믿기로 작정한 하나님께서는 나를 도우셔야 한다고 생각한다.

그러나 하나님의 자녀로서 나는 하나님을 원한다. 내가 세상에서 경험하는 어떤 즐거움보다 내 영혼을 더 만족시키는 하나님과의 깊은 교제를 원한다. 육체적, 개인적, 관계적인 그 어떤 즐거움도 하나님을 아는 기쁨과 비교할 수 없다. 무슨 일이 일어나더라도 나는 그를 신뢰하고 그를 잘 알고자 한다.

본성적인 욕구가 초자연적인 욕구와 싸운다. 인생의 즐거움과 하나님을 즐거워하는 것이 서로 갈등한다. 종교와 복음이 전투 중에 있다.

이스라엘 역사는 영적 전투의 분명한 그림을 보여 준다. 이스라엘의 욕심 많은 왕에 대항하여 반역을 일으킨 여로보암이 북왕국을 따로 세웠다. 그러나 한 가지 문제가 생겼다. 예루살렘이 남왕국에 있었기 때문에 그는 백성들이 하나님께서 명하신 대로 예루살렘으로 가서 제사를 드릴까 봐 두려웠다.

그래서 여로보암은 제사를 쉽게 만들었다. 여호와께 제사를 드리는 것을 종교로 교묘하게 바꾸었다. 그 나라의 끝에 있던 단이라는 지방에 하나님을 대신하는 금송아지를 세웠다. 또 다른 쪽 끝의 벧엘에 다른 금송아지를 세워서 백성들이 제사를 드리기 위해 남왕국으로 돌아가지 못하도록 막았다. "너희가 다시는 예루살렘에 올라갈 것이 없도다 이스라엘아 이는 너희를 애굽 땅에서 인도하여 올린 너희 신이라."고 백성들에게 명령했다 (왕상 12:28, 개역).

여로보암이 무슨 일을 했는지 깨닫는 것이 중요하다. 그는 자신의 목적을 위하여 하나님을 편리하게 만들었다. "이것을 하면 잘될 것이다."라고 하면서 영광의 하나님을 종교적인 계획을 제공하는 편리한 우상으로 대신했다.

이후에 아합과 이세벨의 통치 아래서 바알을 숭배하는 것이 이스라엘로 들어왔다. 농업 생산의 신인 바알은 "네 욕구를 채워라."고 말하며 제사를 지낼 때 쉽게 쾌락을 얻도록 사당에 창기를 두었던 협조적인 우상이었다. 바알은 "모든 일들이 너를 위하여 잘되게 하리라."고 헛된 약속을 했다. 편리의 우상과 협조의 우상으로 인간을 만족시키는 종교를 만들어 냈다.

종교의 메시지

서구 교회와 내 자신의 마음을 살펴보면서 나는 종교의 메시지를 듣는다. 올바르게 살면 인생이 형통하게 될 것이다. 내가 종교적 충동을 따를 때 우쭐한 확신이나 성난 패배감과 같은 상반된 두 가지 감정이 나를 사로잡는다. 교만과 두려움이 마음 중심에 자리 잡는다. 내 삶이 놀라운 축복으로 가득할 때 나는 내가 하나님께서 보시기에 합당하게 살았기 때문에 하나님의 호의를 받는 것이라고 생각한다. 그러나 삶이 힘들고 어려울 때는 내가 잘못했기 때문이라며 스스로에게 화를 내거나, 내가 잘못한 게 없는데 왜 이럴까라는 생각 때문에 하나님을 원망하게 된다.

다음의 공식을 보면서 당신 자신의 영혼 안에 이런 인식이 있는지 점검해 보라.

편리의 우상 : 어느 정도껏 올바르게 살아라.
+ **협조의 우상** : 삶이 형통할 것이다.
───────────────────────────
종교 : 당신의 심령을 만족시키는 방향으로 인생을 만들 수 있다.

먼저 보상으로 유인하는 종교의 목표는 하나님과의 교제가 아니라 인생의 축복에 있다. 우리는 하나님을 아는 것과 예수님을 닮아가는 것, 성령께 자신을 드리는 것보다 더 귀중한 것이 있다는 사탄의 거짓말을 믿었다. 당신의 심령을 만족시키는 쾌락을 가져올 만한 것은 무엇이든지 즐겨라. 이것이 종교가 인생을 정의하는 방식이다.

팀의 경우를 보면 명성을 포기하고 다섯 명의 아이들을 입양해서 가족들과 행복한 시간을 보내며 하나님께서 그 상처받은 아이들의 삶을 회복시키시는 행운을 누릴 수도 있었다. 만약 그것이 현실로 이루어졌다면 팀은 지금쯤 그저 현실에 만족하는 종교인으로 남아 있을 것이다.

인생이 무너져 내렸을 때 그는 실패한 종교인이 되었다. 그는 삶을 회복시키기 위해 무엇인가를 해야 한다는 것을 믿으면서도 그의 인생이 다시 회복하는 것은 불가능하다고 생각했다.

팀은 지금 현실적으로는 불완전한 존재이지만, 한 가지 큰 이유 때문에 영적으로 가능성 있는 사람이다. 그는 모든 인생이 만사형통할 것이라는 사탄의 거짓말을 거절하고, 인생의 핵심을 하나님을 더 잘 알아가는 데 두고, 어떤 값을 치르고라도 자신의 뜻이 아니라 하나님의 뜻에 따라 살아가야 한다는 것을 알게 되었기 때문이다. 아직 도달하지는 못했지만 그는 종교적인 생활이 아니라 영적인 순례를 하게 된 것이다.

사탄과 함께 우리 안에 있는 육신은 "진짜 인생은 이 세상에서 축복을 누리는 것이다. 그 축복은 하나님(혹은 운명)이 올바르게 사는 사람에게 주는 것이다."라고 말한다. 그러나 그리스도와 함께 우리 안에 계신 성령께서는 "진정한 인생은 하나님을 의지하고, 모든 일이 어긋나고 십자가의 무게로 인해 절망하더라도 하나님께 붙어 있으며, 성령께서 하나님 아버지의 심정을 알도록 우리를 더 가까이 이끄시도록 기다리며, 성령께서 역사하시도록 시간과 공간을 드리는 것이다."라고 말씀하신다.

욕망들을 시험하는 싸움

이제 우리는 영혼 속에서 일어나는 진정한 전투를 분명하게 인식할 수 있다.

예수님을 따르며 믿는 모든 사람들은 두 개의 소욕을 갖고 있다. 그 첫 번째는 하나님을 알고, 성삼위 하나님과 친밀하게 교제하며, 삶 속에서 성령의 특별한 부르심을 듣기 갈망하고, 우리가 겪는 모든 어려움을 그리스도를 더 닮아가는 기회와 특권으로 인내하며, 지금 예수님과 사랑에 빠지고 영원한 기쁨의 소망 가운데 닻을 매고자 하는 것이다. 그 같은 욕구는 우리 안에, 내 안에, 당신 안에, 그리고 팀 안에도 있다.

그러나 또 다른 욕구가 있다. 우리는 우리의 인생이 평탄하기를 원한다. 좋은 감정만 느끼기 바라며, 어려운 상황을 잘 넘기고, 친절하고 불평하지 않는 사람이 되고, 중요한 분야에서 성공하며, 인정받고, 환영받고, 인격의 존엄성과 가치를 느끼며, 좋은 가정, 좋은 친구, 건강, 높은 소득, 멋진 사역의 즐거움을 경험하며, 스트레스를 덜 받고 평안하며, 공허하지 않고 더 즐겁기를 바란다.

두 개의 욕구가 모두 타당하다. 이것은 사실이다. 당신이 축복을 잃어버렸을 때 마음이 상하고 축복을 회복시켜 달라고 열심히 기도하는 것이 영적인 일이 아니라고 생각지 말라. 좋은 감정을 느끼고 싶은 욕구는 정상이다. 하나님께서 우리를 그렇게 지으셨기 때문이다.

그러나 인생의 축복 자체가 우리의 심령을 다스리는 열정이 될 때는 그것은 영적 전투가 되는 것이다. 그런데 불행하게도 우리는 모두 태어나면서부터 그 전쟁을 시작한다. 그것이 바로 우리를 종교로 유인하는 힘이다. "좋아! 그것을 얻을 수 있는 방법이 여기 있지. 그리고 네가 그것을 갖게 되면 넌 멋진 인생을 살게 되는 거야!"

예수님은 우리 영혼의 지극한 갈망이 하나님을 알고자 하는 것이어야 한다고 가르쳐주셨다. 사랑받고 싶은 욕구, 의미 있는 삶을 경험하고 싶은 욕구, 가족과 친구와 즐겁게 지내고 싶은 욕구, 성공하고 싶은 욕구가 아니다. 바로 하나님을 알고자 하는 것이다. 그 갈망이 너무나 커서 그의 선하심 안에서 편안히 쉬며 그의 뜻에 순종하는 것이다.

하나님을 향한 갈망을 '첫째 소욕'이라고 하고, 그 외에 다른 모든 욕구들을 '둘째 소욕'이라고 하자. 각 소욕이 우선순위대로 바르게 자리를 잡을때 우리는 종교적이 아니라 영적인 사람이 된다.

그러나 천국에 가기 전까지 이것을 실천하는 것은 그리 쉽지 않다. 늘 하나님을 알고자 하는 욕구를 절대적인 우선순위에 두고 다른 모든 욕구를 두 번째로 두는 것에 갈등한다. 예수님을 따르는 자들의 영혼 안에서 일어나는 핵심적인 전투는 첫째 소욕을 첫 번째로 두고 둘째 소욕을 두 번째로 두기 위한 데서 비롯된다.

　인간의 영혼 안에 있는 핵심적인 악은 둘째 소욕을 첫째 순위로 삼고, 마치 우리 영혼의 유익이 그 소욕을 만족할 때만 가능한 것으로 생각하게 한다. 즉 우리 영혼 안에 있는 가장 큰 거짓은 둘째 소욕이 첫 번째에 속해 있다고 믿는 우리의 믿음이며, 우리 영혼의 잘됨은 그 소욕을 만족시키는 데 있다고 확신하는 것이다.

　영혼의 대화의 핵심은 우리 안에 있는 하나님에 대한 열정을 불태워 그것이 우리 영혼을 점령케 하고 다른 어떤 소욕보다 하나님에 대한 소욕이 커지도록 하는 것이다. 그를 위해 우리 영혼을 지속적으로 일깨우고 키우는 것이다. 이것은 바로 영성이 형성되는 과정이다.

　당신을 편안하게 느끼는 누군가가 자신의 삶의 어떤 경험들을 당신과 함께 순례하고자 한다고 하자. 그때 그 일을 회피하려 하거나, 고쳐 주려 하거나, 전문가의 도움을 청하려 하지 말라. 내면을 생각하라. 오른쪽 도표는 이제까지 말했던 내용을 잘 정리하고 있다.

　다음으로 넘어가기 전에 몇 가지 기억할 것이 있다.

　첫째, 하나님께서는 우리에게 이 세상에서 더 나은 삶의 축복을 약속하지 않으셨다. 신실한 사람들은 축복을 받을 수도 있고 받지 않을 수도 있다. 비가 경건한 사람들에게 뿐만 아니라 경건치 않은 사람들에게도 내리는 것처럼 말이다. 우박도 마찬가지다. 옳게 사는 것과 인생이 형통한 것 사이에는 인과 관계가 없다. 그 인과의 법칙은 종교의 거짓말일 뿐이다.

　둘째, 바울이 이야기한 옛 생활의 길(의문의 묵은 것)은 그 연약한 백성 어떤 사람의 삶의 부분들을 함께 순례한다.
↓
초자연적인 생명이 당신 안에 있다.
↓
내면의 진정한 능력을 보라.
↓
영혼의 실제적 전투를 보라.
↓
두 가지 경쟁하는 욕구들 사이의 전투 :
어떤 소욕이 당신의 영혼을 다스리고 있는가?

이 세상의 축복을 즐기는 것 ◄──┘ └──► 하나님의 임재를 즐거워하는 것

들과 함께 폐하여졌다는 것이다(롬 7:6; 신 29:9; 히 7:18, 19).[4] 하나님께서는 축복을 받기 위한 조건으로 모든 율법을 온전히 지키라고 요구하셨다. 그러나 우리 모두에게는 그럴 만한 능력이 없다. 반면 종교는 우리가 할 수 있는 것만 요구하여 쉽게 순종할 수 있도록 하고 우리가 열심히 노력하기만 하면 편안한 삶을 살 수 있다고 약속하여, 하나님을 편리하고 협조적인 신으로 축소시켜 버렸다. 올바르게만 살면 인생이 평탄할 것이라는 믿음이다. 이것은 의문의 묶은 것이다. 이것이 바로 종교이다. 기도를 추측으로 바꾸고, 예배를 협상으로 바꾸고 순종을 부담으로 바꾼다.

마지막으로 우리가 다른 사람들을 더 평탄하고 더 나은 삶으로 인도하

고자 한다면 그것은 그들의 영혼을 돌보는 것이 아니라 인생을 관리해 주는 것, 곧 자아의 대화의 수준에 그치는 것이다. 그러나 사람들을 종교로부터 하나님께로 가는 성령의 새로운 길로 인도한다면, 그것은 영혼을 돌아보는 영혼의 대화의 길로 들어서는 순례의 경험이 된다.

팀의 영혼에서 일어나고 있는 전투

팀의 영혼 속에 일어난 전투는 이렇게 진행되었다. 더 나은 기분을 느끼고 싶고, 일이 잘 풀리기를 원하는 욕구가 그의 영혼을 잠식하면서, 동시에 그것은 가장 강력하고 궁극적이며 합리적인 욕구인 것처럼 느껴졌다. 그래서 이를 위해서라면 무엇이든 기꺼이 할 마음이 생긴다. 그의 간절한 의지는 마치 자신의 겸손과 순종을 증거하는 것처럼 보인다. 그러나 사실 그것은 자신의 권리 주장에 의해 공급된 요구일 뿐이다. 그의 영혼은 잘못된 길로 이끌려가고 있다. 팀은 종교적이다. 그리고 그의 분노와 우울은 정당한 것으로 보인다.

그러나 팀이 아직 모르고 있는 사실이 있다. 그의 영혼 깊은 곳에 하나님을 알고 싶어 하고, 그의 현재와 미래를 영원히 하나님께 맡기고 싶어 하는 갈망이 있다는 것이다. 그는 성삼위 하나님과 교제하기를 사모하고 있다. 만약 그가 그 갈망을 인식한다면, 결국 그가 겪는 인생의 모든 아픔이 하나님을 더 잘 알게 되고 그리스도를 주위 사람들에게 전하는 기회임을 느끼게 될 것이다. 그것은 그의 영혼을 흥분하게 만들 것이다. 그는 여전히 상심하겠지만 그 가운데서도 소망과 기쁨을 찾을 수 있을 것이다.

하지만 두 개의 욕구는 여전히 서로 첫째 자리를 차지하고자 다투고 있다. 오직 하나만이 그 자리를 차지할 수 있다. 두 번째 욕구가 그 자리를 차지할 때는 강요하는 자세가 된다. 즉 자기중심적인 이기주의가 주관하는 것이다. 그러나 첫 번째 욕구가 그 자리를 차지하면, 즉 하나님을 향한 갈망이 합당하게 그 보좌를 차지한다면, 팀의 영혼은 진지하고도 열정적이며 자비에 의존하는 열망을 경험하게 될 것이다. 그렇게 되면 팀은 예수님을 닮아가기 시작하는 것이다.

어떤 욕구가 그의 삶을 다스릴 것인가? 서로 대적하는 군사들이 싸우고 있다. 전투가 계속된다.

우리 안에도 같은 싸움이 있다. 이제 우리 안에 있는 생명과 그 전투를 깨닫고, 성령께서 무엇을 하실지를 상상해 보자. 비전을 생각해 보자. 이것이 영혼의 대화의 다음 단계이다.

7
가장 좋은 것을 추구하라

내 비전은 무엇인가

어느 저녁 친구 부부와 거실에 앉아 여러 시간 동안 이야기를 나누었다. 친구는 그 전날 자신이 도덕적으로 죄를 지었다고 고백했다. 그의 아내는 말문이 막혀 할 말을 잃어버렸다. 그 자리에 그의 사춘기 딸 셸리도 함께 있었다.

"여보, 너무 미안하오. 내가 당신에게 너무 큰 상처를 주었소. 이제 다시는 당신을 배신하지 않을 것이오. 약속하오. 오늘 오후에 셸리에게 내가 당신을 얼마나 사랑하는지 말했다오. 나는 다시 결혼하더라도 당신과 결혼할 것이오. 제발 나를 용서해 주오!"

그는 한마디 한마디를 떨리는 감정으로 말했다. 말을 끝마치고는 손으로 얼굴을 감싸고 흐느꼈다. 그의 아내는 남편의 말에 감동받지 않았다.

나도 그랬다. 그것은 너무 종교적으로 들렸기 때문이었다.

나는 조용히 앉아 있었다. 무슨 말을 해야 할까? 내게 어떤 능력이 있단 말인가? 무엇을 위해? 이 사람들은 내 친구이고 나는 그들을 사랑한다. 그리고 그들의 결혼생활이 행복하게 지속되길 바란다. 무엇을 해야 하나?

죄지은 남편에게 은혜를 확인해 주어야 하나? 그를 성중독자로 대해야 하나? 그가 더 깊은 회개를 하도록 죄의 추악함을 지적해 주어야 하나?

아니면 그 아내의 감정과 생각을 조심스럽게 살펴야 하는가? 현재 일어난 문제가 그녀를 현실 이상의 충격으로 이끌고 가는 과거의 어떤 치유되지 못한 상처가 있는 것은 아닌가?

그 친구에게 그의 말이 깊은 회개보다는 포장된 말처럼 들린다고 이야기해 줘야 할까? 그것은 하나님께 초점을 맞추지 않고 자신에게 초점을 맞추었기 때문이라고 해야 하나? 만일 그가 용서받지 못한다면 화를 내지는 않을까? 듣기기 전에 스스로 고백한 그의 용기를 칭찬해 주고 그의 아내에게 희망적인 증거라고 말해 줄까? 그의 간청에 냉정한 반응을 보이는 아내에게 어떤 생각이 있는지 물어보라고 할까? 남자의 감정과 여자의 감정의 근본적인 차이를 설명하고 오래 전의 상처가 여전히 남아 있는지를 살펴보고 복음의 능력으로 그 상처와 갈등을 치유해 주어야 할까? 무슨 말을 해야 하나?

무슨 말을 해야 하나?

이것은 어려움에 빠진 친구와 대화할 때 갖게 되는 가장 자연스러운 질문일 것이다. 그러나 동시에 도움도 되지 않으며, 위험한 질문이다. 사랑과 능력, 지혜와 은혜로운 영적인 리듬을 따르는 데 이처럼 방해가 되는 질문은 없을 것이다. 이런 질문은 대화에 어설프게 종교를 끌어들여서 예리한 문제 분석, 중재, 책임 소재, 치유의 단계적 과정이나 성경 원리의 기계적인 적용을 하게 만들기 때문이다.

이런 질문을 하는 것은 마치 막다른 골목에서 어디로 가야 할지 묻는 질문과 같다. 갈증을 시원하게 해갈해 줄 물이 있다고 생각했는데, 사실 그것은 사막으로 가는 지름길인 경우도 있다.

만일 우리가 성령께서 인도하시는 진정한 선(善)이 있는 방향으로 고개를 돌린다면, 영적 방향을 알 수 있는 신뢰할 만한 감각을 키울 수 있을 것이다. 그 빛을 본 우리는 음성을 들을 수 있고, 성경에서 오는 그 지혜를 깨달을 수 있으며, 무엇을 말해야 하는지 알게 될 것이다. "내가 무슨 말을 해야 하나?"라는 질문 대신에 "나는 성령의 선한 인도하심을 따르고 있는가?"라는 질문을 하게 될 것이다. 우리는 실수할 수도 있고 곁길로 갈 수도 있다. 우리가 그 사실을 깨닫는다면, 더 주의 깊게 그 음성을 듣고자 할 것이다. 천국의 음악을 듣고 그 리듬을 느끼며 전투 가운데서 성령과 함께 춤을 출 수 있게 되는 것이다.

성령의 목표에 도달하는 길은 전적으로 성령을 따르는지 아닌지에 달려 있다. 이렇게 하기 위해서는 먼저 비전을 생각할 필요가 있다. 그러나 만약 우리가 그밖의 다른 것에 방향을 둔다면 우리는 우리 자신 스스로를 의지하는 것과 같다. 지금이 공감해야 할 때인지 아니면 대립해야 할 때인지, 문제 해결책에 초점을 맞춰야 하는지 아니면 해답을 찾아야 하는지를 스스로 결정하려다 보면, 뒤죽박죽되어 버리는 느낌이 들 것이다. 그러다 결국에는 어떤 이론의 형식을 취하여 치료자나 영적 인도자로서 거만한 자신감을 갖고 그대로 실행할 것이다.

하나님을 중심으로 모시고, 예수님을 경외하며, 성령의 감동받은 비전이 없다면 우리는 자아의 대화를 할 수밖에 없다. 우리는 항상 자아의 대화를 하고 있다. 우리 영혼의 원수는 자기를 광명한 천사로 가장하며, 두 번째 욕구가 타당한 목표라고 우리를 설득한다. 그것은 상처를 치유하고, 대화를 발전시키며, 공동체를 자랑스러워하고 그것에 대한 책임의식을 갖도록 하며, 앞으로의 실패를 피하기 위하여 확실한 근거를 찾으며, 남편에게 다시 한 번의 기회를 주도록 아내를 달래며, 그녀가 그를 용서할 수 있도록 작전을 세운다.

사탄은 우리가 다른 어떤 것보다 하나님을 최우선으로 하는 비전을 갖지 못하게 하기 위해 어떤 값을 치르고서라도 다른 비전을 갖도록 만든다. 즉 우리가 하나님을 가장 중요시 여김으로서 하나님을 높이고 그분을 드러내는 것, 예수님을 닮아 가는 것, 우리 안에 계신 성령의 다스림에 순종하는 것을 위해서라면 다른 어떤 것도 상관치 않는 비전을 갖지 못하도록 다른 것으로 우리를 유혹한다.

만일 하나님을 사모하는 것이 우리의 비전이 된다면, 우리는 영혼의 대화를 할 것이다. 그러면 초자연적인 생명이 우리의 영혼에서 다른 사람의 영혼으로 흘러넘치게 될 것이다. 그럴 때 어떤 전략이 전투를 승리로 이끌 수 있을까 궁금해 하며 벙커 뒤에 숨어 움츠려 있는 모습은 더 이상 우리 영혼의 모습이 아니다. 대신 성령의 음악을 듣고 리듬을 느끼며 벙커 뒤에서 나와 전투장으로 나아가서, 벽을 허물고 넓은 곳을 향하여 춤을 추며 내달릴 것이다. 성령의 자유케 하심 안에서 진실할 수 있는 자유로 나아가는 것이다. 그러면 우리의 말에서도 우리의 깊은 내면에 있는 생명이 흘러나오게 된다. 진정한 능력을 갖고, 항상 친절하게, 진정한 사랑으로, 지혜로운 시간에, 작게 혹은 크게 말할 수 있을 것이다.

그러므로 좋은 질문은 "무슨 말을 해야 하나?"가 아니라 "내 비전은 무엇인가?"이다. 이제 영혼의 두 번째 요소인 비전에 대하여 생각해 보자.

비전을 생각하라

우리가 우선 알아야 할 것은 모든 대화는 순간마다 이미 비전을 가지고 있다는 사실이다. 우리는 무엇인가를 원하고 우리가 생각하는 것을 얻기 위하여 무엇이든지 행할 마음이 이미 있다. 우리는 우리 자신과 다른 사람들을 위한 두 가지 비전을 갖고 있다. 먼저 우리가 다른 사람을 위해 갖고 있는 비전에 초점을 맞추어 보기로 하자. 다른 사람의 이야기를 들으면서 당신이 그에게 일어나기 원하는 것은 무엇인가?

당신이 내 친구 부부의 이야기를 들으면서 그들의 고통이 당신의 마음을 아프게 하고, 실패한 남편의 모습을 보면 죄를 미워하고 더 순결하게 살아야겠다는 마음이 들고, 또 아내의 입장으로 생각하자 당신의 과거의 아픈 기억들이 떠올랐다고 하자. 당신의 비전은 무엇인가? 그리고 내가 그들과 함께 대화하면서 갖게 된 나의 비전은 무엇이겠는가?

이 부부를 위해 우리가 가질 수 있는 가장 큰 비전은 결혼생활을 회복시켜 주는 것일까? 만일 그렇다면 우리는 둘째 욕구를 첫 번째로 두고 있는 것이다. 사탄은 우리를 속인다. 우리는 좋은 것을 원하면서도 실상은 가장 좋은 것을 놓치고 있는 셈이다. 사실은 모든 좋은 것이 가장 좋은 것에서부터 흘러나오는데도 말이다.

회복된 결혼생활이 최우선의 비전이라면 그것은 종교적인 비전이다. 그것은 우리가 이 결혼생활을 회복시키기 위해 무엇을 해야 할지를 찾으며, 그들의 관계에 신뢰와 친밀함이 회복되도록 서로가 해야 할 것을 이해시키는 종교적인 방향을 제시한다. 우리는 모두 바르게 돌려놓아야 한다는 압박감을 느끼며 그런 노력에 곧 지쳐 버린다.

비전을 좋은 결혼생활에만 둔다면 잘못된 질문을 하게 된다. 무슨 말을 해야 하는가를 질문하게 만든다는 뜻이다. 그래서 교훈을 듣느라고 춤을 추라는 성령의 음악을 듣지 못한다. 우리는 인간적인 힘으로 바르게 행하려고 노력하기 때문에 그 과정에서 관계적인 리듬이 없이 전문적인 기술만 갖고 행하는 것이다. 즉 우리의 내적인 측량기가 무시된다는 말이다. 그렇게 되면 우리가 돕기 위해 열심히 노력할수록 성령은 소멸되는 셈이다.

그러나 우리의 비전이 회복된 결혼생활이 아니라 회복된 영혼이라고 가정해 보자. 그러면 우리는 원리만 주는 전문 기술을 떠나, 대신 우리에게 춤을 가르쳐주시는 성령께로 나아가게 된다. 종교적인 비전이 영적인 비전으로 바뀌면서 우리는 연주되는 음악을 듣고, 선생님을 따라 친구들의 심령 안으로 춤추면서 나아가며, 영적인 방향을 제시할 수 있다. 하나님의 임재 가운데 친구들과 함께 춤을 춘다. 그것이 쉽지 않아서 종종 비틀거리겠지만 성령의 비전을 향해 열심히 따를 것이다. 오랜 시간이 걸릴지도 모른다. 우리뿐 아니라 친구들도 성령의 춤을 잘 추지 못하기 때문이다. 그러나 영적인 비전을 향해 함께 나아가는 것은 그들의 결혼생활에도 가장 좋은 기회를 준다. C. S. 루이스는 "당신은 두 번째의 것을 첫 번째에 둔다면 결코 두 번째 것을 얻을 수 없다. 첫 번째의 것을 첫째로 둘 때만이 두 번째의 것을 얻을 수 있다."[5]고 했다.

이해되는가? 종교의 묵은 길은 이렇게 말한다.

> 결혼생활을 회복하기 위해서 무엇이 필요한지 찾으라. 그것은 좋은 것이다. 그렇지 않은가? 그것을 위해서 무엇이든지 해 보라. 성경 원리도 실천해 보고, 상담이론도 사용해 보고, 관계를 세우는 기술도 배워 보라. 그들에게 용서의 단계, 대화의 기술, 분노를 다루는 방법, 갈등 해결 방법을 가르쳐주라.
>
> 은혜의 확신으로 자존감을 세우고, 진정한 남성상과 여성상을 발견하도록 격려해 주어 성적인 중독을 다루어야 한다. 부부가 함께 결혼생활을 포기하지 않고 가정을 위해 싸워야 한다. 이혼을 증오하고, 이혼에 관한 성경적인 원칙이 무엇인지를 알기 위해서는 성경을 공부해야 한다.
>
> 성경에 순종하면 하나님께서 결혼생활을 회복해 주시든지 그들의 삶을 새롭게 세워 주실 힘을 주실 것임을 기대하라(잘 해결될 것이다).

종교는 하나님을 아는 것 자체가 아니라 하나님을 앎으로써 생기는 열매에 몰두하도록 한다. 그래서 편안한 인생을 살아가기 위해 구습의 묵은 것을 따르게 만든다. 그러나 그렇게 하면 자아의 대화를 할 수밖에 없다. 그 결과는 좋아 보일지 모르지만 이 대화를 통해서는 어떤 선에도 다가갈 수 없다. 두 번째 욕구를 첫 번째 자리에 두었기 때문이다. 그 길이 옳아 보여도 그 결과에는 선이 없다. 그 결과 하나님께 드려야 할 경배를 우리가 좋아하는 것으로 대신하게 된다. 그래서 하나님을 우리가 가장 원하는 것을 얻는 데 사용하는 도구로 전락시킨다.

그러나 성령의 새로운 길은 전혀 다르다.

하나님께 가까이 나아가기 위해 필요한 모든 것을 제자리에 놓는다. 남편은 하나님께 온전히 용서받는다. 하나님 보시기에 그의 정체성은 예수님을 따르는 사람이지 간음자이거나 성중독자가 아니다. 그가 가장 깊은 곳에서 느끼는 갈망은 남자다운 삶이나 아내가 다시 돌아오는 것이 아니라, 하나님을 알고 즐거워하며 예수님을 닮아감으로써 하나님을 나타내는 것이다. 그리고 그에게는 그 비전으로 나아가기 위해 필요한 모든 능력이 있다. 그러나 아내의 마음을 바꿀 수 있는 능력은 없다. 그것은 그녀와 성령 사이의 일이다.

그의 아내는 깊은 상처를 입었다. 그렇기 때문에 그 순간 하나님을 아는 것보다 앞으로 다시 상처받지 않기 위해 자신을 보호하는 데 더 매달릴 것이다. 그러나 그런 영혼의 상황에서도 복음 때문에 그녀는 여자로서 온전하고 심히 아름답다. 하나님께서는 그녀를 기뻐하신다. 다시는 그와 같은 상처를 받지 않으려는 결심에서 나오는 자기중심도 하나님 안에서 용서받는다. 그것은 거룩하고 은혜로운 하나님에 의해서 용서받은 것이지 동정에서 나온 용서가 아니다. 그녀의 정체성은 간음자의 아내가 아니다. 신뢰를 배신한 흠 많고 상처 있는 남편과 결혼한 그녀 역시 연약하고 상처를 입은 성도이다.

그녀의 가장 깊은 갈망은 (비록 그 순간에는 느끼지 못할지라도) 그 비참한 경험을 통하여 하나님의 임재로 들어가는 것이다. 마음의 문을 닫고 도망치는 것이 아니다. 그러나 성령께서는 그녀의 결혼생활에서 더 이상 상처받지 않도록 그녀의 영혼을 안전하게 지키시겠다는 약속을 하지 않으신다. 만일 하나님을 갈급해 하지 않고, 개인적인 안전과 평안만을 바라고, 그것이 그녀의 비전이라면 그녀는 자기 혼자의 힘만으로 그것을 얻어 보려고 수고할 것이다. 그러나 만일 하나님을 향한 갈급함이 가장 우선이 된다면 성령께서는 하나님께서 그녀의 영혼을 감싸 주시는 능력을 주실 것이다.

하나님을 더 알기를 원하는 비전은 하나님을 알고자 하는 갈급함이 일깨워질 때 그 초점이 맞춰질 것이다. 그녀의 고통과 두려움은 계속되겠지만 평안과 기쁨을 경험하기 시작할 것이다. 그래서 그녀는 하나님의 성품을 그녀의 남편과 딸과 친구들에게 나타내며, 하나님을 경외하게 만드는 지혜와 용서의 능력으로 조용히 살아날 것이다. 그 결과 미래의 더 큰 고통으로부터 자신을 보호하는 것이나 이미 받은 고통이 사라지는 것보다 하나님의 성품을 나타내는 것이 그녀에게 더 중요한 의미를 줄 것이다.

성령과 함께 춤추기를 배워라

다시 그날 밤 거실로 돌아가 보자. 남편은 흐느끼고 있고 아내는 아무 말도 못하고 있다. 무슨 말을 하겠는가? 우리는 다른 질문을 할 것이다. "우리가 어디를 향하고 있지?" 우리가 그들의 영혼을 위한 전투로 들어갈 때 어떤 일이 일어나기를 가장 원하는가?

우리는 정말 실전의 전투를 인식하고 있는가? 우리는 이 부부가 다시 회복될 수 있는지보다 실제 전투를 더 중요하게 보고 있는가? 상황에 맞추어 하나님을 편리하고 협조적인 신으로 약화시키고, 결혼생활을 유지하려면 어떻게 해야 하는지를 찾으며, 능력 있게 도움을 주는 사람이 되기를 원하는 것이 더 자연스러운 본성이다.

그러나 그것은 잘못이다. 그들의 결혼생활과 영혼이 회복되기를 원하는 둘째 욕구가 우리 마음의 첫 번째 위치에 있다면 우리는 그 즉시 종교적이 된다. 하나님께 예배드리기를 멈추고 대신 그를 이용하기 위해 찾는다. 그것이 우리의 영적 전투이다.

그들의 영적 전투도 비슷하다. 물론 남편은 아내가 자기를 용서해 주기를 원한다. 친구들과 공동체의 이해를 바란다. 또한 아내와 딸과 함께 행복하게 살기를 원하며 그것을 위해서는 무엇이든지 하려 할 것이다.

아내는 지금 받은 상처를 결코 다시는 받고 싶지 않을 것이다. 물론 두려움을 느끼는 그녀는 남편이 믿을 만할 때에야 그를 믿으려고 할 것이다. 물론 그녀도 가족들과 함께 행복한 시간을 보내고 싶지만, 만일 남편이 변하지 않는다면 그와 함께 있기를 원하지 않을 것이다.

그런 욕구 자체가 죄는 아니다. 만일 그런 욕구들에 생사를 건다든가 그들의 영혼이 잘됨에는 전혀 관심이 없고 그 욕구들의 성취에만 매달리지 않는다면 말이다.

그것이 그들의 전투이다. 그들은 그들의 삶이 즐겁기를 바란다. 그러나 두 번째 욕구를 첫째 자리에 놓는다면, 그들은 하나님을 그들의 계획 속에 저당 잡힌 존재로 축소시키는 것이 된다. 그들은 삶이 더 나아질 만한 것을 찾으며, 일이 더 잘될 방법을 강구할 것이다. 이것이 그들의 생명이신 그리스도께 얼마나 큰 모독인가.

순간마다 성령께서는 계속 속삭이시며, 부드러운 음악을 연주하시며, 어두움에 빛을 비추신다. 그리고 우리는 그 음악에 따라 춤을 춘다. 성령께서는 말씀하신다. "종교는 너의 영혼을 죽이고 있다. 네가 아무리 올바르게 산다고 해도 축복받을 자격만큼은 될 수 없다. 하지만 예수님은 가장 높은 축복의 길을 열어 놓으셨다. 예수님은 더 좋은 소망, 진정한 선으로 가는 길을 열어 주셨고, 하나님의 임재로 들어가서 그의 사랑과 능력 안에서 쉴 수 있도록 해 주셨다. 그에게로 가까이 가면 그가 네게로 오실 것이다."

그 친구는 여전히 흐느끼고 있었다. 그 아내는 계속 말이 없었다. 우리는 내면의 전투를 보며 비전을 생각했다.

그는 자기 눈물이 격려나 확신을 주는 어떤 반응을 일으킬 것을 기대하면서 고개를 들었다. 그 아내는 우리를 쳐다보며 혹시 우리가 이런 복잡한 결혼생활의 문제를 당황스러워하며 어떻게 해야 할지를 모르고 있지는 않은지, 아니면 자신들에 대해 혐오감을 느끼지는 않은지 궁금해 하는 눈초리였다.

그들은 우리의 말을 재촉했지만 우리는 여전히 침묵했다. 우리가 계속 침묵하자 그들은 놀라는 것 같았다. 그러면서 잠깐 동안 우리가 불편해 하지는 않는지, 이 같은 어려운 문제를 받아들일 준비가 안 되어 있는 것은 아닌지 걱정했다. 그러나 얼마 있지 않아 이상한 생동감이 일기 시작했다. 우리를 그들의 뜻대로 주관할 수 있는 힘이 없음을 깨달은 그들은 오히려 안정을 느끼기 시작한 것이다.

우리는 그들의 고통을 해결하려고 서두르지 않았다. 상황이 더 나아지도록 해 보지도 않았다. 우리는 눈으로 볼 수 있는 것보다 더 실제적인 것을 보기 위해 초점을 맞추면서 다른 음성에 귀를 기울이고 있었다. 우리의 영혼은 하나님 아버지의 권위 안에서 안식하며, 그리스도께 소망을 두고, 성령의 음성에 귀 기울이고 있었다.

내면의 전투를 본 우리는 기꺼이 싸울 준비가 되어 있었다. 또한 비전을 생각하니 흥분으로 떨렸다. 우리는 그제야 말할 준비가 다 되었다. 특별히 뛰어나거나 감동적인 기술이 없이, 새로운 길의 비전을 위한 목표를 둔 평범하고 단순한 말을 했다. "당신의 도덕적인 실패보다도 하나님을 향한 열정이 작은 게 당신의 아내에게 더욱 큰 상처가 되었습니다." 그 아내에게는 이렇게 말했다. "당신이 느끼고 있는 고통은 당신의 가장 깊은 곳에 있는 갈급함을 깨닫도록 당신의 영혼을 깨워줄 것입니다."

우리는 우리의 말을 통해 흐르고 있는 하나님의 생명을 느낄 수 있었다. 우리가 어디를 향하고 있는지 알았기 때문에 좋았다.

그러나 그들 중 아무도 우리와 함께 움직이려 하지 않았다. 우리는 내면을 생각하며 진정한 전투를 보고, 전투에 들어가 비전을 생각하며, 그들이 하나님을 그들의 최고 가치로 여기는 것을 상상해 보았지만, 당장 눈앞에는 아무런 일도 일어나지 않았다.

한 춤추는 군사는 "자신을 방어할 수 있는 전문가적인 거리를 두지 않고 다른 사람의 고통, 상실, 당혹감의 어두움 속으로 들어가는 사람은 도망치고 싶고 문제에 휘말리고 싶지 않은 감정을 느낄 것이다."[6] 라고 했다.

파트너 없이 춤추는 것은 힘들다. 방향을 인도하지만 그것을 따라올 사람이 없다는 것은 실망스러운 일이 아닐 수 없다. 그러나 이럴 때 우리는 우리의 가치를 확인시켜 주며, 눈에 보이는 결과를 얻고자 하는 둘째 욕구로부터 떠나서 첫 번째 욕구에 속해야 한다. 비록 친구 부부가 우리의 초청을 받아들이지 않고 다시 돌아오지 않을지라도 우리는 영혼의 가장 깊은 곳에 있는 소망의 하나님을 나타내고 경배하고 알기 원하는 욕구를 건드려야만 한다.

그런 생각이 우리를 주장하자 우리는 안도했다. 더욱 깊은 사랑이 생기고 부담감은 사라졌다. 우리가 다시 말하자 그들은 우리에게 동의해야 한다는 갈등을 조금 덜 느끼는 것 같았다. 우리는 성령의 길로 걸으며 단지 사랑 안에서 진리를 말할 수 있었다.

친구 부부가 하나님 안에서 안식하기를 간절히 바라는 동시에 우리도 하나님 안에서 쉼을 얻었다. 우리가 그들을 위해 상상할 수 있는 가장 좋은 것은 그들이 하나님을 더 알아가는 것이다. 우리의 비전은 전보다 더 분명하고 강해졌다.

영혼의 대화를 할 때

종교적인 길을 떠나서 영적인 순례의 길을 걷기 시작하고, 인생의 축복보다 하나님의 임재에 더 가치를 두는 새로운 길, 비전을 발전시켜야 할 때가 되었다.

성령의 새로운 바람이 세계에 흩어져 있는 사람들의 영혼에 불고 있다. 우리는 잘사는 인생보다 영혼의 갈급함에 더 눈이 뜨이고, 하나님의 임재를 경험하는 것 이외의 다른 것들에 대해서는 싫증을 느끼며, 천국에서만 느낄 수 있는 모든 좋은 것들은 결코 이 세상에서는 소유할 수 없다는 것을 깨달았다.

오늘날 '새로운 영성'은 대부분 '개인적인 성장만을 강조하는 자기부흥, 또는 하나님 중심보다는 자기중심의 영성'으로 새롭게 포장된 종교인 경우가 많다.[7]

나는 어거스틴의 말에 공감한다. "두 종류의 사랑이 있는데 하나는 자신을 잊어버리게 하는 하나님께 대한 사랑이고, 다른 하나는 하나님을 잊어버리게 하는 자신에 대한 사랑이다."[8]

우리가 이런 말을 하면, 사탄은 이를 갈겠지만 우리는 이렇게 외칠 것이다. "그렇습니다! 우리 안에 있는 모든 종교적인 것을 버리고 하나님만을 사랑하기를 원합니다. 만일 우리가 하나님과 깊은 교제를 할 수만 있다면 황폐하고 어두운 세월도 견디렵니다." 진정한 선을 향한 비전과 함께 영혼 안에 있는 전투로 들어가야 할 때가 되었다. 영혼의 대화의 때가 왔다!

본이 되는 모델을 생각하라

'새로운 비전 찾기'를 시작하면서 권하고 싶은 것은 진정한 선을 향한 비전을 보여 주는 사람들의 삶을 묵상해 보라는 것이다. 유명한 사람의 자서전이든지 주변의 아는 사람이든지 상관없다. 개념으로서가 아니라 실제로 영성을 형성한다는 것은 어떤 것인가? 만일 그리스도께서 능력 있게 형성하신 한 사람을 정확히 떠올릴 수 있다면, 우리는 '새로운 비전 찾기'를 계속할 수 있고, 우리 주위에서 보는 모든 것이 종교적일 때조차도 영적인 순례를 향한 갈망을 잊지 않을 수 있다.

주님께서는 나의 아버지가 돌아가시기 한 달 전, 그를 통해 영성을 형성하는 것에 대한 분명한 그림을 보여 주셨다. 당신이 진정한 선을 향한 비전을 발견하고자 할 때, 내 경우를 참조하도록 내 이야기를 나누고 싶다.

아버지의 건강이 악화되고 어머니의 치매가 심해졌을 때, 나는 부모님을 우리 집 가까이로 모셨다. 덴버로 오신 후 얼마 되지 않아서 어머니는 치매 노인들을 위한 요양원에서 온종일 계셔야 할 정도로 상태가 심해지셨다. 그래서 60년 만에 처음으로 아버지는 어머니와 떨어져 사시게 되었다.

서로 다르기는 했지만, 두 분 모두 아주 고통스러워하셨다. 어머니는 혼란으로 괴로워하셨고, 아버지는 상실감으로 허탈해 하셨다. 두 분 모두를 따로 찾아뵌 나는 여러 번 낙담하였다. 때로는 하나님께 이렇게 부르짖기도 했다. "어떻게 하나님의 자녀에게 이렇게 하실 수 있으십니까? 그들은 80년 이상을 하나님의 신실한 종으로 살아왔습니다. 본향에 가기 전까지 서로를 즐거워하며 인생의 마지막을 함께 살아야 하지 않습니까? 더 이상 그들의 고통을 견딜 수 없습니다. 무슨 일이든 해 주세요!"

나와 함께 어머니에게 병문안 간 아버지는 어머니를 안으시고는 "가장 좋은 것은 아직 오지 않았소. 우리는 곧 함께 있을 것이오."라고 말하셨다. 그렇지만 바로 어머니는 간호사 손에 이끌려 방안에 갇혀야 했고, 아버지는 축 처진 어깨로 돌아서야 했다. 그는 왜 여태껏 살아남아 더 이상 나아질 것 같지도 않고 소망도 없는 이 슬픔을 견디어야 하는지를 고민하셨다.

아버지가 돌아가시기 몇 주 전(그는 어머니보다 14개월 먼저 돌아가셨다), 나는 그와 함께 아침식사를 했다. 그때 그는 걸을 수 없어서 휠체어에 앉아 겨우 커피잔을 들고, 스크램블 에그를 포크로 떠서 입에 넣기도 힘들어 반은 무릎에 흘리고 있었다. 활력이 넘쳤던 아버지의 노쇠해 가는 모습을 보면서 그날 아침 이상한 충동이 일어났다. 57년 동안 한 번도 물어본 적이 없는 질문을 그에게 했다.

"아버지, 환상을 보신 적이 있나요?"

그의 눈이 갑자기 빛났다. 부드러운 성품인 아버지는 흥분에 차서 똑바로 앉으셨다. "네가 물어보지 않으면 말하지 않으려고 했지. 그래, 어젯밤에 환상을 보았단다. 그것은 내가 전에 경험했던 그 어느 것보다도 다르고 이상했단다. 그러나 무슨 뜻이 있는지는 잘 모르겠구나."

"어떤 환상이었나요?" 나도 똑바로 앉았다.

"음, 내가 얼마나 약해졌는지 너도 잘 알지. 침대에서 일어나 이 휠체어에 타려면 도움이 필요하지. 어젯밤에 침대에 누웠는데 정신은 말짱했지만 너무 피곤했고 전에 느꼈던 것보다도 더 무기력하고 외로웠다. 왜 하나님께서 네 어머니의 치매나 내 노쇠함과 같은 이 모든 일들이 일어나도록 허락하시고 그렇게 오랫동안 겪게 하시는지 정말 혼란스러웠지. 나는 너무 우울했단다.

그때 나는 전혀 다른 세계로 옮겨진 것을 느꼈어. 여전히 내 방에 있었지만 또 다른 세계에 있었지. 래리, 내 정신은 말짱했다. 그것은 꿈이 아니고 정말 일어났던 일이란다. 문이 열렸는데 어떤 남자가 들어왔어. 그는 크고 근육질이고 그의 얼굴은 악하고 야비해 보였지. 그는 '내가 너를 찢어버리겠어. 너의 몸의 모든 뼈를 부셔 버릴 거야!' 라고 말했지.

나는 끔찍하게 두려웠단다. 그는 그가 말한 대로 할 수 있고 나는 그를 막을 힘이 없음을 알았지. 게다가 하나님께서 그를 막아 주실 수 있지만 그렇게 하지 않으실 것도 알았단다. 그래서 보호해 달라고 기도조차 하지 않았지. 그때 그 남자는 이상하게 보더니 말하기를 '내가 잠시 후에 와서 너를 파멸시키겠어.'라고 했어.

그는 나갔고 나는 떨면서 거기에 누워 있었다. 몸을 전혀 움직일 수 없었기 때문에 도움을 청하기 위해서 벨을 누를 수도 없었어. 내가 할 수 있는 것이라고는 기다리는 것뿐이었지. 나는 하박국이 멸망이 올 것을 알면서도 기다리던 때를 생각했다.

그때 다른 생각이 났어. 그가 나를 파멸시키려고 다시 오겠다고 했지만, 그가 그렇게 할 수 없다는 것을 깨달은 거지. 그가 내 몸은 부술 수는 있겠지만 내 영혼은 파멸시킬 수 없다. 나에게는 생명이 있고 그에게는 내 생명을 빼앗아 갈 수 있는 능력이 없는 거지. 참 이상한 일이었어. 내가 거기에 무기력하게 누웠는데도 파멸될 수 없다는 사실을 느꼈어. 나는 파멸되지 않는다. 갑자기 그 남자가 가련하게 보였단다.

그가 돌아왔는데 전보다 더 야비해 보였지. 그가 나에게 왔을 때 나는 매우 조용하게 말했단다. '네가 말한 대로 네가 할 수 있다는 것을 나도 알고 너도 안다. 너는 나를 두들겨 팰 수 있겠지. 그러나 나는 알고 너는 모르는 사실이 있는데, 그것은 네가 내 영혼을 죽일 수도 없고 해칠 수도 없다는 사실이야. 나는 그리스도 안에 살아 있어. 그것에 대해 네가 할 수 있는 것은 아무것도 없어. 어쩌면 뼈가 부러지더라도 나는 천국에 갈 거야. 나는 천국에 가는 순간 건강하고 강한 새 몸을 입을 거야. 너는 가련한 원수구나. 너에게는 진짜 힘이 전혀 없어.'

그 남자는 나를 증오의 눈으로 쳐다보더니 돌아서 떠나 버렸지. 나는 거기서 지난 몇 달 동안 느끼지 못했던 평안을 느끼며 누워 있었단다. 그것이 내 환상이었어."

나는 의자에서 벌떡 일어났다.

"나는 아버지가 보신 환상의 의미를 알아요." 나는 전에 꿈을 해석해 보았지만 환상은 해석해 본 적이 없었다. 그러나 그 환상의 의미는 정확히 알 수 있었다.

"아버지, 이 세상과 사탄은 아버지에게서 빼앗을 수 있는 것은 모두 빼앗았어요. 걸을 수도 없고, 그리스도인들과 교제도 못하고, 어머니와 63년을 함께 살았지만 지금은 아버지를 알아보지도 못하게 되었잖아요. 아버지는 모든 축복을 거의 다 빼앗겼습니다.

그러나 성령께서는 환상 가운데서 아버지가 가장 원하는 것을 나타내 주셨어요. 그것은 그 누구도, 매우 강하고 야비한 원수조차도 빼앗아 갈 수 없는 것이지요. 아버지는 하나님을 모시고 있고, 하나님께서는 아버지를 사랑하시고, 아버지는 하나님의 손 안에 있으므로 어떤 일이 있어도 아버지는 결코 파멸되지 않을 거예요!"

아버지는 내 모든 말을 알아들으셨다. 그의 눈은 내가 오랫동안 보지 못했던 생명과 함께 춤을 추고 있었다. 내가 말을 마치자 그는 "맞아! 나는 승리자다. 참 놀라운 일이야. 내가 너에게 내 환상을 말했다는 사실이 기쁘구나."라고 했다. "나도 기뻐요."

아버지는 그 순간 내가 아는 그 누구보다도 영적인 순례의 길을 성공적으로 완주하셨다. 그는 종교로부터 나와서 자신을 잊어버리게 하는 하나님께 대한 사랑으로 가득해졌고, 자신을 잃어버림으로써 자신을 발견하게 된 것이다.

하나님과 교제하고 그리스도 안에 거하고 성령에 의해 평안함을 느끼는 것은 그가 상상할 수 있는 어떤 축복보다도 더 큰 의미였다. 어머니의 정신을 회복시키는 것이나, 그가 걸을 수 있는 것이나, 교회에서 교제의 즐거움을 다시 누리는 것이나, 그 어떤 것도 성령께서 환상을 통해 그에게 나타내 주신 기쁨과는 비교할 수 없었다. 그에게는 하나님에 대한 관심밖에 없었다. 첫째 욕구가 첫 번째 자리에 놓인 것이다.

어머니의 치매는 더 심해지셨다. 아버지는 다시 걷지 못하셨다. 그는 한 달 후에 돌아가셨다. 그러나 그는 온전한 결혼생활에서도 얻을 수 없었던 생명, 소망, 기쁨을 체험하였다. 그가 첫째 욕구를 첫 번째로 두었기 때문이다. 생명, 소망, 기쁨과 같은 두 번째로 좋은 것들이 계속되는 슬픔 가운데서도 주어진 것이다.

심지어 우리가 그의 임재를 경험하지 못할 때조차도 다른 모든 축복 위에 하나님의 임재에 더 큰 가치를 두는 것이 바로 성령의 비전이다. 이것이 믿음이다. 우리에게 어떤 일이 일어나거나 어떤 느낌을 받든지 상관없이 하나님 아버지의 임재의 실재를 우리가 믿고 소중히 여기도록 하기 위하여 예수님이 죽으신 것이다.

앞으로 돌아가서, 흐느끼고 있는 남편과 말문이 막혀 움직이지도 않고 앉아 있는 아내를 보면서 나는 비전에 대해 생각했다. 아버지와 함께 아침식사를 했던 날의 기억이 도움이 되었다. 나는 그들이 고통으로부터 보호받는 것과 두 번째 축복이 줄 수 있는 모든 즐거움보다 성삼위 하나님과 함께 교제하는 것을 더 귀히 여길 때까지 그리스도께서 그들의 영혼을 형성하시기를 바랐다.

성령께서는 영혼의 대화를 할 수 있도록 내 영혼을 준비시키셨다. 나는 친구 부부의 삶에 가장 일어났으면 하는 것에 대한 비전을 가졌다. 나는 그들이 주님을 기쁘시게 하는 방식으로 서로를 대하기를 원했다. 또한 그들의 주위 사람들에게 예수님과 함께 있는 것이 가장 중요하다는 사실을 보여 주기를 원했다. 이것이 새로운 비전 찾기의 핵심이다. 이제는 다섯 가지의 교훈 중 세 번째인 열정을 생각할 때가 되었다.

8
동기가 무엇인가

문제를 해결할 열정

                진정한 변화, 즉 우리가 가장 원하는 사람이 변화되고 세상이 하나님을 경외하는 사회로 변화되는 것은 예수님을 따르는 사람들이 그들 안에 있는 가장 깊은 열정에 눈을 뜰 때 일어난다. 깜짝 놀랄 만한 좋은 소식이 있다. 예수 그리스도의 복음이 우리의 삶을 변화시키고 세상을 바꿀 수 있는 능력을 주었다.

  그 능력은 하나님의 순수한 사랑이다. 멋진 옷으로 사리사욕을 감추고 진짜처럼 보이려 하는 거짓된 사랑이 아니라, 진실하고 초자연적이고 혁신적이고 희생적이고 헌신되고 능력 있는 사랑이다. 성삼위일체 하나님 가운데 흘러넘치는 힘이 예수님의 죽으심으로 인하여 지금 당신과 나의 영혼 안에 있다.

그것이 우리 안에 있는 가장 깊은 열정이고 강한 충동이다. 내가 그리스도인이기 때문에 나는 당신을 돌보고 싶고, 알고 싶고, 진정한 당신을 발견하고 싶고, 내 안에 있는 하나님의 생명으로 당신의 영혼을 만져 줌으로써 자유하게 풀어 주고 싶다. 그것을 위해서 기꺼이 값을 치르려고 한다.

내게는 당신이 가장 큰 비전을 향해 갈 수 있도록 도울 수 있는 힘이 있다. 그 능력을 과장하지 않고 진짜 모습으로 말할 수 있다. 당신에게도 그와 같은 능력이 있으며 또한 내게 실제적이고 능력 있는 말을 할 수 있다. 우리는 함께 춤을 추며 하나님의 임재로 나아갈 수 있는 리듬과 능력을 갖고 있는 것이다.

이것이 좋은 소식이다. 그런데 나쁜 소식도 있다. 우리 안에 있는 세상과 사람들을 변화시킬 수 있는 능력이 거의 나타나지 않으며, 나타나더라도 뿜어져 나오지 못하고 조금씩 똑똑 떨어지고 있다는 것이다. 그러나 이제는 달라질 수 있다.

열정은 우리 안에 있다

다른 사람이 인생의 다른 어떤 축복이나 해답보다 하나님을 더 강렬하게 원하도록 도전할 수 있겠는가? 그런 일은 일어날 수 있다. 우리 안에 그런 열정이 있기 때문이다. 그 일을 할 수 있는 능력이 이미 우리 영혼 속에 있다는 말이다.

그런데 왜 우리는 교리적인 차이로 당파를 만들어 놓고는 그것을 교회라고 부르는 것일까? 물론 신학적인 기초를 든든히 세우기 위해서 진리에 대한 문제를 나누어 생각할 수밖에 없는 경우도 있을 것이다. 그러나 왜 다른 사람보다 우리가 더 옳다고 생각하며, 교만하여 분열하며, 다른 사람들을 배제하고, 주류를 따로 만드는가? 확신 가운데 강하게 서서 그냥 귀를 막고 있는 것보다 사랑 안에서 진리를 말하고, 진리를 버리지 않으면서 남을 용납하고, 위선 없이 대화하고, 다른 사람의 이야기를 진지하게 들으면서 우리의 견해를 밝히는 것이 더 좋지 않을까? 그러나 우리가 옳다는 열심이 하나님을 알고자 하는 열심을 넘을 정도로 커진다면 이런 일은 일어나지 않을 것이다.

우리는 왜 상담이나 목회지도라고 부르는 인간관계와 감정을 다루는 기술을 훈련받아, 다른 사람들이 자신의 삶을 더 잘 주관하는 데만 집중하도록 가르치는가? 그렇게도 주인이 되는 것이 좋은가? 순종보다 신뢰보다 섬김보다도 말이다.

왜 우리는 대부분의 사람들이 인생의 선한 것이라고 인정하는 최고의 가치에 도전해 보지도 않고 그저 사람들을 도와주려고만 하는가? 실제적이고도 놀라운 축복들이 마치 예수님이 모든 사람들에게 약속한 풍성한 삶인 것처럼 여겨지는데도 우리는 왜 침묵하는가? 어쩌면 영혼을 만족시킬지도 모른다는 생각에 하나님을 이용해 보려고 노력하고, 그 노력을 기도와 순종이라고 부르며, 무슨 권리라도 있는 것처럼 좋은 일들이 생겨야 한다고 우기는가?

우리의 열정은 종종 너무 종교적이고 이기적이다. 만약 우리가 교회를 다니고 인생을 올바르게 살았기 때문에 선한 것으로 응답받았다고 생각한다면, 만약 우리의 환경과 인간관계가 잘되기 위하여 스스로 이것들을 주관하려고 한다면, 만약 인생에서의 축복을 가장 사랑한다면 영혼의 대화를 할 수 없다. 응답과 주관과 축복이 우리가 가장 사랑하는 것이 될 때 영혼의 대화는 일어나지 않는다.

　복음으로 돌아가 보자. 우리는 예수님을 따르는 하나님의 자녀로서, 우리 안에 살아 계신 성령과 함께 사는 사람으로서, 하나님을 가장 깊이 사랑한다. 우리 자신을 감동시키기보다 하나님을 더 감동시키기를 원한다. 다른 사람을 기쁘게 하고 멀어진 배우자나 반항하는 자녀를 회복시키기보다 하나님을 더 기쁘시게 하기를 원한다. 우리가 옳다고 생각하고 주관하며 좋은 인생을 즐기는 것보다 하나님을 경험하기를 더 소원한다.

　하나님을 기쁘게 하는 것은 우리 영혼에 즐거움을 가져다준다. 그러나 다른 사람을 즐겁게 하려면 무엇인가를 해야만 한다는 부담감을 준다. 그것은 우리를 피곤하고 지치게 만든다.

　우리가 원하기만 하면 하나님을 알아가고 그를 즐거워할 수 있고, 그것으로 다른 사람들에게 하나님을 나타내면서 살 수 있다. 그 열정이 우리 안에 있고 우리의 삶을 다스릴 수 있다. 만일 그렇게 되면 영혼의 대화를 하게 될 것이다. 그러나 우리가 그렇게 하지 못하는 이유는 무엇일까?

　하나님을 향한 열정에 대해 생각하기 전에 잠깐 정리할 것이 있다.

요점

다른 사람의 심령에 영향력을 미치고자 한다면 우리 내면의 깊은 심령에서 울려 나오는 것으로 말해야 한다. 꼭 그러길 바란다. 이것이 바로 내가 이 책을 쓰는 이유이다. 이는 또한 당신이 이 책을 읽는 이유이기도 하다. 우리는 사랑하는 사람들의 영혼을 위한 싸움으로 들어가기를 원한다.

친구들이 우리와 함께 편안함을 느낄 때 그들은 '순례의 실제'를 나누려 할 것이다. 그래서 그들의 삶에서 실제로 일어나고 있는 것을 우리에게 말할 것이다. 왜냐하면 우리가 그들을 돌아보고 있음을 믿기 때문이다. 그들은 우리가 그들에게 관심을 가지고 들어주며, 들으면서 판단하지 않고, 그들이 있는 곳에서 그들과 함께 걸어갈 것임을 신뢰할 것이다. 그래서 위험을 감수하고 마음 문을 여는 것이다.

만약 우리가 그들에게 영혼의 대화로 말한다면, 만약 우리의 영혼에서 나오는 하나님의 생명을 나타내려 한다면, 만약 우리가 사람들의 영혼이 진정으로 살아 있음을 깊이 느끼며 예수님을 더 닮아가도록 돕는다면, 우리가 해야 할 첫 번째 일은 내면을 생각하는 것이다. 우리는 두려워하거나 도망치지 않으며, 그들이 느끼는 문제를 해결하기 위하여 서두르지 않고, 전문적인 다른 사람의 도움을 당장 구하려 하지 않을 것이다. 대신 들어주고, 궁금해 하며, 그 사람의 영혼 속에서 무엇이 일어나고 있는지를 알기 위해 스스로 질문할 것이다.

우리의 마음에 육신(인생이 잘되기 위하여 올바르게 행함)과 성령(그의 임재를 경험하기 위하여 하나님께로 가까이 나아감) 사이의 전투의 윤곽을 그려 보라. 팀은 이전과 같은 삶으로 돌아가기 위해 할 수 있는 것이 아무것도 없었기 때문에 삶을 멈추고 싶었던 것이다. 그는 자신을 실패자며 희생자라고 생각했다. 그래서 절망과 원망으로 가득했던 것이다. 그의 고통과 두려움 뒤에는 가장 치열한 최전방의 전투가 벌어지고 있다. 어둠의 세력은 세상의 축복에 가치를 두며, 축복을 받을 권리가 있다고 느끼며, 그것을 얻기 위해서는 무엇이든지 하려고 한다. 그렇게 할 수 없는 경우에는 술이나 음탕한 것으로 쾌락을 찾으려 한다. 만약 그것으로도 채워지지 않으면 자살만이 유일한 해결책이라고 생각하게 한다. 그러나 빛의 세력은 축복을 원하면서도 하나님을 더 원한다. 그리고 놀라운 은혜로 하나님을 체험하게 된다. 전투는 계속되고 있다. 서로 반대되는 욕구가 첫째 자리를 놓고 다투고 있다.

전투를 바라보며 우리는 그곳으로 들어간다. 말로서가 아니라 여전히 생각하면서 들어간다. 이제는 비전을 생각한다. 성령께서는 친구를 어디로 이끄시는가? 만일 전투가 좋은 쪽으로 돌아선다면 친구가 어떻게 달라질까? 친구가 복음 안에서 완전히 용서받고 하나님의 자녀로 불리우며 다른 축복보다 하나님을 더 원하고 그 갈급함에 반응할 능력을 얻는다면? 그래서 그의 영혼이 하나님의 능력으로 살아나고, 하나님을 향한 갈급함이 커져서 다른 욕구보다 더 간절해지면 어떻게 바뀌겠는가? 또한 그가 실제로 하나님과의 교제를 경험하고 하나님의 사랑을 받은 자이며, 거룩한 목표로 부름을 받았음을 안다면? 우리는 그런 생각을 비전 편지에 써서 친구에게 보낼 수 있다. 나는 팀에게 이런 편지를 썼다.

당신이 인생에서 잃어버린 것들 때문에 깊은 상처를 받았고 다시 회복될 것 같지 않은 당신 삶 때문에 고통스러워하는 것을 알고 있습니다. 그러나 당신 안에서는 발견되기를 기다리고 있는 조용한 힘도 있답니다. 그것은 바로 하나님 앞에서만 발견할 수 있는 온전함입니다. 그것은 너무 많은 불필요한 것들을 하나님께 강요했음을 깨닫고 회개하며, 아무것도 요구하지 않고 그저 하나님께 맡기는 것입니다. 그것이 안식하며 즐길 수 있는 힘이 되어 하나님을 향한 사랑이 아내 크리스틴에게 전달되고, 당신의 삶에서 만나는 모든 사람에게 전달되길 바랍니다. 나는 당신을 인생의 폭풍 가운데서 주님을 따르고 사랑받는 종이라고 생각합니다. 그리고 주님과 함께하며 많은 사람들에게 깊은 소망을 주는 당신의 모습을 기대합니다.

팀의 삶이 변화되는 모습을 보는 나의 기쁨을 상상해 보라. 하나님과 교제하고, 그 경험을 사람들과 나눌 때 그 기쁨이 어떻게 배가가 되는지를 쓴 사도 요한의 마음을 이제 조금 이해할 수 있다(요일 1:1~4 참조).

친구가 자기의 삶을 나누고자 한다. 우리는 내면을 생각하면서 진정한 전투를 깊이 살펴보고 성령께서 하기를 원하시는 것이 무엇인지에 대한 비전을 생각한다. 그러면 어떻게 해야 하나? 무엇을 말해야 하나? 이와 같은 질문은 미숙한 질문이다. 지금은 우리의 비전을 발전시키고 하나님을 향한 열정을 생각할 때이다. 그리고 우리의 입을 통해 나오는 내면의 열정이 종교적인지 영적인지를 알기 위해서는 우리의 동기를 깊이 살펴보아야 한다. 우리는 하나님을 경외하는 순수한 동기에서 말하고 있는가? 아니면 부패하고 이기적인 열정에서 말하고 있는가?

열정을 생각하라는 의미는 우리가 다른 사람의 이야기를 들을 때 우리의 내면에서 일어나고 있는 동기를 보기 위해서 자신을 열심히 살피라는 뜻이다.

"뭐라고 말해야 할까?" 대신에 "친구에게서 일어나고 있는 진정한 전투는 무엇인가?"를 질문하라. 즉 내면을 생각하라는 말이다. 그리고 "내가 친구의 삶에서 일어나기를 가장 원하는 것이 무엇인가?"를 물으라. 이것은 비전을 생각하라는 말이다. 그리고 "내가 들으면서 내 안에 일어나고 있는 것은 무엇인가?" 즉 열정을 생각하라는 뜻이다. 이것이 세 번째의 교훈이다. 다음 장에서 그것을 다루어 보고자 한다.

9
세 가지 원리

소망없는 종교인

"듣기는 속히 하고 말하기는 더디 하라"(약 1:19, 개역). 야고보의 귀한 교훈인 이 말씀은 세상에서 거의 무시되고 있다. 그는 "선생이 속히 되지 마십시오. … 우리가 말할 때마다 실수를 범하기 때문입니다."(약 3:1, 2)라고 한다.

말하는 데도 여러 방법들이 있다. 가르침, 상담, 영적 방향 제시, 치료 등 다양하다. 오늘의 문화는 사람들을 인도하는 여러 가지 방법들을 만들어 내고는 있지만 영혼의 대화에는 닫혀 있다. 운동 코치는 기회를 잘 포착하여 더 좋은 경기를 할 수 있도록 선수들을 훈련한다. 상담자들은 개인과 인간관계 문제에 초점을 맞추어 문제를 해결해 주려 한다. 영적 인도자는 성령께서 사람의 영혼에서 행하는 것에 민감하며 그 과정을 따르려고 한다. 정신치료자는 학대와 무관심으로 인한 구조적인 정신병을 진단하며 정신 건강을 회복시키기 위한 노력으로 정신병리학을 사용한다.

나의 비전은 이 모든 좋은 사역이 하나의 공통적인 기초 위에 세워지고 일어나는 것이다. 그 비전은 하나님을 향한 열정이 영혼을 다스리는 모습을 보고자 하는 근본적인 갈망에서 나온 것이다. 그것은 우리 안에 살아 있는 열정을 발견하여 다른 사람에게도 그 열정을 부어 주어 자유케 하고 진실한 그리스도인이 되도록 북돋워준다는 것을 믿는다.

전문적인 방법

'전문적인 방법'들로 우리는 서로의 문제들을 해결하고 있다. 코치하는 것에는 시범을 보임으로, 상담함에 있어서는 프로그램으로, 영적인 방향 제시에는 훈련으로, 정신병리학에는 전문적인 치료로, 모두 효과적인 방식을 사용하여 다른 사람의 필요에 적용되는 의사전달을 하고자 한다.

사회는 의학 분야나 기술 분야나 사업 분야에서뿐만 아니라 사람을 돕는 분야에서도 전문가들로 가득하다. 이 같은 전문가들은 마치 의사가 수술을 하듯, 전기 기술자가 전깃줄을 고치듯이, 기업가가 사업을 하듯이 잘 훈련된 기술로 다른 사람들을 돕는다. 이 전문가들은 진정한 변화란 다른 사람과 함께 있어 주는 진실한 사람에게 달려 있다는 사실을 알고 있다. 그것은 자기중심적인 결정이 아니다. 무엇을 하고자 하기보다는 거룩한 열정과 영적인 지혜를 갖고 함께 있어 주는 것이 절실하다는 것을 인정한다.

운동 코치, 상담자, 영적 인도자, 정신 치료사, 목사, 장로, 배우자, 부모, 친구, 멘토, 즉 사람들과 관계하는 모든 사람은 영혼의 대화를 할 필요가 있다. 그것은 우리가 안다고 생각하는 것을 속히 말하지 않으며 귀로 듣는 법을 배우는 것을 의미한다. 만일 그렇지 않으면 우리가 입을 열 때마다 잘못된 말을 하면서도 그 사실을 잘 모를 것이다. 그래서 사람들이 의문의 묵은 옛 생활의 길을 따라 살아가도록 오히려 돕게 된다. 많은 사람들이 더 나은 삶을 살아갈지도 모르겠지만, 그 같은 평탄한 삶 속에서 자신도 모르는 사이에 하나님을 마음의 중심에서 밀어낼 것이다. 하나님을 더 이용하려고 하면서도 하나님에 대한 관심은 멀어지는 상황이 될 것이다.

만일 우리가 대화를 하면서 침묵의 훈련을 배우고, 조용히 들으면서 하나님을 향한 열정을 생각할 수 있다면, 우리는 에너지를 덜 소비하면서 우리의 말을 통해 우리 안에 있는 그리스도의 능력과 생명을 드러낼 수 있을 것이다. 그러므로 우리의 대화를 전문 지식과 세상 지혜의 모래로 만든 기초 대신에 거룩한 힘의 견고한 바위, 즉 성삼위 하나님으로부터 오는 생명의 기초 위에 세워야 한다.

세 가지의 원리

우리가 누군가를 돕거나, 상담하거나, 영적인 방향으로 인도하거나, 치료하면서 어떻게 열정을 생각할 수 있을까? 그 누군가가 우리가 사랑하는 가족과 친구라면?

하나님을 향한 열정은 세 가지의 원리를 통해 배울 수 있다.

원리 1 – 비전에 대해서는 높게 생각하고, 자신에 대해서는 깨어짐으로 겸손하라. 만일 다른 사람을 향한 우리의 비전이 높다면, 즉 나의 친구가 다른 어떤 것보다도 더 하나님을 바라기를 원한다면, 그것을 가능케 하려는 우리의 능력이 얼마나 미약한지 느낄 수 있을 것이다. 연약한 존재로서 그리고 부패한 육신의 한계로 인해 낙심할 것이다. 때문에 우리는 겸손해지지 않을 수 없다. 만일 그리스도의 생명이 우리에게 부은바가 되지 않는다면 우리는 결코 다른 사람들에게 능력으로 대하지 못할 것이다. 영적인 비전으로 감동되어 우리 자아가 깨어지는 것은 거룩한 열정을 드러내는 열쇠이다. 거룩한 열정은 그저 훈련이나 노력만으로 이루어지는 것이 아니라는 말이다.

원리 2 – 대화할 때 자신의 동기를 정확히 파악하라. 우리는 보통 옛 생활의 방식에 따라 춤을 추면서도 그것을 모른다. 우리가 속고 있음을 깨달을 때 진정한 깨어짐이 일어난다. 의도적인 이기심이 우리의 가장 큰 문제가 아니다. 진정으로 남을 돌보는 사람은 하나님께 의존하여 그의 뜻에 따라 성심껏 다른 사람들을 돕고자 한다. 그러나 교묘한 이기심이 우리의 도우려는 노력을 오염시킬 수 있다. 돕는 우리의 노력이 성공하도록 인간적으로 애쓰면서도 우리는 영적 에너지로 행하고 있다고 생각한다. 거룩한 열정을 드러내는 깨어짐은 자기가 속고 있음을 인식할 때에야 일어난다.

원리 3 – 구습의 묵은 것을 에너지로 삼고 있다면 돌이키라. 잘못을 깨달았을 때 우리가 할 수 있는 최선은 돌이키는 것이다. 당신 자신의 연약한 모습 그대로를 하나님께 드리라. 이기심이 가득하고 자신을 위해서는 무엇이라도 해야 한다는 욕구가 우리의 주인이 될 때 우리는 자아의 대화를 하게 된다. 문제를 해결하기 위해서 오로지 자기 힘만을 의지하려 한다. 그러나 하나님께서 공급하시는 힘으로 그 문제를 해결하려고 한다면 자신의 힘만을 의지하려는 태도는 영적 갈망에 복종하게 될 것이다. 우리가 자기중심의 동기를 의식하고 하나님 앞에 엎드릴 때 이런 일은 일어난다. "너희가 돌이켜 안연히 처하여야 구원을 얻을 것이요 잠잠하고 신뢰하여야 힘을 얻을 것이어늘"(사 30:15, 개역).

모든 관계에서 영혼의 대화로 말하기 위해 세 가지의 원리를 좀 더 풀어 보도록 하자.

원리 1 깨어짐 경험하기

영혼의 대화가 가능하도록 거룩한 열정을 발견하고 드러내는 열쇠는 훈련이나 노력이 아닌 깨어짐이다.

나는 이 글을 쓰면서 인간관계에 개혁이 일어나기를 기도한다. 예수님을 따르는 사람들 안에 살아 있는 생명이 우리의 영혼으로부터 우리가 사랑하는 사람들에게로 흘러넘치기를 바란다. 이런 일이 여기저기에서 일어나고 있지만 전 세계로 더 널리 퍼져야 한다. 진정한 개혁이 일어나려면 어떻게 해야 하나?

그 해답은 개인의 부흥이라고 생각한다. 회개는 말 잘하는 강사가 나오는 집회에 참석해 흥분하고 눈물 흘리며 회개하는 것이 아니다. 그렇다고 거룩한 습관을 연습하는 훈련된 노력도 아니다. 깊고 진정한 개인적인 부흥은 깊은 회개와 깨어짐의 어두운 밤 이후 주님으로부터 오는 신선한 시기에 일어난다(행 3:19 참조).

이사야는 그 시대의 하나님 사람들이 가진 얕은 영성을 보며 "원컨대

주는 하늘을 가르고 강림하시고 주의 앞에서 산들로 진동하기를."(사 64:1, 개역)이라고 외쳤다. 그는 열정적인 능력이 주의 사람들을 통해서 땅이 흔들리도록 나타나기를 구하고 있다. 어떤 저자는 부흥을 '살아 있지만 쇠약해진 것을 다시 살리는 것'이라고 정의했다.[9]

무엇을 다시 살린다는 말인가? 하나님을 향한 갈망이다. 시편 기자는 "우리를 다시 살리사 주의 백성으로 주를 기뻐하게 아니하시겠나이까?"(시 85:6, 개역)라고 말한다. 예수님께서는 "의에 주리고 목마른 자는 복이 있나니 저희가 배부를 것임이요."(마 5:6, 개역)라고 말씀하셔서 축복에 목마른 청중들을 어리벙벙하게 하셨다. 진정한 부흥은 하나님의 더 큰 축복을 받고자 하는 것이 아니다. 더욱 노력해야 하는 종교의 길로 걸어가는 것이 아니다. 오히려 영혼에 대한 갈망이 채워질 수 있도록 하나님의 임재를 느끼는 것이며, 영적 순례의 길로 가는 것이다. "주께서 생명의 길로 내게 보이시리니 … 주의 우편에는 영원한 즐거움이 있나이다"(시 16:11, 개역).

나는 기쁨에 대해 말할 때 어느 정도까지 진실인지 의심하곤 한다. 기쁨의 대부분은 부정적인 것들을 확대하는 것으로 보인다. 우리는 상처받지 않은 것처럼 가장한다. 또한 우리가 기쁨이라고 부르는 것의 대부분은 축복에 의존한 것 같다. 예를 들면, 우리가 잘하면 인생이 형통할 것이다. 그러면 기쁨이 가득하고 하나님의 선하심을 인하여 찬양할 것이다.

그러나 이것은 종교일 뿐이다. 이것은 교만이나 절망으로 이끌 뿐, 자아의 깨어짐으로는 이끌지 못한다. 종교는 꼬인 호스로 전달되는 물처럼 우리 삶에 드러나는 하나님의 능력을 겨우 똑똑 떨어지게 한다. 깨어짐만이 꼬인 것을 똑바로 펼 수 있다. 그래야 진정한 부흥이 온다. 그럴 때 생수가 넘치고 열정이 흘러나온다. 우리 속에 살아 계신 하나님을 향한 열정적인 갈망이 흘러나온다는 말이다.

하박국은 그 힘든 시기 동안 주님을 기다리면서도, 하나님의 비전을 결코 포기할 수 없음을 깨달았다. 그 깨달음을 인하여 절망이 기쁨이 되었고 혼란 속에 낙망한 마음이 열정적인 마음으로 바뀌었다. "나는 여호와를 인하여 즐거워하며 나의 구원의 하나님을 인하여 기뻐하리로다"(합 3:18, 개역).

깨어짐은 부흥으로 이끌어 준다. 부흥은 우리 속에서 잠자고 있는 하나님의 생명을 다시 살려 나타나게 한다. 그럴 때 우리는 영혼의 대화를 하게 된다.

그렇다면 깨어짐에 선행하는 것이 무엇인가? 그에 대한 대답은 이루기 힘든 비전이라고 생각한다. 우리가 성취할 수 없는 비전을 갖고 있을 때 우리는 겸손해질 수밖에 없다. 그래서 우리가 친구 부부를 도와주려는 작은 비전을 이루려고 얼마나 열심히 노력하고 있는지를 깨닫기 시작한다. 우리가 도달할 수 있다고 생각하는 비전을 향해 목표를 두는 한, 하나님께서는 그렇게 해 보도록 허락하신다. 그리고 때로는 우리가 목표한 비전을 이루게도 하신다. 그런 경우에 우리는 자신감을 느끼며 그것을 감사한다. 만일 비전을 이루지 못한 경우에는 실패의 좌절감을 왜 하나님께서 우리를 도와주지 않으시는지 원망한다.

그러나 높은 목표의 비전으로 하여금 우리가 얼마나 부족한지를 직시한다면, 우리는 바닥에 납작 엎드려 영적 능력을 구할 것이다. 그리고 애초에 우리에게는 능력이 없었음을 시인할 것이다. 비록 우리가 목회하는 교회가 부흥하고, 상담이 인기를 얻고, 친구들이 우리를 훌륭하게 생각하고, 사업이 번창하더라도 우리에게는 다른 사람이 하나님을 갈망하도록 할 능력이 없음을 인정할 것이다.

그래서 그 이유를 묻게 된다. "하나님, 제가 성령의 능력을 소멸시키고 있나요?" 그때야 그 사실을 깨닫고는 고개를 숙인다. "하나님, 하나님께 전적으로 의존하지 않고 내 힘으로 인생을 평탄하게 만들어 보려고 노력해 왔습니다. 제 자신을 주님께 온전히 드리지 못했습니다. 영적인 능력을 얻을 때조차 '작은 죄들이' 들어옵니다. 그런데 그 작은 죄들이 커집니다. 계속 불평하고, 인정을 받기 위해 경쟁하고, 교역자들과 장로들이 서로 권력을 행사하려 합니다. 다른 사람들이 나를 인정해야 한다고 주장하고, 선한 일을 행하기에 지쳤다며 게으른 변명을 합니다. 10초 동안만 외설잡지를 보자고 하기도 하고 잠자기 전에 그리 나쁠 것 같지 않은 공상에 빠지기도 합니다. 큰 소득에 대한 감사 뒤에는 물질주의가 숨어 있습니다. 배우자가 나를 위해 주지 않는다고 원망합니다. 아이들을 제 뜻대로 만들어 보려고 야단칩니다. 제가 외롭지 않은 척하도록 도와주는 TV에 너무 빠져 있습니다."

결국 우리는 심령으로부터 이렇게 외친다. "주님, 저를 불쌍히 여기소서." 인생이 원하는 대로 되지 않는다고 침대에서 더 이상 비탄에 빠지지 않는다(호 7:13, 14 참조). 그리하여 회개로 정결케 되는 어두운 밤을 지나서 겸손하고 전적으로 하나님을 의지하는 사람이 되어 아침의 빛으로 나아온다.

그리고 기다린다. 우리는 사랑하는 사람들과 함께 중요한 일들에 대해 이야기하면서 연약하여 넘어지기도 한다. 다른 사람들을 하나님에 대한 비전을 향해 나아가도록 하는 데 무력함을 느끼기도 하고 깊이 회개하기도 한다. 그러나 결국 우리는 알게 된다. 우리가 생각하는 만큼 배우자를 사랑하고 있지 않다는 사실을 말이다. 또한 하나님의 나라보다는 우리의 편안함에 더 관심을 기울이고 있음도, 게다가 우리가 다른 사람들에게 영향을 끼치기보다 그들에게 감동을 주는 것에 더 신경을 쓰고 있다는 사실도 인식한다. 높은 비전이 우리를 깨뜨려 우리를 겸손하게 하고 낮아지게 만든다. 자아가 깨어지는 어두운 밤에 우리는 우리 자신을 더 분명하게 바라보고 우리의 동기 속에 있는 교묘한 죄를 깨닫기 시작한다. 이것이 두 번째의 원리이다.

원리 2 자기중심 보기

진정한 깨어짐은 겉으로 보이는 이기심뿐만 아니라 감추어져 있는 자기중심도 보게 한다.

사랑과 도덕적 기준을 명백히 어기는(간음 같은) 눈에 보이는 이기심은 부인하기가 어렵다. 대부분의 사람들이 그것은 나쁘다고 동의한다. 그러나 헌신된 그리스도인들조차 이 감추어진 자기중심을 점검하지 못하거나 도전하지 못하고 지속되도록 한다.

나는 결코 팀에게 소리치며 야단쳐 본 적이 없다. 의도적으로 무시하거나 불친절하게 빈정댄 적도 없다고 생각한다. 다만 몇 마디의 강한 말을 했을 뿐이다. 어느 누구도 내게서 눈에 띄는 이기적인 행동은 발견할 수 없었을 것이다. 사탄은 내 열정이 거룩하고, 내 동기는 선하며, 내 초점은 팀을 돕는 것에 있다는 것을 분명히 말한다. 내 자신을 면밀히 바라보는 것은 중요한 문제가 아니라고 한다. 나는 잘하고 있고 도움이 필요한 사람은 팀이다. 나는 그에게 감동을 주려고 노력한다. 그러나 그것은 작은 죄일 뿐이며 그렇게 느끼는 것조차도 다소 신경질적인 예민함이 아닐까? 만일 나의 비전이 낮았다면 그것은 아무런 문제가 되지 않을 것이다.

어젯밤 나는 자신에 대해서만 계속 이야기하는 친구와 저녁식사를 했다. 나는 두 시간 동안이나 그의 이야기를 들어주었다. 그는 나에게 한 마디의 질문도 하지 않았고, 오히려 내가 그에게 질문했다. 나는 내가 인내하며 잘 들어주는 사람이라고 생각했다.

그는 눈에 띄게 자기에게 몰두하고 있었다. 누군가가 그 대화를 들었다면 자기에게 몰입된 사람이 얼마나 눈이 멀 수 있는지 알 수 있을 것이다. 나는 야고보의 말씀대로 귀로 듣고 말을 아꼈던 훌륭한 사람이었다. 그 자리에 함께 있었다면 당신도 그 사실에 동의했을 것이다.

나조차도 이 책을 쓰기 전까지 내 자신의 속임수를 제대로 보지 못했다. 나는 눈에 띄게 이기적이지는 않았지만 교묘하게 자기중심적이었다. 나는 그가 말하도록 내버려 두면서 우월감을 느끼며 오래 참는 미소와 함께 그를 판단하고 있는 나 자신을 발견했다.

어떤 능력도 그의 영혼에서 나에게로 오지 않았다. 왜 그랬을까? 눈에 드러난 그의 자기몰입 때문이었다. 또한 내 영혼으로부터 그에게로 가는 어떤 능력도 없었다. 왜? 가장된 나의 자기중심 때문이었다. 두 시간이나 이야기를 나누었지만 영혼의 대화는 한 마디도 없었다. 두 명의 성도들이 단지 자아의 대화만을 열심히 한 것이다. 이런 일은 언제든지 일어난다.

나는 머리를 흔들며 그를 판단할 수 있다. 아니면 머리를 숙이고 내 자신을 판단할 수도 있다. 내 눈의 들보가 컸다. 깨어짐의 눈물이 내 눈의 들보를 씻어낼 때까지 나는 그의 전투를 명확하게 볼 수 없다. 그를 위한 비전을 가지고, 성령의 꿈을 가질 수 없다. 그리스도의 은혜로 가득한 열정이 내 영혼에서 그의 영혼으로 자유롭게 흘러가도록 할 수 없다.

진정한 깨어짐은 눈에 드러난 이기심만을 보는 것이 아니라, 따스함과 관심 어린 태도 속에 숨어 있는 자기중심 또한 분명하게 보는 것이다. 내가 그것을 깨달았을 때 부흥을 경험한다. 그리고 그리스도에 대한 열정이 능력이 되어 흘러갈 수 있도록 꼬인 호스를 바르게 펴게 된다. 이제 앞의 두 원리 위에 세워진 세 번째의 원리를 살펴보자.

원리 3 거룩한 열정 드러내기

깨어짐은 우리 영혼 깊은 곳에서 자고 있는 거룩한 열정을 깨운다.

자신의 내면을 깊이 살피는 것은 궁극적으로 바다 깊은 곳에 있는 보물을 발견하는 것과 같다. 그 보물은 인격이라는 거대한 빙산 아래 있다. 우리는 성령의 인도하심으로 그 보물을 들어 올려야 한다.

그 빙산의 꼭대기는 수면 위로 높게 치솟아 있어 훈련받지 않은 사람에게도 쉽게 보인다. 그것은 눈에 드러나는 우리의 선택 또는 감정과 같은 것이다. 우리는 이를 닦고, 아이들에게 잘 자라고 뽀뽀해 주며, 내야 할 세금 때문에 고민하고, 직장 다니는 것을 힘들어하며, 해가 질 때면 약간 우울해 하기도 하고, 골프를 즐기거나, 친구의 이야기를 두 시간 동안 들어 주기도 한다.

대부분의 사람들은 외설물을 보거나, 배우자에게 소리 지르거나, 지겨운 친구에게 무례하게 대한 것만이 죄라고 여긴다. 그리고 흥정하려고도 한다. 하나님께 다시는 그러지 않겠다고 약속하고 우리가 상처 준 사람에게 사과한다. 더 기도하고, 성경을 더 많이 읽고, 더 착하고, 거룩한 사람이 되겠다고 약속한다.

그러나 그런 삶으로 고정되어 종종 우리의 온전한 깨어짐을 대신해 버린다. 우리가 대화할 때 동정하고 강조하고 기도하고 충고하고 탐구하고 돌아볼 수는 있지만 영혼의 대화는 하지 못한다.

그래서 우리는 더 깊이 들어가야 한다. 수면 아래에는 고통스러운 기억, 거만한 요구, 실제 혹은 상상의 위협, 고집스러운 결의, 우리가 원하는 생각이나 피하고 싶은 생각들이 있다. 빙산의 밑바닥까지 내려가면 자아의 욕구를 발견하게 될 것이다. 그 용어를 설명해 보겠다.

우리는 하나님과의 교제를 즐기도록 지음 받은 사람들이다. 사랑하도록 지음 받아서 창조주 하나님께서 주시는 사랑을 받고 또 줄 수 있는 가능성을 가지고 있다. 우리가 하나님으로부터 사랑을 받을 때 다른 사람에게 사랑을 줄 수 있고 우리의 영혼은 건강하게 된다. 우리는 그런 목적에 따라 살도록 지음 받았다.

누구나 관계를 통해 사랑받고 사랑을 주고자 하는 기본적인 동기를 가지고 이 세상에 태어난다. 그렇게 될 때 진정으로 온전함을 느끼게 된다. 그러나 죄 때문에 부패하여 사랑을 즐길 수 있는 가능성이 뒤틀려졌다.

그렇기 때문에 우리는 본성적으로 하나님의 사랑을 신뢰하지 않는다. 하나님의 사랑이 우리의 영혼을 채울 수 있음을 알지도 못하고 하나님께 우리 자신을 맡기고도 경외하지 않는다. 즉 하나님을 향한 갈급함을 잃어버린 것이다.

그래서 지금 우리는 곤경에 빠져 있다. 우리가 하나님으로부터 떠났기 때문에 하나님께서는 우리에게서 떠나셨다. 그를 원치 않을 수 있는 우리의 자유를 존중하신 것이다. 만일 우리가 하나님보다 자신의 길을 원한다면 하나님께서는 그것을 허용하신다. 우리는 돼지우리 안에서 먹고 있으면서도 마치 비싼 고급 음식점에서 먹고 있다고 생각한다. 우리는 음식 찌꺼기를 받고서도 그것이 멋진 만찬인 줄 착각하고 그것을 즐긴다. 그 결과 우리는 하나님과 함께하는 성만찬의 즐거움을 잃어버렸다. 그래서 우리의 욕구는 진정으로 만족되지 못한 채 살아간다. 대신 우리의 본성이 필수적으로 느끼는 필요들을 채울 수 있는 것을 허겁지겁 찾으며 절망적으로 살아가고 있다. 우리에게 주어진 것을 즐기려 하지 않고 우리에게 없는 것을 찾으며 살아간다. 화를 내며 강요한다. 이 모든 것이 하나님으로부터 멀리 떠나 있기 때문이다.

우리가 필요하다고 믿는 것을 얻지 못할 때, 우리는 영혼이 뒤틀리는 실망으로 고통받는다. 그러나 우리가 원하는 건강, 돈, 골프 회원권, 좋은 가정, 칭찬받는 직업을 얻을 때조차도 여전히 고통스러운 허무함을 느낀다. 고통을 없애 주고 허무함을 채워 주는 것보다 더 중요한 것은 없다고 생각한다. 자아 욕구를 향한 불타는 열정에 좌우된다. 어거스틴의 표현에 의하면 우리는 완전히 우리 자신 안에 갇힌 존재들이다.

우리의 강요하는 태도는 점점 발전된다. 우리는 이야기를 듣고자 하는 사람에게 은연중에 말을 건다. "여보세요! 나는 비참하고, 두렵고, 공허해요. 나는 사랑을 받을 필요가 있어요. 또한 가치 있는 사람이라고 느끼고 싶단 말입니다!" 그러나 아무도 진정으로 들어주고 반응해 주지 않는다. 오직 하나님만이 우리가 필요한 사랑을 주실 수 있는데, 우리는 그에게서 떠나 있고, 다만 그에게서 편리한 교훈과 협조적인 도움만을 바랄 뿐이다. 그래서 우리는 최고로 가치를 두고 있는 자아의 욕구를 채우기 위해 모든 관계적인 만남을 사용하려 한다. 우리는 우리가 다룰 수 있는 주제에 대해서만 이야기한다. 또한 자신에 대하여 좋은 감정을 느낄 수 있도록 배우자의 자존감을 세워 주고자 한다. 때로는 뾰로통해져서 친구들이 우리에게 무슨 일이 있냐고 묻도록 만들기도 한다. 드러나는 외로움을 감추기 위해서 농담을 하는 경우도 있다. 자기욕구와 자기관리, 그리고 강요하는 태도와 독립 정신이 빙산의 밑에 있는 우리 인생의 기초가 되었다. 즉 소망 없는 종교인이 된 것이다.

예수님 없이는 그럴 수밖에 없다. 거기에는 가라앉은 보물이 없기 때문이다. 그 빙산은 흙 위에 있을 뿐이다. 종교가 밑받침이 되었으므로 자기욕구와 자기관리 아래에는 아무것도 없다.

그러나 더 깊은 곳을 보라. 믿음으로 성경이 하신 말씀을 믿으라. 우리의 그릇됨은 이미 용서받았다. 비록 우리 자신의 필요와 자기관리가 여전히 남아 있을지라도 말이다. 그 모든 추함 아래 하나님의 사랑을 즐거워할 수 있는 가능성과 회복이 여전히 남아 있다. 우리는 하나님을 향한 갈급함을 가질 수 있다. 하나님께 우리의 최고의 가치를 두어 하나님을 즐거워할 수 있다.

그 회복된 가능성을 영혼의 갈망이라고 하자. 그리고 우리 자신을 포기할 수 있도록 새롭게 주어진 능력을 영혼의 신뢰라고 하자. 영혼의 갈망은 자기욕구와 싸우고, 영혼의 신뢰는 자기관리(자기신뢰)와 싸운다.

빙산의 밑바닥은 깨어짐이라는 열을 통해서만 녹을 수 있다. 깨어짐 이외의 것은 빙산을 녹일 만큼 뜨겁지 못하다. 우리가 우리의 자기중심을 깨닫고 그것을 미워할 때, 빙산의 밑에 있는 능력이 우리의 인격으로 흘러들기 시작하여 위로 끓어올라 빙산을 녹이는 것이다. 깨어짐은 우리 영혼 깊이 잠들어 있는 거룩한 열정을 깨운다. 그리고 그것이 우리의 혀까지 도달할 때 영혼의 대화를 하게 된다. 즉 하나님을 향한 갈급함이 만족되어서 말을 하는 것이다.

중요한 핵심 질문

만일 영혼의 대화를 하기 원한다면 자신의 동기를 깊이 볼 필요가 있다. 눈에 보이지 않는 자기중심의 죄를 보기 위해서 눈에 보이는 이기심의 밑바닥까지 면밀히 살펴야 한다. 그러면 하나님의 사랑을 향한 거룩한 열정이 우리의 인격을 녹이고 우리의 말을 통하여 나타날 것이다.

내가 다른 사람을 조종하려 하는가? 아니면 사역을 하고 있는가? 내가 대화하면서 내 자신의 유익을 구하고 있는가? 아니면 다른 사람의 유익을 구하고 있는가? 내가 나쁘게 보이지 않으려고 조심하고 있는가? 아니면 다른 사람이 은혜의 임재 가운데 그의 잘못을 드러낼 수 있도록 안정감을 주고 있는가? 그를 축복하고 그가 잘되는 것을 보고 싶은 내 소원을 포함한 다른 모든 것들이 하나님을 향한 첫 번째 욕구 다음의 두 번째가 되었는가?

이 질문들은 우리가 사랑하는 사람들의 영혼에 일어나는 전투로 들어갈 때 필요하다. 그 질문에 대답하기 괴로울 수도 있고 확신에 찬 대답을 할 수도 있다. 그러나 그로 인한 깨어짐의 경험은 하나님의 능력이 내 생명에서부터 다른 사람에게까지 이어져 부흥의 불길로 나타날 수 있다.

이것이 바로 비전을 생각하라는 의미이다.

10
선한 호기심

당신에게 할 말이 있습니다

당신은 9장까지 읽으면서 내가 말한 모든 내용들을 잘 숙지하고 따라왔으며, 이제 어느 정도 실전에 임할 준비가 되었다고 생각할지 모른다. 그래서 당신의 경험을 이야기하고 싶을 것이다.

"가까운 친구가 현재 자신이 겪고 있는 갈등에 대해 이야기해 주었습니다. 나는 그 이야기를 들으면서 배운 대로 먼저 그의 내면을 생각해 보았답니다. 그의 진정한 전투가 무엇인지를 어느 정도 알 수 있었어요. 우리 모두는 인생이 편안하길 바라기 때문에 또 좋은 기분을 위해서라면 무엇이든지 하려고 합니다. 당신은 그것을 종교라고 불렀지요.

좋은 기분을 느끼고자 하는 그 자체는 잘못이 아니라고 했지요. 문제는 하나님보다 다른 것에서 기쁨을 찾으려고 하는 것이라고요. 종교는 좋은 일이 생기기를 바라면서 칭찬받을 만한 일을 하지만 우리 그리스도인은 어떤 좋지 않은 일 가운데서도 하나님을 아는 것에 열심이어야 한다고요. 우리가 바라는 삶의 편안함과 안정을 위해 하나님을 이용하지 말고 하나님 그 자체를 즐거워하라고요. 그래서 인생을 한 번 잘 살아보려는 욕구와 성령의 새로운 길로 가고자 하는 욕구 사이의 치열한 전투가 우리 뒤에 우리 갈등 뒤에 있음을 깨달아야 한다 했지요.

내 친구 잭은 내가 다니는 교회의 부목사랍니다. 그런데 어느 날 어떤 장로가 그에게 전화를 해서 그의 태도가 좋지 않으니 사역을 그만두는 게 낫겠다고 경고했답니다. 잭은 깜짝 놀랐어요. 그는 그것을 정치적인 문제로 보았지요. 담임 목사는 다소 책임감이 없고 자기가 하는 일은 무엇이든지 옳다고 생각하여 밀어붙이는 사람이었어요. 잭은 소신 있게 말하는 사람이었고, 담임 목사의 환심을 사려고 굽실거리지 않았답니다. 담임 목사는 장로들에게 그의 태도가 나쁘다고 말했습니다.

나는 그가 옳으니까 그의 뜻을 굽히지 말고 굳게 서 있으라고 말하고 싶었지요. 그러나 그 말을 참고 내면을 생각해 보았어요. 비록 담임 목사는 독재적이고 장로들은 목사를 무조건적으로 따르고 있지만, 잭의 진정한 문제는 담임 목사나 장로와의 관계에 있는 것은 아니라고 생각했어요. 단순히 모든 일이 잘 풀리기만을 바란다면, 즉 보이는 것을 소망의 최우선순위로 둔다면 그것이 하나님을 그저 편리하고 협조적인 거짓된 신으로 만드는 것임을 직시하였지요.

비록 그 상황이 속상하고 화가 날지라도 만일 잭이 그 상황에서 성령의 말씀을 듣는다면, 그 문제를 당장 해결하는 것보다도 성부 성자 성령 하나님을 즐거워하며 그를 잘 아는 일에 관심을 둘 것입니다. 문제가 잘 해결되기를 바라는 소원보다 하나님을 더 경험하고 싶은 갈망이 커진다면, 어쩌면 상황이 잘 풀려서 그에게 좋은 결과가 올 수도 있지요. 그러나 그렇지 않더라도 그는 평안을 누리며 하나님께 더 가까이 나아갈 것입니다.

그런데 조금 복잡하게 되었네요. 잭은 이 모든 상황에서 하나님을 높이기를 원한다고 말하면서도, 또한 일이 잘 풀리도록 자기가 잘 해보겠다고 말하고 있어요. 나도 그를 이해할 수 있어요. 그는 두려웠던 거죠. 그의 아내는 셋째 아이를 임신하였고, 그들은 돈이 필요하니까요. 그에게 말할 수 없었지만 그는 정말 종교적인 사람인가 봅니다. 하나님을 교묘하게 다루려고 하니까요. 나는 그가 어디에서부터 잘못 되었는지를 말하기보다 비전을 생각하려고 노력했어요. 그것이 당신이 말한 두 번째 핵심이 맞지요?

만일 잭이 성삼위 하나님과 친밀하게 교제한다면 어떤 모습을 보일까 생각해 봤습니다. 나는 아직 비전이 정확하게 떠오르지는 않지만 바른 질문 하나를 떠올렸습니다. 잭이 만약 자기 안에 있는 하나님의 생명을 느낀다면 어떻게 할까? 담임 목사가 그만두고 자기가 그 자리에 서기를 바라는 마음이나 또는 문제가 해결되어 부목사의 위치를 계속 유지할 수 있길 바라는 마음보다 하나님을 더 원한다면 무엇을 느낄까?

그리고 열정을 생각해 보았어요. 잭과 이야기하면서 내 감정도 의식해 보았지요. 담임 목사에 대해 참을 수 없더라고요. 아내와 나는 일이 터지기 전에 교회를 옮겨야겠다고 결심했습니다. 담임 목사는 성령의 음성을 듣지도 않으면서 자기가 하나님과 연합한 것처럼 생각하는 거만한 사람이니까요. 그의 설교는 마치 연기하는 것 같아서 듣고 나오는 사람들이 하나님에 대해서 이야기하는 것이 아니라 훌륭한 설교자에 대하여 이야기하게 된답니다.

나 역시 담임 목사에게 화가 난 것을 느끼면서 내가 성령의 음성을 듣고 있는지 궁금했습니다. 잭과 마찬가지로 나도 담임 목사를 정죄하고 있으니까 말입니다. 어쩌면 나는 잭으로부터 담임 목사에 대해 나쁜 말을 듣기 바랐는지도 모르겠습니다. 잭뿐만 아니라 나 또한 담임 목사에 대한 실망이 이만저만이 아니니까요. 당신의 말처럼 내가 잭과 함께 나눈 것은 자아의 대화였는지 모릅니다.

나는 잭에게 말했습니다. 어쩌면 말하지 말았어야 했는지 모르지만 말이죠. 나는 담임 목사에 대한 나쁜 이야기 듣는 것을 즐겼고 그것은 잘못된 것이라고 했습니다. 왜냐면 그것은 예수님다운 태도가 아니니까요.

놀라운 것은 내가 나의 나쁜 태도를 직시하자 잭을 다르게 볼 수가 있었다는 것입니다. 그의 전투의 어떤 부분에 초점이 맞춰지기 시작한 것이지요. 그가 장로들에게 대해 지나치게 방어적이었으며, 그의 길을 막는 사람들을 얼마나 은혜롭지 못하게 밀어붙였는지를 볼 수 있었어요. 이것이 진정한 잭의 전투였겠지요? 그가 목표하는 일을 하려 할 때 그의 길에 방해가 되는 사람에게 지나치게 화를 내는 것 말입니다.

그러나 그 다음에는 어떻게 해야 하는지 모르겠군요. 내면을 생각해 보고, 비전을 생각해 보고, 열정을 생각해 보았는데 이제는 내가 너무 깊이 빠져든 것이 아닌가 하는 생각이 듭니다. 이것이 나를 영혼의 대화로 인도하고 있는지 모르겠지만, 나는 다른 길로 가고 싶은 마음이 드네요. 잭에게 내가 그를 위하여 기도할 것이고, 그가 교회의 어려움에 대하여 이야기할 때 진정한 관심을 보여 주고, 내가 할 수 있는 대로 돕고 필요하면 조언도 해 줄 것입니다.

난 상당히 불편함을 느끼고 있어요. 내가 잭과 내 안에서 보고 있는 것이 중요한지는 잘 모르겠어요. 어쩌면 너무 내향적으로만 보고 있는 것이 아닐까요? 그러나 그것이 중요하다 하더라도 무엇을 해야 할지 모르겠습니다. 내가 관찰한 것을 그에게 말해야 할까요? 나는 그를 책망하고 싶지는 않지만 그에게 앞으로 어떻게 될지 말하지 않는다면 정말 중요한 것이 사라져 버릴 것 같아요. 이제 무엇을 해야 하는 거죠?

내가 이런 일에 계속 연관되어야 하는지 모르겠네요. 나는 문제를 심도 있게 다루는 훈련을 받지 못했어요. 만일 내가 그에게 일어나고 있는 상황에 대하여 관심을 기울인다면 그가 마음을 열고 자기의 이야기를 모두 이야기할 텐데, 어떻게 해야 합니까? 나는 정말 어설픈 심리학자 노릇은 하고 싶지 않아요. 나는 단지 친구일 뿐이지요. 어떻게 해야 하나요?"

어떻게 해야 하나

이렇게 질문할 수 있다. 이 친구는 무엇을 할 수 있는가? 진실로 이 사람은 문제의 본질을 깨달으면서 동시에 잭의 이야기에도 관심을 가질 수 있는가? 그가 알게 된 것에 대하여 초자연적인 능력을 갖고 말할 수 있는가?

이제 영혼의 대화에 있어서 네 번째의 교훈을 배워야 할 때가 왔다. 먼저 앞에서 배운 세 가지 교훈을 복습해 보자. 잭의 친구는 정확하게 이 논리들을 이해하고 있었고 매우 분명하게 따라왔다. 처음 세 가지 교훈을 혼동하지 않고 네 번째 교훈으로 넘어가기 위해 그것들을 순서대로 요약해 볼 필요가 있다.

먼저 우리는 사랑하는 사람이 현재 자신의 삶 속에서 느끼는 문제들, 즉 '순례해야만 하는 현실'에 대해 듣는다.

그리고 그 순례자의 실제적인 사건 아래 있는 진정한 전투에 대해 생각해 본다. 이것이 내면을 생각하라는 첫 번째 교훈이다. 종교성과 예수를 닮는 것 사이에서 전투가 일어나고 있다. 우리는 우리 영혼 안에서 벌어지고 있는 치열하고 강한 싸움을 발견한다. 한편으로는 하나님의 도움 없이 그와 무관하게 살고 싶어 한다. 하지만 다른 한편으로는 성삼위 하나님과 생명력 있는 교제를 나누고 예수님을 닮고자 하는 내면의 욕구를 느낀다. 우리는 자신을 아낌없이 포기하는 사랑을 경험하고 싶어 한다. 그러나 동시에 어떤 것도 포기하지 않고 차고 넘치는 인생을 바란다.

현재 문제를 느끼는 개인이 어느 곳에 서 있는지 또 어느 곳으로 가야 하는지, 성령의 도우심으로 생각해 본다. 이것이 비전을 생각하라는 두 번째 교훈이다. 우리가 그 사람을 만날 때마다 그 비전을 생각하고 끔찍한 비극 속에서도 눈부신 소망으로 가득 찰 수 있음을 본다.

하나님 자녀들조차도 그들 스스로가 문제들을 충분히 현명하게 해결할 수 있도록 사랑을 주는 사람이 없을 수 있다. 잭도 그렇고 문제가 되는 목사와 장로들에게도 그렇다. 그러나 비전을 생각하라! 성령의 음성을 들으며 그가 어떤 사람이 될 수 있는지를 상상하라. 성자 예수님께서 하나님과 우리를 연합시키시기 위해 이 세상에 오셨고 우리 죄를 위해 죽으셨다.

비록 항상 느끼지는 못했을지라도 성령께서는 잭이 집착하는 것들을 떼어 놓고자 하셨으며, 특히 대인관계에서 잭이 주장했던 태도들을 바꾸길 바라셨는지도 모른다. 그래서 성령께서는 잭이 어려운 문제 때문에 힘들어하고 비참함을 느끼도록 허락하시고, 때로는 그에게 힘이 있고 안전함을 누릴 때조차도 얼마나 허무한가를 느끼도록 하신 것이다.

예수님께서는 성령을 통해 잭이 얼마나 지치고 중압감을 느끼며 피곤해하는지를 깨닫게 하시고, 동시에 종교에 대해서도 얼마나 큰 염증을 느끼는지를 알기 원하신 것이다. 예수님께서는 잭을 생명이 충만한 하나님 아버지의 사랑받는 아들로서 살아 있는 생명을 느끼고 누리도록 초청하셨다. 이것이 우리가 비전을 생각할 때 우리의 마음속에서 일어나는 일이다.

그런 다음에는 이 사람을 실제적인 비전으로 이끌어 주어 하나님을 향한 열정을 일깨워야 한다. 문제는 우리에게 그런 열정이 있는가? 만일 우리가 진정한 선을 행하려 한다면 그리스도에 대한 열정이 우리 영혼을 다스리고, 우리의 말에 힘을 주고, 목표를 제시하도록 해야 한다. 그래서 우리는 내면을 보고, 다른 사람의 말을 들으면서 우리 마음속에 일어나는 것에 주의를 기울이는 것이 필요하다. 그것이 열정을 생각하라는 세 번째의 교훈이다.

이것은 분명히 즐거운 일은 아니다. 우리는 분노, 좌절, 교만, 참지 못함, 두려움, 질투, 옹졸함, 경쟁심, 진정한 관심, 동정, 돕고 싶어 함, 그리고 다른 사람에게 감동을 줄 때 느끼는 흥분을 볼 것이다. 우리의 내면에 있는 추하기도 하고 고상하기도 한 본성적인 모든 감정과 반응을 보게 된다. 그러면 우리가 다른 사람을 비전으로 이끌 수 있는 능력이 조금도 없음을 깨닫게 된다.

우리는 비전을 낮추어서 다른 사람이 좀 더 나은 기분을 느끼도록 돕고 싶은 유혹을 받게 된다. 그래서 친구가 그 어려운 상황을 잘 해결하고, 자기의 은사를 발견하고, 남성상이나 여성상을 이해하고, 친구의 아들이 왜 그렇게 반항적인지를 이해하여 그 아버지가 더 효과적으로 그를 대하도록 돕는 일을 하고 싶을 것이다.

그러나 그 유혹을 이겨내야 한다. 우리는 하나님의 생명에 참여하는 복음의 비전이 실제로 얼마나 놀라운가를 본 사람들이다. 그러므로 우리와 사랑하는 사람들이 다른 어떤 것보다도 생명에 참여하는 비전을 원해야 한다는 사실을 안다. 그것이 우리의 비전이 초자연적이어야만 하는 이유이다.

그러나 우리가 자신을 정직하게 볼 때 우리는 초자연적이지 못함을 확실하게 느낀다. 우리는 무기력하게 보인다. 기적을 행할 수도 없다. 또한 우리 마음의 더러움을 씻어 내어 정결케 하지도 못한다. 우리의 가장 고상해 보이는 의도조차 자기중심으로 오염되어 있다.

그래서 우리는 사랑하는 사람들과 함께 내면의 전투를 보며, 비전을 보고 우리 자신을 본다. 그리고 우리는 깨어짐과 패배감을 느낀다. 우리는 춤을 출 수 없고 심지어는 기어갈 수도 없음을 절감한다. 우리는 전투에서 싸우는 사람을 비전으로 가까이 가도록 도울 수 있는 힘이 전혀 없음을 뼈저리게 느낀다. 그래서 잠잠히 침묵할 수밖에 없다. 우리의 유일한 소망은 하나님께서 하나님 되시는 것과 하나님께서 함께하시는 것뿐이다. 깨어짐은 우리가 자기만족에서 돌이키기에 충분하다는 것을 알게 한다. 그러므로 우리는 자신을 하나님께 드리고 하나님께서 우리의 유일한 소망이 된다.

우리는 친구의 이야기를 들으면서 내면에서 외친다. 깊이 절망한 우리를 불쌍히 여겨 달라고 부르짖는다. 우리는 아무 자격이 없다. 우리가 간구할 수 있는 이유는 하나님의 선하심에 있는 것이지 우리에게 있는 것이 아니다. 그러므로 우리는 기다린다. 우리의 영혼이 주님을 기다리며 그의 말씀에 우리의 소망을 둔다(시 130:6 참조). 하나님을 기다린다는 말은 그에게 우리 자신을 맡긴다는 의미이다. 그것은 수동적인 행동이 아니다. 우리는 자신의 무가치함, 부족함, 자기중심, 믿음의 부족함, 실패를 고백한다. 그러면서 하나님께로 계속 나아간다.

우리의 깊은 내면에서는 사람의 영혼에 그리스도를 향한 욕구를 일깨워 줄 수 있는 능력 있는 말을 하게 해 달라고 간구한다. 그것을 정말 원하지만 우리에게는 그렇게 할 능력이 없다. 그럴 때 무슨 일인가 일어난다. 하나님을 추구하는 스릴과 의지하는 기쁨을 경험하는 것이다. 그리고 하나님께 항복함으로써 그에 대한 신뢰를 드러낸다. 우리가 이미 그에게 사로잡혀 있음을 깨닫는다. 또한 그의 생명에 참여한다. 우리는 가치 있는 존재이다. 그리스도인인 우리 안에 성령께서 거하시기 때문이다. 하나님의 생명이 우리의 중심에 있으며 다른 사람에게도 전달되기를 기다린다.

그러므로 우리는 안도한다. 부담감은 벗겨졌다. 우리가 하나님께 드려짐을 겸손하고 확신 있게 선포한다. 깨어짐으로부터 능력으로 옮겨지게 되고, 우리 가운데가 아니라 그리스도의 중심 가운데 우리가 있음을 느낀다. 그래서 우리는 잠잠히 있다. 더 이상 휘둘리지 않는다. 무엇인가를 말해야 한다는 초초함도 없다. 만일 우리가 다른 사람에게 눈에 띄는 영향력을 미치지 못하더라도 괜찮다. 아무것도 말하지 않아도 편안하다. 그러면 우리에게는 정말 말해야 할 것이 있음을 알게 된다. 성자 예수님에 의해 열리게 된 하나님 아버지께로 가는 길에서 얻은 하나님의 능력에 대한 확신이 성령의 임재 안에서 실제적인 중심이 되어 활력을 준다.

우리는 그리스도의 에너지와 함께 다른 사람의 영혼을 위한 전투로 들어갈 수 있음을 안다. 성령에 의해 그리스도를 향한 열정이 일어나고 하나님 아버지를 향하게 한다. 그 열정이 우리의 영혼에서부터 다른 사람의 영혼으로 흘러넘치고, 다른 사람의 영혼 깊이 잠자고 있던 하나님의 생명을 일깨울 것을 믿는다. 어쩌면 몇 년이라는 시간이 걸릴지도 모른다. 그러나 서두르지 않는다. 우리의 첫 번째 욕구가 하나님의 생명에 동참하는 것이기 때문이다. 그리고 하나님의 생명이 매 순간의 필요를 채우기 위해 우리의 깊은 내면에서 흘러나오는 것을 알기 때문이다. 그러므로 그 외에 일어나는 모든 일들은 두 번째의 욕구가 된다. 이것이 바로 열정을 생각하라는 의미이다.

다음 단계를 위한 준비

이제 준비가 되었다. 이제까지 우리는 전투를 알기 위하여 내면을 생각하고, 성령께서 하시고자 하는 것을 보기 위해 비전을 생각하고, 선한 일이 일어나도록 겸손하게 성령께 전적으로 의존할 때까지 열정을 생각하라는 이야기를 해 왔다. 이제는 성령과 함께 리듬에 맞추어 춤을 추며 무엇인가를 말해야 할 때가 되었다.

우리에게는 말할 것이 있다. 그것은 무엇인가? 어떤 말이 우리를 전투로 인도해 주고, 하나님의 비전을 향해 목표를 세우게 하고, 다른 사람의 영혼에 성령의 능력을 전하게 할 수 있을까? 하나님을 향한 열망을 일깨우기 위해서 무슨 말을 해야 하는가?

매우 중요하면서도 흔히 간과되고 있는 사실을 생각해 보자. 사람들은 영혼의 이야기를 다른 사람에게 말하지 않고는 성령의 능력을 충분히 경험하거나 하나님의 임재로 들어가는 순례의 길을 가지 못할 것이다.

다른 사람하고도 진정한 교제를 나누지 못하면서, 하나님과 진실된 교제를 할 수 있다는 것과 같은 거짓말은 없다. 하지만 오늘날 이런 거짓말은 만연하다. 개인주의의 핵심은 자만심이고, 자만심은 사람들을 고립시킨다. 우리는 성적 욕구를 절제할 수 있고, 술을 마시고 싶은 욕구를 조절할 수 있으며, 배우자를 위해 사랑의 수고를 하며, 자녀들을 부지런히 양육하며, 스스로 잘살기 위해 필요한 것들을 잘 인식할 수 있다. 이 모든 것들은 우리가 우리의 진정한 모습을 다른 사람에게 보이지 않고서도 할 수 있는 것들이다.

그러나 깊은 변화를 위해서는 상호 보완하는 공동체가 필요하다. 다른 사람들이 우리에게 자신의 영혼에 대한 이야기를 하듯이 우리도 영혼의 이야기를 기꺼이 나누어야 한다.

다음 단계는 영혼의 이야기를 생각하는 것이다. 이것이 네 번째 교훈이다. 그러기 위해서는 남을 위한 호기심(transcendent curiosity)을 갖는 법을 배워야 한다.

다른 사람의 영혼의 이야기에 귀 기울여야 한다. 관심은 듣는 데서부터 시작된다. 그러나 감정만 이입된 관심은 안 된다. 우리의 목적은 단순히 다른 사람의 감정에 동감하기 위한 것이 아니다. 우리가 듣는 목적은 어두움의 세력이 친구에게 거짓으로 말하는 것을 분별하고, 친구의 영혼 깊은 곳에서 나오는 성령의 속삭임, 진리를 인식하는 것이다.

앞의 내용을 다시 읽어 보라. 매우 중요하다. 다음 장에서는 남을 위한 호기심을 갖는 법에 대해 나누고자 한다. 우리가 남을 위한 호기심의 그 의미와 방법을 배운다면, 네 번째 교훈인 영혼의 이야기를 쉽게 이해할 수 있을 것이다.

11
숨은 이야기들

섣부른 동감과 책임감

다른 사람이 자신의 어려운 문제에 대해 이야기할 때 진심으로 듣는다는 것은 어떤 것일까? 예를 들어 암이 걸렸거나 풀리지 않을 문제로 괴로워할 때 그의 영혼 안에서 일어나는 전투로 어떻게 들어갈 것인가? 우리가 조심해야 할 실수는 무엇일까? 우리가 내면을 생각하고, 비전을 생각하고, 열정을 생각하면서 내적으로 대화할 뿐만 아니라 이제는 말할 준비가 되었는데 무슨 말을 할 것인가?

이제는 영혼의 이야기를 생각할 때가 되었다. 친구가 자신의 갈등을 우리에게 말할 때 우리는 어떤 말로 대화할 것인가? 어떻게 하면 그의 전투 속으로 들어갈 수 있을까? 이것이 영혼의 대화의 네 번째 교훈이다.

남을 위한 호기심

이제 감정이입과 책임감이 함께하는 남을 위한 호기심에 대해 배워 보자. 이것은 현대 문화와는 다소 어울리지 않는다. 그것을 설명하기는 쉽겠지만 실제 대화에서는 매우 찾아보기 힘들다.

우리는 생각 없이 "당신의 말은 이런 감정으로 하는 것처럼 들리는군요." 혹은 "당신이 이렇게 해야 한다고 생각해요."라고 쉽게 말한다. 하지만 "당신 안에서 일어나고 있는 치열한 싸움을 보았어요. 나와 함께 이 부분에 대해 한 번 생각해 봐요. 이럴 때 당신 안에 어떤 일이 일어나고 있지요?"라고 말하는 것은 부자연스럽게 느낀다.

영혼의 대화는 특별히 감정이입을 하거나 책임감에 초점을 맞추지 않는다. 다른 사람에게 그리스도를 향한 갈망을 일으키는 성령의 대화인 영혼의 대화는 부드럽지만 단호하게 전투에 대해 관심을 쏟는다. 즉 절망 대 소망, 통제 대 자유, 무관심 대 사랑과 같은, 인간 영혼의 깊은 곳에서 순간마다 일어나고 있는 우주적인 전투에 대한 호기심을 가진다.

물론 강간 당한 어느 여자의 이야기를 들을 때 느끼는 연민이 뼛속까지 전해지지 않는다면 영혼의 대화를 할 수 없을 것이다. 만일 우리가 그녀의 영혼에 사무치는 고통으로부터 멀리 떨어져 있다면 결코 예수님의 상한 심령을 경험할 수 없으며, 그녀와 함께 춤을 추며 하나님 앞으로 나아갈 수 없을 것이다.

하지만 만일 우리가 그녀의 고통스런 이야기를 들으면서 그녀가 잃어버린 여성으로서의 존엄성과 즐거움의 회복에만 매달리고 그보다 더 큰 영혼의 갈망에는 관심이 없다면, 우리의 대화는 결코 자아의 대화 이상을 넘지 못하는 것이다.

그렇다. 우리는 복음을 단지 회복을 위한 약속으로만 전락시킨다. 학대, 이혼, 배우자의 죽음과 그 후의 외로움, 중독증세, 자기증오, 걱정과 낙심, 우리가 받은 모든 상처, 우리가 겪은 모든 괴로움과 허무함, 이 모든 것으로부터의 회복 말이다.

현대의 복음은 우리가 살아 있고, 행복하고, 자유롭게 느끼지 못하도록 하는 모든 것으로부터의 회복을 약속한다. 예수님께서 우리의 고통을 덜어 주기 위해, 그리고 더 즐겁고 풍성한 삶을 주시기 위해 오셨다고 생각한다. 많은 그리스도인들은 이렇게 생각하며, 그 풍성한 삶을 얻고자 노력한다.

기독교를 대신하는 종교

우리가 원하는 것을 채워 주시는 분은 예수님이시다. 그래서 우리는 좋아하는 식당을 찾아다니듯이 그를 따라다닌다. 원하는 것을 주시기 때문이다. 이것은 우리가 자주 가는 식당을 사랑하는 것처럼 예수님을 사랑하는 셈이다.

예수님께서는 우리에게 생명을 주시기 위해서 오셨다. 그분 자신이 바로 유일한 좋은 음식이다. 공허하고, 배고프고, 지치고, 종교에 탈진한 우리를 보신 그는 그에게로 오라고 하셨다. "삶이 무겁고 힘드냐? 종교에 지쳐 있느냐? 내게로 와서 쉼을 얻으라"(마 11:28). 그 말씀은 우리가 생동감을 느끼고, 목적과 자유와 모험과 소망을 경험하도록 해 주시겠다는 뜻이다. 우리의 영혼을 먹이시겠다는 말씀이다. 우리의 배고픔은 그와 함께 만족될 것이다.

그러나 예수님께서는 우리에게 생명을 회복하라고 말씀하지 않으셨음을 기억하라. 그는 우리에게 단지 내게로 오라고 말씀하셨다. 그의 죽으심과 부활은 하나님께 가까이 나아가는 길을 열어 주셨다(히 7:18 참조). 하나님께 나아가는 것에 바로 인생의 초점을 두어야 한다. 우리는 그의 영광을 위하여 살도록 지음 받았다. 물론 그의 영광에는 우리가 잘되는 것도 포함되어 있다. 그러나 우리의 잘됨이 핵심은 아니다. 그것은 부수적으로 따라오는 것이다. 하나님께서는 우리가 살아나는 것을 기뻐하신다. 핵심은 그의 기뻐하심이다.

그런데 우리는 부산물을 목적으로 삼았다. 첫 번째와 두 번째가 바뀐 것이다. 하나님께 가까이 나아가고, 예수님과 함께하며, 성령과 함께 걷는 것이 목적이 아니라 도구가 되었다. 하나님과의 교제는 자신을 섬기는 것으로 바뀌었고, 예배는 자아도취의 표현으로 퇴색되었다.

브레난 매닝이 이레 동안 침묵하며 묵상 시간을 시작하기 전에 나는 그를 만났다. 무의식적으로 실용주의에 익숙해져서인지 나는 그 묵상의 기간이 그에게 무슨 유익이 있는지를 물었다. 그러자 그는 약간 당혹스러워하면서 "나는 그 묵상의 기간이 내게 무엇을 해 줄지를 생각해 본 적이 없소. 다만 하나님께서 그것을 기뻐하시기 때문이라오."라고 대답하였다. 브레난은 자신의 즐거움보다 하나님을 기쁘게 하는 것에 훨씬 더 관심이 많았다. 그것이 그의 즐거움이었으므로 우선순위를 바꾸지 않았던 것이다.

그러나 우리 대부분은 잘못된 우선순위를 갖고 있다. 우리가 추구하는 것은 하나님과의 교제 자체보다 그 교제가 주는 유익에 있다. 우리는 하나님과의 교제를 통해 어떤 느낌을 원하고 어떤 경험을 원하고, 어떤 것을 즐기기를 원한다.

오늘날의 문화, 특히 포스트모던 시대의 영성은 복음을 좋은 느낌을 경험할 수 있는 '훨씬 더 나은 방법'으로 전락시켰다. 이 느낌은 모든 자의식의 영혼이 느끼고 싶어 하는 것이다. 우리는 모험과 자유와 열정과 아름다움과 의미와 친밀함과 가치 있는 인생을 경험하기를 열망한다. 우리는 이 모든 것들이 오직 그리스도 안에서만 가능하다고 선포하면서 그리스도인답게 말한다.

그러나 우리는 종교로 기독교를 대신하고 있다는 사실을 보지 못한다. 목적을 성취하기 위해서 돈과 명예와 성공을 포기하기도 한다. 그리스도를 통하여 자유해지기를 원한다. 그러나 그것은 종교일 뿐이다. 인생이 편하기 원하는 우리는 그래서 바른 생활을 한다.

우선순위가 바뀌었다. 인생의 즐거움이 우리가 원하는 최우선이다. 하나님을 기쁘시게 하는 것에 대해서는 생각조차 하지 않는다. 하나님을 위해 사는 것은 가장자리로 밀려났다. 우리 자신에게 초점을 맞추고 있다. 하나님께서는 우리의 도구가 되었고, 우리의 자아도취적 목적을 이루는 수단이 되었다. 동시에 하나님께서 도우시지 않는다면 과감히 그를 버리고 다른 방법을 택할 수 있는 가능성도 열어 놓았다.

복음에 대한 우리의 현대적 해석은 하나님과 인간의 관계를 회복하는 유일한 길을 예수님으로 보지 않는다는 것이다. 예수님은 우리가 가장 중요하게 여기는, 본질적으로 보자면 하찮은 세상 것들을 위한 도구가 된 셈이다.

예수님께서는 우리의 세상적인 복을 회복시키기 위한 치료자로 전락되었다. 우리 자신을 위한 세상 보물을 찾는 데 우리는 예수님의 지도와 에너지가 필요하다. 하나님에 대한 갈망을 일깨우고 만족시키는 그의 능력을 더 이상 귀하게 여기지 않는다. 우리 자신에 대한 욕구가 더 강하기 때문이다. 하나님과의 친밀한 관계 회복이 우리에게 진정한 가치와 아름다움, 즐거움을 회복시키고, 진정 우리가 누구인지를 알게 하는 최고의 비전이 된다는 것에는 관심이 없다. 대신 우리 자신과 점점 더 친밀해지고 행복한 관계가 되기 위해 필요한 것들을 얻고자 예수님께로 간다. 우리를 좋아하고, 우리의 가치를 인정해 주며, 우리가 우울할 때 사랑 어린 관심을 가져 주는 사람들하고만 친하고 싶어 한다.

우리는 복음이 세상에 연루된 인생을 잃어버리지 않도록 하기 위해 하늘의 춤을 출 자유를 주었다고 생각한다. 그리고 같은 춤을 추고 있는 사람들을 찾아서 파티를 연다. 그것이 바로 우리가 만든 공동체인데 교회라고 부르기도 한다.

일주일에 한 번씩 우리는 춤을 멈추고, 장소를 빌려 주시는 예수님께 가볍게 인사를 하고, 아버지께 행복하게 우리를 지켜봐 주심에 감사하고, 성령께 우리가 좋아하는 음악을 연주하시도록 부탁한다. 그리고는 그것을 예배라고 부른다.

잘못된 감정이입

그리스도인의 성화를 규칙을 잘 지키는 것일 뿐이라는 생각은 옳지 않다. 만약 이렇게 정의한다면, 한 영혼을 돌보는 일에 있어 가장 중요한 것으로 권면과 책임감을 들 것이다. 또한 만일 성화를 고통으로부터의 회복으로 이해한다면, 감정이입이 중심이 될 것이다. 이것은 잘못이다.

회복에 대해 우선 생각한다면, 어떤 사람의 갈등을 들을 때 권면보다는 감정이입을 하게 될 것이다. "음, 당신은 말씀을 더 많이 읽어야 할 필요가 있네요." 혹은 "당신은 자신에 대한 연민에 빠져 우울한 것 같은데 교회에 더 열심히 참여해 보면 어떻겠어요? 성경 공부에 참여해 보세요."라는 권면을 자제할 것이다.

현대는 고통으로부터의 회복을 중시하기 때문에 우리는 사람들이 어려움을 나눌 때 그 감정을 더 이해하고자 한다. 그래서 한동안 따뜻하고 사려 깊게 조용히 들어주다가 말을 한다. "당신이 느꼈을 감정은 상상하기 힘들 정도군요. 당신을 위하여 꼭 기도할 것입니다." 혹은 "당신이 겪은 경험은 마치 당신의 영혼을 죽이는 것처럼 느껴지네요. 당신이 사랑받지 못한 것에 화가 나는 것은 당연하겠지요."

그런 다음에는 다시 권면으로 돌아가기도 한다. 현대인들은 치유를 좋아한다. 그래서 본질적인 병의 원인이나 죄를 책망하기보다는 당장의 상처를 치유하는 것에 더 만족한다. 치유 기도나 기억을 치유하기 위한 강의를 들으며, 수양회를 찾아다니고, 기쁨을 회복시켜 주는 영적 훈련을 연습하거나, 우리에게 자유를 주고 생동감을 주는 공동체에 참여하고자 한다.

만일 치유의 훈련을 받지 못했거나 새로운 공동체에 참여하기를 꺼린다면 단순히 격려하는 차원의 모임을 찾는다. 이것은 종교에서뿐 아니라 세상 문화에서도 마찬가지다. 서로 격려하고 도와주는 친구들의 모임을 통해서 말이다. "당신이 겪은 일을 들었는데 정말 끔찍하군요. 내가 할 수 있는 한 당신을 위해 기도해 주고, 당신 옆에 함께 있어 주고 싶어요."

무엇을 위해 함께 있어 주겠다는 말인가? 물론 더 나은 기분을 느끼도록 함께 있어 주는 것이다. 또한 고통의 원인이 제거되고, 더 이상 고통스럽지 않도록 해결 방도를 찾는 것을 돕겠다는 말이다.

어떤 사람이 주님을 구하고 있는데 우리는 그에게 감정적인 도움만을 준다면, 그것은 곪은 상처에 반창고만을 붙여 주거나 암 환자에게 아스피린을 주는 것과 같다.

어쩌면 그보다도 더 나쁠 수도 있다. 고통에 대하여 감정이입으로만 반응한다면, 부패한 자아중심을 고상하게 표현할 수 있는 자아도취만을 강화시킬 뿐이다. 그래서 성삼위 하나님과 교회가 모두 자신에게만 초점을 맞추고 모든 결정을 내리도록 서로 협력하기를 바라는 것이다. 여전히 육신이 주관하고 있는 인생이다. 우리는 자신의 동굴에 갇힌 셈이다.

사랑하는 사람이 어려움을 나누고자 할 때 그 고통을 들어주지 않는 것은 비인간적인 행동이다. 아무런 감정도 느끼지 못하는 것은 잘못된 일이다. 우리는 우는 자와 함께 울어 주어야 한다. 죽은 사람을 살리고 싶고, 상처받은 사람을 치유하고 싶고, 고통하고 있는 사람에게 더 나은 기분을 느끼도록 해 주고 싶은 마음은 올바르고 좋은 마음이다.

그러나 영혼의 고통 아래 있는 더 파괴적인 전투를 보지 못하고, 더 크고 좋은 것을 보지 않는 것은 악한 일이다. 그저 고통을 경감시켜 주는 것이 능사는 아니다. 고통 뒤에 있는 영적인 것을 보지 못할 때, 우리는 우리 자신에게만 몰두하게 되고 하나님께로 가까이 가지 못한다.

영혼을 돌보는 일은 치유와 감정이입 이전에 죄를 깨닫고 직시하는 것으로부터 시작해야 한다. 수년 전 어떤 그리스도인 상담자가 내게 좋은 상담에 대해 말해 주었다. 좋은 상담이란 상담받는 사람이 스스로 성경의 원리를 위반했다고 말하기 전까지 그의 이야기를 들어주는 것이다. 그가 죄를 깨달은 후에 충고하고, 책망하고, 권면하고, 교정하고, 가르쳐야 한다는 말이다.

우리의 빠른 감정이입이 오히려 성경의 원리를 삶에 적용하려는 그들의 노력을 방해한다. 우리는 하루라도 빨리 그들의 상처를 치유해 주고, 자유의 길을 볼 수 있게 해 주길 바라지만, 이것은 영혼의 대화가 아니다.

그러면 우리는 문제 상황에 처해 있는 사람들에게 성경적인 원리와 그것에 순종해야 하는 그들의 책임감에 대해 말해서는 안 된다는 것인가? 사람들의 고통을 함께 느끼고 그 고통의 원인이 되는 상처를 치유하고자 하는 것이 잘못인가? 감정이입과 권면, 이 두 가지 모두 필요한 것이 아닌가? 우리는 어떻게 해야 하나? 우리가 다른 사람의 영혼의 이야기를 들어줄 때 특별한 관심을 갖는다는 의미는 무엇인가?

친구에게 어떻게 반응할 것인가

한 친구가 몇 년 전에 강간 당했던 일을 지금 당신에게 고백한다고 가정하자. 지금 그녀는 난폭하고 무심한 남자와 결혼해서 살고 있다. 그녀의 남편은 그녀의 끔찍한 기억으로 인한 충격은 생각지도 않고 자기가 원할 때면 언제든지 부부관계를 갖기를 원한다. 그는 결코 그녀를 부드럽게 안아 주지도 않는다. 그는 자기의 욕구대로만 하고 아내가 원하는 것에 대해 조금도 배려해 주지 않는다. 아내에 대해서는 그저 무관심할 뿐이다.

그녀의 이야기를 듣는 당신은 그녀에 대한 연민과 그녀의 남편에 대한 증오로 분노할 것이다. 그녀의 상처가 무례한 남편 때문에 아물지 못하고 오히려 상처가 덧나는 상황이다.

그녀의 고통 가운데서 그녀의 책임을 운운할 수 없다. 남편에게 복종해야 한다는 말이 그녀의 상처에 소금을 뿌리는 셈이 되기 때문이다. 당신은 그녀의 고통을 깊이 동감하고 있다. 그녀를 위해 아파하며 눈물을 흘린다. 그래서 그녀와 함께 있어 주고 돌보아 주고 격려해 주는 친구가 되고 싶다. 그녀의 인생이 가치 있게 바뀌고, 그녀가 아름다운 여인으로 회복되기를 원한다. 그런 마음은 그리스도 마음을 반영한 것이다. 그러면 어떻게 해야 하는가?

앞에서 말한 세 가지의 교훈을 기억하라. 먼저 내면을 생각하라. 그녀가 지금 직면하고 있는 가장 중요한 전투가 무엇인지를 자신에게 물어보라. 그녀는 그 어떤 고통으로부터도 자기의 영혼을 보호하려는 강박관념을 느끼고 있으며, 그 욕구를 타당한 것으로 본다. 그런 상황에서 그보다 더 중요한 것이 무엇이란 말인가? 그러나 그것은 자신의 인생을 형통하게 하기 위해서 무엇인가를 하려는 옛 생활의 길일뿐이다.

하나님께 전적으로 자신을 드리고, 다른 어떤 좋은 것보다 하나님과의 친밀함을 귀히 여기고, 하나님의 뜻에 자신을 맡기며, 그리스도를 닮아가는 과정에 자신을 복종시키고, 거룩한 열정과 영적인 지혜로 남편을 대할 수 있도록 성령께 의지하는 것을 생각해 보라. 완전한 소망이신 하나님께 더 가까이 가는 것이 성령의 새로운 길이다. 당신이 새로운 길을 보게 된다면 옛 생활의 묵은 것과 새로운 것 사이에 있는 치열한 전투를 보게 될 것이다. 거기서부터 생각을 시작하라.

그 다음에는 비전을 생각하라. 만일 그리스도의 형상이 그녀 안에 충만히 이루어진다면 어떻게 달라질 수 있을까? 그녀가 하나님께 가까이 나아가며 다른 어떤 것보다 하나님을 더 귀하게 여길 때, 성령께서 그녀의 영혼에서 드러내고 싶은 것은 무엇일까? 그녀가 사나운 남편을 대할 때에라도 성삼위 하나님과의 교제를 실제로 즐길 수는 없을까? 그녀가 아직은 영적으로 보지 못하고 있지만 고통 가운데서도 계획을 가지고 계신 성령의 놀라운 일은 무엇인가?

그 다음에는 열정을 생각하라. 어쩌면 그녀가 겪는 고통은 당신이 결혼 생활에서 경험했던 고통과 비슷할 수도 있다. 그리고 그녀의 고통을 덜어 주는 것을 당신의 최우선순위에 두지 않고 있으며, 문제 해결이 쉬운 옛 방식으로 그녀의 문제를 해석하고 있음을 깨닫게 될 것이다. 그런 깨달음은 당신을 괴롭힐 것이다. 그것은 하나님을 사랑하는 마음보다 자신의 그릇된 마음을 나타내기 때문이다. 그래서 깨어짐과 회개로 하나님께 항복하고, 그리스도의 에너지가 당신 안에 채워지기를 바랄 것이다. 그러면 성령을 따라서 그녀의 영혼을 위한 전투로 들어가기를 원하게 된다. 그리스도의 형상이 그녀의 영혼에서 온전해지는 것을 보기 원하게 된다. 이제는 그 이상 더 중요한 것이 없게 된다.

진정한 전투를 깨닫기 시작하고, 성령의 역사를 위한 비전을 바라보면서, 하나님을 향한 갈급함을 일깨우고자 하는 타오르는 열정을 가진 당신은 이제 말할 수 있다. 당신에게는 해야 할 말이 있는데 도대체 그것이 무엇인가? 감정적인 도움인가? 성경의 방식대로 생각하고 행동하라는 조언인가? 아니면 더 깊은 문제의 원인을 찾을 것인가? 무엇을 위하여? 어쩌면 하나님에 대해 더 잘 아는 목사에게 전화하거나, 문제의 원인을 찾을 수 있는 상담자에게 연결시켜 주는 것이 좋지 않을까?

준비가 필요하다

당신의 친구가 성령의 새로운 길을 살도록 조언하기 전에 네 가지의 사실을 고려해야 한다.

첫째, 만일 친구의 고통 때문에 함께 울 수 없다면 영혼의 대화를 할 수 없다. 그의 고통을 간과하거나, 어떤 방법으로든지 최소화시키려다 보면 관계가 깨어질 수도 있다. 당신이 예수님처럼 그의 고통을 통분히 여기지 않는다면 당신의 영혼에서 그의 영혼으로 연결되는 다리는 무너질 것이다.

둘째, 만일 그의 고통을 듣고 해결하는 것만을 목표로 그 이상의 큰 비전을 그리지 않는다면, 그것은 자아의 대화일 뿐이다. 당신이 말하는 것은 친구의 영혼에 숨어 있는 하나님을 향한 열망을 깨우지도 못하고, 하나님의 존재를 즐거운 보배로 인식시키지도 못한다.

셋째, 만일 그의 고통으로부터 그의 책임으로 초점을 옮긴다면, 친구를 잃어버릴 위험을 감수해야 할 것이다. 그에게 책임을 돌린다면 전통적이고 종교적인 자아의 대화를 하는 것이 되며, 그것은 율법의 언어를 순종의 언어로 꾸미는 것이다. 무거운 율법의 종교적인 지도자였던 바리새인들처럼 되는 셈이다. 그들은 주님으로부터 심하게 책망을 받았던 사람들이다. 그것은 자아의 대화의 다른 형태일 뿐이다.

넷째, 만일 남을 위한 호기심을 갖고 그의 이야기를 들으며, 하나님 아버지를 신뢰하도록 초청하는 천국의 음악에 귀를 기울인다면, 무엇을 말해야 할지 알 수 있을 것이다. 성령께 귀를 기울이면 혀는 말할 준비가 된 것이다. 그리고 지옥의 속임수를 드러내고 천국의 음악을 분별하게 하는 성령의 음악을 감지하게 된다. 그러면 영혼의 대화를 할 수 있다.

야고보는 네 번째의 사실을 이렇게 말하고 있다. "사람마다 듣기는 속히 하고 말하기는 더디 하며 성내기도 더디 하라 사람의 성내는 것이 하나님의 의를 이루지 못함이니라"(약 1:19, 20, 개역). "듣기는 속히 하라."는 말씀은 우리가 먼저 들어야 한다는 의미이다. 무엇을 듣는다는 말인가?

우리는 야고보의 의도를 심각하게 오해하고 있다. 현대의 그리스도인들은 야고보의 말씀이 우리가 사람들의 이야기를 잘 듣는 자가 되어서, 말을 너무 많이 하지 말고, 급하게 말하지 말며, 상대방의 감정을 들어주어야 한다는 뜻으로 해석한다.

그러나 두 가지의 관찰을 통해 야고보의 말씀이 상대방의 감정과는 전혀 다른, 남을 위한 호기심을 가지고 들으라는 것임을 알 수 있다. 감정이 입은 다른 사람의 느낌을 들어주고 그의 감정과 태도에 동일시하거나 그의 감정과 생각을 알아주는 것을 의미한다.

"당신이 상관에 대해 말할 때 화가 난 것처럼 들리네요."

"나는 그것에 대해 인식하지 못했는데 당신이 말하니까 그런 감정을 느낄 수 있어요."

단순한 예이기는 하지만 이것이 감정이입이다.

그러나 남을 위한 호기심은 다르다. 그것은 한 사람의 영혼에서 일어나고 있는 영원한 드라마에 대한 깊은 관심과 경이로운 호기심이다. 야고보가 우리에게 들으라고 한 말씀은 감정이입이 아니라 남을 위한 호기심을 가지라는 것이다.

"부(富)는 풀의 꽃과 같이 지나갈 것입니다. 모든 사람들이 잠깐 부러워할 수는 있지만, 곧 사라질 것입니다.
시험을 참는 자에게는 복이 있습니다. 주께서 자신을 사랑하는 사람들에게 생명에 생명을 더하실 것입니다.
사람이 시험을 당할 때 하나님께서 나에게 시험을 주고 계신다 하지 마십시오. 각 사람이 시험을 받는 것은 오직 자기의 정욕과 욕심으로부터 오는 것입니다.
내 사랑하는 형제들이여, 속지 마십시오. 각각의 모든 좋은 은사와 온전한 선물은 다 위로부터 내려오는 것이니 그 선물은 빛의 아버지로부터 흘러내려 오는 빛의 강입니다.
각 처소에 이 진리를 알리십시오. 사랑하는 형제들이여. 듣기는 속히 하고 말하기는 더디 하십시오"(약 1:10~19).

나는 이 본문을 쓴 저자의 뜻을 다음과 같이 이해할 수 있었다. 인생이란 한동안 잘 풀리고 평탄하다가도 어느 순간 문제가 생긴다. 그러면 당신은 그 문제를 해결하고 이전의 좋은 시절로 되돌아가기 위해 할 수 있는 일은 무엇이든지 하려고 할 것이다. 그 과정에서 당신은 하나님께로 가는 것을 멈출지도 모른다. 그것은 세상적인 육신의 소욕이며, 사탄으로 인하여 어두움의 세력으로부터 오는 것임을 인식해야 한다. 반면 천국에서 울려나오는 음악에 관심을 기울이라. 그러면 당신의 영혼에 강같이 흐르는 하나님의 생명의 빛을 보게 될 것이다. 지옥의 시끄러운 소리와 천국의 음악을 비교해 보라. 귀를 기울이고 질문을 해 보라. 또한 호기심을 가지라. 다른 사람의 이야기 속에서 들을 수 있는 천국의 음악과 지옥의 소리를 분별하고 그 차이를 느낄 수 있을 때 말하라. 그러나 화내며 말하지는 말라.

강간을 당했던 여자가 자기의 이야기를 할 때 거짓된 욕구가 그녀의 내면을 압박하고 있다. "고통을 없애야 해. 그러기 위해서는 무엇이든지 해도 좋아. 형통한 인생이 주어질 수 있도록 말이야. 너 자신이 아름답고 사랑받는 여자라고 느끼고 싶지? 네가 할 수 있는 한 네 욕구를 채워 봐. 예수님을 통해서라도 좋아. 그러나 그것이 효과가 없으면 또 다른 방법이 있어."

영적인 음성도 그녀를 다른 길로 인도하기 위해 소리치고 있다. "하나님께서 아신다. 네 자신을 포기하고 그분께 드려라. 네가 그를 얼마나 알고 싶어 하는지 깨달아야 한다. 아버지께서 너를 그분의 잔치에 초청하셨어. 예수님은 네가 그분을 더 닮아가도록 모든 것을 사용하실 수 있다. 성령께서는 너를 그리스도와 닮도록 인도하시고 아버지의 집으로 가도록 도우실 것이다."

친구가 자기의 이야기를 할 때, 고통을 없애기 위해 인간적인 자기 방법대로 해 보려는 욕망은 바로 지옥의 날카로운 소리임을 깨달아야 한다. 동시에 하나님과 친밀해지는 가장 좋은 소망을 추구하도록 부르시는 분명한 천국의 음악도 들어야 한다. 그것이 바로 남을 위한 호기심을 갖고 듣는다는 뜻이다.

예수님의 호기심

듣기에 속히 하라는 야고보의 교훈을 읽으면서 이에 대해 예수님께서 보여 주신 예가 있는지 궁금했다. 복음서를 읽으면서 예수님이 다른 사람과 말씀하실 때 어떻게 하셨는지 알고 싶었다. 그래서 주님의 대화를 살펴보았다. 만일 야고보가 말씀한 것이 감정이입에 대한 것이라면 예수님은 좋은 모델일 수 없다. 그는 한 번도 "네 느낌을 말해 보거라." 혹은 "네가 지금 매우 염려하는 것처럼 들리는구나."라고 말씀하신 적이 없다.

예수님이 잡히시기 전에 그는 제자들이 그를 버릴 것이라고 말씀하셨다. "베드로는 무심코 말했다. 어려운 상황이 닥칠 때 다 주를 버릴지라도 나는 주를 부인하지 않겠나이다. 예수께서 가라사대, '확신하지 말라. 오늘 밤 닭이 두 번 울기 전에 네가 나를 세 번 부인하리라.'"

예수님이 그에게 이렇게 말씀하셨다면 어떨까. "베드로야, 너의 열정은 대단하구나. 그러나 그것이 얼마나 깊은 열정인지 깊이 생각해 보렴." 이것이 최소한의 감정이입이었을 것이다(막 14:27~30, 참조).

두 번째 예도 베드로에 대한 것이다. 예수님께서 바리새인들을 책망하시면서 율법을 지키는 것으로는 거룩해질 수 없으며 악한 것은 마음에서부터 나오는 것이라는 말씀을 하실 때, 베드로는 예수님께서 하신 말씀의 뜻을 이해하지 못하고 혼란에 빠졌다.

"베드로가 가로되 '저는 모르겠습니다. 설명해 주옵소서.' 예수님께서 대답하시기를 '너희도 아직까지 깨달음이 없느냐?'"(마 15:1~16, 특별히 12~16).

만일 예수님께서 나에게 베드로의 말에 대답해 보라고 한다면 이렇게 말할 것이다. "베드로야, 너는 내 뜻을 알기를 갈망하는구나. 네가 내 가르침을 이해하려는 열망이 기특하다. 네가 들은 것을 나에게 이야기해 보렴." 이런 말은 좀 더 부드럽게 감정을 이해해 주는 것이다.

그러나 예수님께서는 베드로의 생각을 세상과 육체의 소욕에서 돌이켜 주셨다. 그리고 마귀의 소리에 휩쓸리지 말고 아버지의 음악에 따라 춤을 추라고 말씀하셨다.

한 가지 예를 더 든다면, 나사로가 죽었을 때 마리아는 예수님께서 더 빨리 오지 않으셨음을 원망했다. "주께서 여기 계셨더면 내 오라비가 죽지 아니 하였겠나이다"(요 11:32, 개역).

연정이 많은 사람은 어떤 대답을 했을까? "네가 많이 슬퍼하고 있구나. 네가 나에게 실망했겠구나. 너의 감정을 말해 보렴."이라고 했을 것이다.

그러나 예수님께서는 감정이입의 방식을 거절하셨다. "예수께서 그의 우는 것을 보시고 심령에 통분히 여기시고 민망히 여기사 가라사대 그를 어디 두었느냐"(33, 34절, 개역). 그때에 예수님은 무덤에 가서서 무덤에서 그를 불러내셨다.

예수님의 대화에서 이것을 끊임없이 볼 수 있다. 그의 초점은 천국과 지옥으로부터 오는 움직임을 분별하는 데 있었다. 사람들이 말할 때마다 예수님께서는 그 순간 어느 나라가 승리하는지를 보기 원하셨다. 사람들의 말과 행동에서 나타나는 사탄의 영향력에 대항하여 말씀하셨으며, 그들을 하나님의 나라에 의탁하도록 부르시는 하나님의 결정을 말씀하셨다. 또한 천국이 가까이 왔으며 그들이 천국의 백성으로 살 수 있음을 깨우쳐 주시기 위해 말씀하셨다.

두 명의 소경이 "다윗의 자손 예수여! 우리를 불쌍히 여기소서!"라고 했을 때 예수님께서는 계속 걸어가셨다. 그는 멈추어 서서 "소경으로 살아왔던 지나간 세월이 어떠했느냐?"고 묻지 않으셨다. 그 대신 그들이 "불쌍히 여기소서."라고 외치며 그를 계속 따라오는 그들에게 예수님께서는 "내가 이 일을 할 수 있을 거라 생각하느냐?"라고 물으셨다. 그들이 그렇다고 대답하자 그는 이렇게 답하셨다. "네가 믿는 대로 되어라." 그가 그들의 눈을 만지시자 그들의 눈은 떠졌다(마 9:27~29 참조).

이 소경들은 자신들이 가진 영혼의 눈으로 천국의 빛을 보았다. 그들의 믿음이 흔들릴 때, 예수님께서는 그들에게 천국을 보여 주셨다. 하지만 치유의 역사를 베푸실 때조차도 감정이입의 대화는 하지 않으셨다. 기적을 통해 천국이 도래함을 보여 주셨을 뿐이다.

예수님께서는 귀를 기울여 들어주셨다(야고보 말씀대로). 하나님을 향한 움직임을 보았을 때에는 생명의 말씀으로, 육신의 생각을 아셨을 때에는 대항하는 분명한 어조로 말씀하셨다. 예수님은 남을 위한 호기심의 완벽한 모델이시다.

만일 우리가 다른 사람의 이야기를 들으면서 영혼의 대화로 말하고자 한다면, 만일 우리가 감정이입과 책임감을 넘어서 남을 위한 호기심을 갖고 다른 사람의 인생에 참여하고자 한다면, 우리는 사랑하는 사람들과 함께 이야기하면서 예수님을 닮는 것이 어떤 것인지를 알아야 할 필요가 있이다. 이것은 우리에게 큰 도전을 준다.

12
사소한 이야기의 연장

기회는 항상 열려 있다

우리는 서로를 잘 알지 못한다. 그래서 많은 이야기를 나누지도 않는다. 수많은 우리의 비밀들은 단지 우리 것일 뿐 공유되지 못한다. 때문에 어떤 갈등도 없다.

대부분의 대화가 그럴 수밖에 없다. 왜냐하면 친밀함에 대한 집착으로 인해 모든 만남을 영혼 대 영혼이 하는 대화라고 여기고 그렇게 바꾸려는 노력은 오히려 공동체를 깨뜨릴 수 있기 때문이다. 전혀 영혼의 대화라고 볼 수 없는 대화를 생각 없이 즐기는 많은 관계에서 말이다.

그러나 모든 대화는 영혼의 대화와 연결될 수 있고 또 연결이 되어 있어야 한다. 이것은 중요하다. 사랑의 힘은 모든 관계에 스며들어야 한다. 그렇다고 모든 대화의 목표를 영혼의 내면에 이르는 것으로 할 수는 없다.

전에 한 번 만난 적이 있는 한 여성이 바로 코앞에 얼굴을 들이대고는 "당신 부부는 정말 잘 지내고 있습니까?"라고 물었다. 그래서 나와 내 아내는 지난 두 주 동안 부부수양회에서 말씀을 전했다고 대답했다. 그런데 그녀는 "멋지군요!"라고 말하기 힘든 것처럼 보였다.

다른 사람의 인생에 관심을 갖는 것은 좋은 일이다. "어떻게 지내십니까?" "아들이 언제 학교에서 집으로 돌아옵니까?" "그는 어떻게 지냅니까?" "하와이에는 처음 가십니까?" "무슨 생각을 하고 있습니까?"

대화에서 흔히 표현되는 감정이입적인 반응은 "어머나, 놀랍네요!" 혹은 "참 안 됐네요."라는 대답이다. 나쁘지 않은 표현이다.

또한 대화를 재미있는 것에 초점을 맞추어도 괜찮다. 모든 파티를 기도로 시작하지 않아도 된다. 좋은 시간을 주심에 대해 하나님께 감사하면서 다과를 나누며 담소하며 즐거워할 수 있다.

다른 사람의 내면에 대한 남을 위한 호기심을 동반하는 대화만이 좋은 대화인 것은 아니다. 성경 공부, 독서 클럽, 저녁 만찬, 위원회 등이 각각 타당한 목적을 가지고 이루어진다. 그 모임의 목적에 적합한 대화를 해야 한다.

성경 공부는 갈라디아서를 공부하는 것이지 서로의 인생을 나누는 것이 그 목적은 아니다. 독서 클럽에서는 최근에 나온 책에 대해서 토론하는 것이고, 멋진 저녁식사에서는 음식들을 즐기며 어떻게 지내었는지를 나누면 된다. 위원회는 거기에 모인 사람들이 영적으로 어떠한지를 의논하려고 모인 것이 아니다. 자연스럽게 해야 할 대화를 하면 된다.

그러나 만일 당신이 영혼의 대화를 결코 해 본 적이 없고, 마음의 비밀을 전혀 나누어 본 적도 없고, 인생의 갈등에 대해서도 전혀 말해 본 적이 없다면, 당신은 비극적인 인생을 살고 있는 것이다. 인생에서 불필요한 외로움의 고통을 스스로 감내하고 있다.

그런데 여기에서 주의할 것이 있다. 다른 사람에게 당신의 영혼의 이야기를 하고, 비밀을 나누고, 갈등을 알리는 것이 목적이 되어서는 안 된다. 오히려 다른 사람이 자신의 이야기를 하고, 비밀을 나누고, 갈등을 말하도록 돕는 것이 우리의 목적이다. 그것은 기쁨으로 향하는 넓은 길이다.

그것이 바로 우리가 행하도록 부름받은 일이다. 그러나 모든 소명에는 치러야 할 값이 있다. 잘 들어주는 사람은 외롭다. 우리가 다른 사람의 이야기를 들어주는 만큼 남이 우리의 이야기를 들어주었으면 하는 바람이 있을 수 있다. 당신이 영혼의 대화를 배우면서 느낄 수 있는 것에 대해 두 가지의 생각을 제시하고 싶다.

첫째, 당신이 다른 사람의 영혼을 위한 전투에 들어갈 때 경험하는 외로움은 때로는 견디기 힘들 수도 있다. 당신은 상처를 입을 것이고, 원망이 생길 것이고, 우쭐한 감정이 들 수도 있다. 다른 사람과 영혼의 대화를 할 때 생기는 갈등을 하나님께 쏟아 놓으라. 밤새 하나님과 씨름하는 야곱이 되라. 자신을 위해 살고 싶고, 다른 사람을 위해 고통받는 것을 포기하며, 그로 인한 절망을 느끼면서 하나님이 어디에 계신지 궁금해 할 수도 있다. 그만두고 싶고, 다른 것에서 안도감을 찾고 싶은 강한 욕구를 경험할지도 모른다. 그럴 때 선택해야 한다. 당신이 미끄러질 때 좋은 길로 인도하시는 하나님을 향한 갈망을 버릴 것인가, 아니면 더욱 찾을 것인가?

둘째, 다른 사람을 위하여 함께 있어 줄 때 당신이 종종 방어적이 될 수 있음을 인정하라. 모든 사람이 그렇듯이 당신도 남에게 노출되는 것이 두려울 것이다. 하지만 받는 것보다 주는 것이 더 복되다. 그러므로 안전하고 싶은 욕구를 버리고 당신에 대해 다른 사람이 알도록 자신을 드러낼 수 있어야 한다. 당신의 비밀을 친구와 나누는 위험을 감수하라. 소그룹에서 당신의 이야기를 하고 갈등을 알리는 위험을 감안해야 한다. 때로는 제삼자에게 당신의 말이 전달되는 경우도 있을 것이다. 그러나 떠나지 말라. 영혼의 공동체를 포기하는 것은 생명을 포기하는 것과 같다. 절대 먹어서는 안 된다는 것을 알기 위해 독이 든 음식을 먹을 필요는 없다.

영혼의 대화를 위한 기회를 포착하라

건강한 세상의 우리가 하는 모든 대화가 영혼의 대화일 수는 없지만, 누구든지 기회가 생긴다면 영혼의 대화에 참여하고 싶을 것이다.

영혼의 대화를 위한 기회를 붙잡는 것보다 그 기회를 인식하는 것이 더 중요하다. 점심식사에서, 골프장에서, 소그룹에서, 어떤 사람이 당신에게 자기 인생의 문을 조금 열어 보인다고 하자.

"요사이 정말 피곤하군요."

"가정이 편안하지가 않아요. 그러나 그 문제를 해결해 보려고 합니다."

"샐리가 나를 화나게 했어요. 그런데도 모든 사람이 그녀의 편이에요."

이럴 때 어떻게 하겠는가? 좀 더 질문을 해 보겠는가? 가엽게 여기고 넘어갈 것인가? 당신 자신의 이야기를 하겠는가?

생명력이 있는데도 불구하고 무시되고 있는 원리를 두 부분으로 나누어 보려 한다. 여러 번 반복해서 읽기 바란다.

만약, 당신이 모든 대화에서 의식적으로 내면을 생각하지 않고, 비전을 생각하지 않고, 열정을 생각하지 않는다면, 영혼의 대화를 위한 기회가 언제인지 알 수 없을 것이다. 그래서 결국에는 성령의 소욕을 소멸하고 그의 촉구하심을 깨닫지 못하게 될 것이다.

만약, 당신이 모든 대화에서 보편적인 마음으로 이미 내면을 생각하고, 비전을 생각하고, 열정을 생각하고 있다면, 천국의 음악을 들으며 성령의 움직임을 알 것이다. 열린 문을 통하여 다른 사람의 인생으로 들어가고자 하는 성령의 충동을 느끼며 춤을 추기 시작할 것이다. 그러면 인간적인 노력이나 전략 없이 남을 위한 호기심만으로도 영혼의 이야기와 비밀, 갈등을 이끌어 낼 수 있다. 그러면서 영혼의 이야기를 생각하게 될 것이다.

좀 더 자세히 설명해 보겠다.

가까운 친구들과 저녁 시간을 보낸다고 가정해 보자. 당신은 영적 순례라는 목적 아래 이 친구들과 규칙적으로 만나고 있다.

그와 같은 모임에서 대부분의 그리스도인들은 내면을 생각하기보다는 자연적으로 감정을 생각한다. 더구나 비전을 생각하기보다는 해결책을 생각한다. 그리고 열정을 생각하기보다는 도움을 생각한다. 우리는 잘살기 위해 바르게 변하려고 하는 공동체이다. 그러므로 귀로 듣기보다는 말로 이끌어 보려고 한다. 영혼의 이야기를 생각하기 위해 귀를 기울이지 않는다. 우리는 눈에 보이는 것을 고치는 데 너무 바빠서 다른 사람에게 끼치는 영향과 우리의 태도를 오염시키는 추함을 깨닫지 못한다.

최근에 이혼한 여인이 작은 모임에서 "나는 정말 외로워요."라고 말했다. 서로 도움을 주려는 반응의 화음이 귀를 멀게 할 정도였다. "지금 우리 교회에 어린이 사역자가 필요해요. 거기서 친구들을 사귈 수도 있을 거예요." "오 샌디, 하나님께서 지금 당신을 얼마나 기뻐하시고 계신지 들어보아야 해요. 스바냐 3장 17절에 보면, 하나님께서 당신을 즐거이 부르시며 기뻐하신다고 하셨어요." "자신에게 너무 매달려 있는 것 같네요. 심하게 말하고 싶지는 않지만 당신은 자기연민에 빠진지도 모르겠어요."

그 누구도 샌디의 이야기를 통해서 그녀의 영혼에 들어가려 하지 않았다. 아무도 "그것에 대하여 당신의 이야기를 더 듣고 싶군요. 이야기해 주시겠어요?"라는 간단한 질문조차도 하지 않았다. 그녀의 영혼의 이야기를 생각하는 사람은 아무도 없었다.

그들은 감정이입, 해결, 돕고 싶은 마음에 너무 몰두되어 있었다. 그날 저녁에 샌디는 그 모임에 왔을 때보다 더 외롭고 조금은 화나는 기분으로 그 모임을 나섰다. 그러나 다른 사람들은 자기들이 해 준 조언에 대해 만족하며 떠났다.

만일 그 모임의 일원들이 내면을 생각했다고 상상해 보자. 조원들이 마음속에서 일어나고 있는 핵심 전투의 범주에서 샌디의 이야기를 들었다면 무슨 일이 있었을 것인지 상상해 보라.

"샌디가 그렇게 외롭다고요. 흠, 나는 행복한 결혼생활을 하고 있기 때문에 그녀와 같은 외로움은 느끼지 않아요. 그러나 우리 속에는 누구나 전투가 벌어지고 있답니다. 샌디와 나의 내면을 충분히 생각해 본다면, 우리가 싸우고 있는 전투를 볼 수 있을 것입니다. 우리 모두는 인생을 만족하려고 애쓰고 있지요. 기분 좋은 삶에 너무 집착하는 우리는 그런 삶을 위해서라면 무엇이든지 하려고 합니다. 우리는 정말 자신에게 사로잡혀 있어서 하나님과 함께하기보다는 우리가 행복해지고, 우리 인생이 평탄하기 위해 하나님을 사용하고 있잖아요. 우리가 궁극적으로 온전해지기 위해서는 하나님을 신뢰해야 하는데도 말이지요. 그래서 나는 샌디의 외로운 감정 아래에서 일어나고 있는 전투가 어떤 것인지 알고 싶어요."

모임의 일원들이 모두 비전을 생각했다고 가정해 보자. 그들은 이런 생각들이 했을 것이다. "샌디 속에 있는 그리스도의 영이 그녀를 어느 곳으로 인도하실지 궁금하군. 성령께서는 그녀가 자기연민에 빠져 있는지, 아니면 무슨 문제가 있는지 그녀의 현재 상황을 잘 아실 거야. 그녀의 연약함에도 불구하고 그녀를 사랑하시면서 이끌어 주시지. 그녀를 어느 방향으로 인도하실까? 너무 수줍음이 많은 샌디는 말도 거의 없고 자신감도 없다 말이야. 만일 그녀가 그리스도께 몰두한다면, 조용하면서도 거룩한 확신을 가지고, 그리스도로 인하여 온전해진 인격의 중심으로부터 나오는 말을 자유롭게 할 수 있지 않을까? 또한 이혼녀로서 외로움을 느낄 때조차 앞으로 더 성숙해질 그녀의 모습을 꿈꿀 수도 있을 거야."

또 다르게 모임의 일원들이 모두 열정을 생각한다고 가정해 보자. "내가 가야 할 길이 참 멀겠군. 샌디에게 짜증이 나니까 말이지. 나는 그녀를 정말 판단하고 있나 봐. 그래, 그녀는 혼자야. 그러나 부유하잖아. 최근에 그녀가 산 차를 보니까 경제적으로 여유가 있는 것이 틀림없어. 오히려 그녀의 전 남편은 직장을 잃어서 처량한데 그녀의 상황이 더 낫잖아. 맙소사! 이런 생각을 하는 한 성령 안에서 나오는 말을 할 수 없겠어. 오, 하나님, 저를 용서해 주세요. 저는 샌디를 질투하지 않고 사랑하고 싶어요."

이해되는가? 내면을 생각하고, 비전을 생각하고, 열정을 생각하면, 남을 위한 호기심이 겸손하고 뉘우치는 당신의 심령 속에서 나올 것이다. 그러면 영혼의 이야기를 생각하게 되어 자연스럽게 영혼의 대화를 위한 기회를 포착하게 될 것이다.

영혼의 대화 실천

아내와 내가 규칙적으로 만나는 그룹에서 있었던 이야기를 나누고 싶다.

우리는 오후 5시에 만나서 7시 30분에 저녁식사를 하기로 하였다. 처음 2시간 반 동안에는 서로 담소를 나누며 하나님의 임재를 향한 순례의 이야기를 함께 나누는 시간이었다.

그날 나는 기분이 별로 좋지 않았다. 그 전날 머리가 너무 아파서 2시간밖에 자지 못했고, 이 책을 쓰는 일에도 별 진전을 보지 못하고 있었다. 나는 기분이 좋지 않을 때는 냉소적이 되기도 하고 더 진지해지기도 한다.

그날 저녁에는 빌이 우리에게 그들 부부가 읽었던 책을 한 권씩 주면서 모임을 시작하였다. "이 책은 지난 몇 달 동안 읽었던 책 중에 가장 좋았던 책이랍니다. 우리 모두 읽고서 소감을 나누었으면 합니다."

대화의 주제가 자연스럽게 끝날 때쯤은 보통 내가 인도하곤 했다. 빌은 내게 따스한 미소를 보내며 "이제 어떤 주제를 나눌까요?"라고 물었다.

우리는 보통 성경 본문을 읽고, 성령의 음성에 귀를 기울이기 위해 거룩한 독서의 시간(lectio divina)을 갖고, 대화를 시작한다. 그런 다음에 한 사람이 자신의 영적 순례의 경험을 나눈다. 나는 어젯밤에 책을 묵상하지 않고 바로 내 자신을 돌아보는 시간을 가졌다.

"사실 어제 두통이 매우 심했습니다. 아직도 아프지만 어제보다는 좀 나아요. 두통을 겪을 때는 정신이 멍하답니다. 지금도 몸을 위해서는 정확히 무엇을 위해 기도해야 할지 잘 모르겠군요. 의학적인 문제가 기도만으로 낫는 경우는 드무니까요.

암에 대해서 기도해 주셔서 감사합니다. 지금은 건강해졌답니다. 만일 암이 재발한다 하더라도 여러분들이 기도해 주실 거라고 믿습니다. 여러분이 기도해 주신 것과 함께 좋은 의사를 만났기 때문에 건강해졌다고 생각합니다. 만약 의사의 수술 없이 기도만 했다면 나는 죽었을지도 모르지요. 물론 특별한 기적으로 암이 낫는 경우도 있지만요. 그런데 웬일인지 오늘밤에는 이상한 기분이 들면서 궁금한 것이 많아서 머리가 복잡하군요. 게다가 기분도 좋지 않고요."

말을 잠시 멈추었다. "이것을 다 말해야 할지 모르겠지만, 우리는 함께 믿음의 길을 가기로 헌신한 모임이니까 내 마음을 솔직하게 나누렵니다."

다시 멈추었다. "당신들이 내 감정의 변화에 피곤해 하고, 혹은 편안해지기 위해 약을 복용하는 게 어떻겠냐고 말할까 봐 조금은 두려웠습니다."

그때 감정이 갑자기 차분해지면서 편안해졌다. 누군가가 나를 도와주려고 인내하며 노력하고, 감정이입적인 격려를 하거나, 균형을 잡으라고 충고했다면 나는 마음의 빗장을 걸어 잠갔을 것이다.

빌은 관심을 가지고 나를 바라보았고, 리사는 심사숙고하고 있었다. 레이첼의 부드러운 마음은 나에게까지 전달되었고, 스콧은 손으로 얼굴을 감싸고 생각에 잠겨 있었다. 마거릿은 커피를 한 모금 들이켰고, 제인은 잠잠히 있었다. 결국 리처드가 입을 열었다.

"나도 가끔 그런 두려움 때문에 이 모임에서 말하지 않는 경우가 있습니다. 우리가 아들 문제로 갈등할 때 여러분 모두는 내게 힘이 되었지요. 우리가 모일 때마다 아들에 관해 더 힘든 문제를 이야기할 수도 있었을 것입니다. 내 마음의 한편에서는 이미 여러분의 격려를 느끼고 있었기 때문에 더 말하는 것이 좋은 것인지 몰라서 말을 하고 싶지 않았습니다. 그러나 다른 한편으로는 우리가 아들을 건전하게 키우려고 노력하면서 나와 마거릿의 마음속에서 일어나고 있는 것을 발견하기 위해 더 말하고 싶기도 했답니다. 그러나 래리처럼 여러분들이 다시 그 문제에 대해서 듣는 것을 피곤해 할까 봐 두려웠지요."

잠시 후에 마거릿이 "진짜 안전한 그룹이 어떤 것인지 궁금해요."라고 말했다.

그 다음 삼십 분 동안은 우리의 인생에서 안전함을 느꼈던 사람과 그 이유에 대하여 함께 생각해 보았다. 그것은 영혼의 대화를 위한 준비로서 훌륭한 대화였다.

반면 한 시간 동안 제인은 아무 말도 하지 않고 있었다. 그 사실조차도 모르고 지나칠 뻔했는데 그녀가 말문을 열었다. "내가 몸무게를 줄이기 위해 어떤 갈등을 겪었는지 여러분들도 잘 알 겁니다. 내가 지난 육 개월 동안 14킬로그램을 줄였을 때 여러분들도 나와 함께 무척이나 흥분했었잖아요. 정말 감사해요. 다른 사람들이 질투를 느꼈을 정도니까요. 그런데 지난 달 나는 초콜릿을 먹었어요. 몇 킬로그램의 몸무게가 늘어서 정말 화가 나고 낙심되기도 했어요. 나 역시 그것을 말하기가 조금 두려웠나 봐요."

우리는 제인의 이야기를 들으며 조금 전에 내가 받은 진정한 관심을 그녀에게로 집중하였다.

"당신의 몸무게가 더 이상 줄지 않고 있다는 사실을 몰랐어요."

"당신이 속마음을 나눌 수 있을 만큼 안전함을 느낀 것이 기뻐요."

"정말 좌절이 되었겠군요."

모두 격려가 되는 좋은 말이었지만 제인의 전투로 들어가기 위한 대화는 없었다. 조원들은 다른 화제로 옮겼으나 어떤 대화를 할 것인지에 대한 방향 제시가 확실하지 않았다.

제인이 말을 했을 때 무엇인가 내 안에 걸리는 것이 있었다. 그래서 대화가 다른 화제로 옮겨졌는데도 나는 그녀에 대해 생각하고 있었다. 내 마음에서 그녀의 말을 떨쳐 버릴 수가 없었다.

내 자신에게 마음속으로 물어보았다. 그녀의 진정한 전투는 무엇일까? 그녀의 순례의 삶에서 진정으로 바뀔 수 있는 것은 무엇일까? 옛 생활의 길과 성령의 새로운 길에 대한 문제일까? 어쩌면 그녀에게 책임의식이 필요한 것일지도 모른다. 아니면 치유가 필요한 깊은 상처가 있단 말인가?

나는 계속 제인이 갈등하고 있는 것이 하나님을 향한 갈망을 일깨워 주는 것과 관계가 있는지 궁금했다. 몇 분 후 호기심과 혼란이 섞인 마음으로 말문을 열었다. "제인, 질문해도 될까요? 당신이 말한 것을 내 마음에서 떨쳐 버릴 수가 없군요. 당신이 몸무게에 대한 좌절감에 대해 더 말하기를 원하는지는 알 수 없지만, 나는 더 듣고 싶군요. 모두 나와 같을 것이라고 생각해요."

내면을 생각하는 것으로부터 나오는 남을 위한 호기심이 발동하였다.

더 자세히 듣고 싶다는 뜻이다. 어떤 설명이나, 찾아내려는 노력이나, 도움을 주려는 마음이 아니라, 단지 더 듣고 싶었던 것뿐이었다.

제인은 잠시 멈추고 약간 긴장된 미소를 띠더니 "그래요, 나도 더 자세히 말하고 싶어요. 떨리기는 하지만 말하고 싶어요."

약 이십 초간 조용하고 따뜻한 침묵이 있었다.

"스콧은 내가 얼마나 좌절하며 살아왔는지 알아요. 그는 훌륭했답니다. 오늘 아침 그가 말했던 것이 정말 나에 대해 생각하게 했어요. 그는 내가 갈등하고 있는 모든 것들에 대해 내가 정말 화가 난 것 같다고 했어요. 그 말이 내 마음에 새겨졌어요. 나는 다이어트를 하면서 먹고 운동하는 것을 통해 몸무게를 빼려는 목적을 이루고 싶었어요. 그런데 그렇게 하지 못했던 거예요."

당신이 그곳에 있다고 생각해 보라. 감정이입을 하거나 해결해 주거나 돕고 싶지 않은가?

- "제인이 정말 낙심되었나 봐. 그녀를 그냥 꼭 안아 주고 싶어."
- "만일 그 문제가 쉽게 사라질 것이라고 생각한다면 상당히 비현실적인 사람이야. 그녀는 현실을 파악하고 그것을 받아들이는 것을 배워야 할 필요가 있어."
- "마음속에 선을 행하기에 낙심하지 말라는 말씀이 떠오르는군."
- "그 문제가 그녀에게는 너무 힘들 거야. 그녀가 부모로부터 받았던 상처 때문에 자신을 정말로 미워하고 있는지도 모르겠어. 그녀가 그 상처들을 직시하고 치유의 기도를 받았으면 좋겠어."

그러나 우리는 이런 말을 하지 않았다. 마거릿이 내면을 생각하고는 "우리 모두의 내면에서 일어나고 있는 것이 제인의 내면에서도 일어나고 있어요. 그녀의 진정한 전투가 무엇인지 궁금해요."라고 말했다.

제인의 남편인 스콧이 위를 쳐다보았다. 그도 역시 내면을 생각하고 있었다. "나는 『메시지』의 로마서 8장 말씀을 읽고 싶군요. 오늘 아침에 읽었던 말씀인데, 제인과 내가 바울이 말한 바로 그 전투에 참여했다는 사실에 놀랐답니다."

우리 모두는 스콧이 로마서를 읽고 있는 동안 귀를 기울였다. 아무도 말은 하지 않았지만, 성령께서 우리 가운데서 역사하시기 시작하셨음을 느낄 수 있었다. "율법은 깊이 치유하는 대신 죄에 반창고를 붙일 뿐이다. 율법이 요구하는 것을 우리는 이룰 수 없기에 우리는 노력하는 대신에 성령께서 우리 안에서 행하시고 있는 것을 단순히 붙잡을 때 율법이 성취되는 것이다."

스콧의 감정에 어떤 변화가 있었는지 읽는 것을 멈추었다. 그러다가 계속 읽었다. "율법을 자기 힘으로 행할 수 있다고 생각하는 사람들은 자기의 도덕적 근육을 과시하는 데 몰두하지만, 실제 생활에서는 결코 이루지 못한다. 그러나 그들 안에서 하나님께서 이미 율법을 성취하신 것을 알고 의지하는 사람들은 하나님의 영이 그들 생활에 살아 계시고 숨쉬고 계심을 발견할 것이다."

제인은 로마서 8장을 읽고 있는 남편을 응시하고 있었다. 그 순간 그녀는 조용히 "오!"라고 외쳤다. 스콧은 계속 읽었다. "자신에게만 몰두하는 사람은 사망으로 끝나지만 하나님께 초점을 맞추는 사람은 넓고 자유로운 생명으로 나아간다. 자신에게 초점을 맞추는 것은 하나님께 초점을 맞추는 것에 대항한다. 자신에게만 몰두되어 있는 사람은 하나님을 무시하고, 결국에는 하나님보다 자신에 대해 더 생각하게 된다. 그런 사람은 하나님이 어떤 분이신지 모르며, 그가 행하시는 것을 무시한다."

방안은 조용했다. 우리는 하나님의 말씀을 듣고자 귀를 기울였다. 우리는 침묵했다.

제인이 입을 열었다. "그 말씀이 나에 대해 묘사하고 있어요. 나의 다이어트는 딸이 결혼 날짜를 결정한 후에 흔들리기 시작했어요. 왜냐하면 내가 신부의 엄마로서 식장의 중간 통로를 걸어갈 때 남들에게 어떻게 보일 것인지에 대해 걱정하기 시작했거든요. 내 딸은 석 달 안에 결혼할 거고, 내 마음은 날씬한 드레스를 입고 싶은 간절한 소원에 집중되었어요. 그때부터 스트레스를 받기 시작했지요. 하나님을 저 멀리에 홀로 계시게 하고, 저는 딸에 대해서 생각할 틈도 없을 정도로 제 자신에게 몰두되어 있었지요. 내가 멋지게 보이고 싶은 마음뿐이었으니까요."

우리들의 마음은 모두 제인에게로 향했다. 우리는 영혼의 대화를 할 준비가 되었던 것이다. 우리는 하나님을 향한 제인의 갈망을 일깨워 주기를 원했다.

그 후에 일어났던 일을 계속 말하기 전에 이 시점에서 일어났던 일을 생각해 보자.

우리 중 몇 사람이 우리의 갈등과 두려움을 나누었을 때 제인은 최근에 몸무게가 다시 느는 것 때문에 실망했던 것을 말할 만큼 안전함을 느꼈다. 그 이전에 조원들에게 내 안에 있는 추함과 불안정을 드러낸 것이 도움이 되었다. 리처드도 비슷한 갈등을 고백했다. 그럼에도 그 누구도 정죄받는 느낌을 받지 않았다. 한 사람의 연약함이 다른 사람에게 연약함을 드러낼 수 있는 안전한 분위기를 만들어 준 것이다.

나는 속히 제인의 전투에 들어가고 싶었다. 리처드나 나는 사람들의 시선이 우리에게 옮겨지기를 원하지 않았다. 제인이 자신의 이야기를 나누었을 때 우리는 그녀의 영혼에 초청을 받은 느낌을 받았다. 영혼의 대화를 할 수 있는 기회를 감지할 수 있었다. 내면을 생각함으로써 우리는 그녀의 순례의 실제 아래에서 일어나고 있는 전투로 들어간 것이다. 나는 우리 모두가 그 전투를 볼 수 있도록 문을 열어 주었던 셈이다.

조원들은 제인을 판단하려는 의식 없이 그 전투가 어떤 것인지를 생각했다. 그와 같은 전투는 우리 모두의 속에도 있었다. 우리는 어떤 전투가 제인에게 일어났으며, 어떻게 말로 표현을 할 수 있는지에 대해 관심과 남을 위한 호기심을 가졌다.

그때 스콧에게 로마서 8장을 읽고 싶은 마음이 들었다. 성령께서 그날 아침에 스콧에게 그 본문을 읽도록 인도하셔서 그날 저녁을 준비시키신 것이다.

제인은 하나님께서 스콧이 읽은 말씀을 통해 말씀하셨을 때 그녀 속에서 격렬하게 일어나고 있는 전투의 핵심을 깨달았다. 그녀의 진정한 문제는 치유를 받아야 하는 심리학에서의 상처나 책망을 받아야 하는 무책임한 게으름이 아니었음을 알 수 있었다. 그녀의 전투는 옛 생활의 길과 새로운 삶의 길 사이에서의 싸움이었다. 즉 세상과 사탄이 조종하고 있는 육신과 하나님의 성령에 의해 거듭난 영혼 사이의 전투였다. 두 번째의 갈망

(딸의 결혼식에서 멋지게 보이고 싶은 마음)이 첫 번째의 자리에 있었기 때문이었다. 그녀는 두 번째 소욕을 가장 좋은 것으로 여겼던 것이다.

그녀의 이야기에 초점이 맞추어지기 시작했다. 그녀는 자신을 향한 갈망에 너무 매달려서 하나님을 향한 갈망을 져 버린 영적인 간음을 범한 셈이었다. 이미 그녀는 구원받은 '새로운 피조물'이었기 때문에 하나님을 향한 갈급함이 있었고, 덕분에 일깨울 수 있었던 것이다. 깨어짐의 즐거움이 그녀의 영혼에서 일어났다.

그 다음에 일어났던 일은 신비한 역사와 계시와 깨달음이었고, 본질에 대한 감각이 되살아나는 것이었다.

우리는 제인과 영혼의 대화를 하며 남을 위한 호기심을 가지고 그녀의 특별한 이야기로 들어갔다. 그리고 성령께서는 우리의 말을 통해 제인에게 사랑과 선행(히 10:24 참조)을 격려하도록 감동을 주셨다. 그녀가 첫 번째로 바랐던 두 번째의 욕구가 제자리로 돌아갔다. 그녀는 앞으로도 긴 순례의 길에서 여전히 갈등하겠지만, 그날 저녁 하나님을 만났고 이전보다 더 사랑하고 더 갈망하며 떠났다.

어떻게 그런 일이 일어났는지 14장에서 말하겠지만 먼저 우리가 어떻게 이야기를 하느냐에 따라 성령의 역사가 방해받기도 하고, 혹은 제인과 같이 주님과의 더 깊은 만남으로 인도하기도 한다는 것을 알아야 한다.

13
모두 다 들으라

이야기 뒤에 숨어 있는 에너지

이야기를 하는 것은 중요하다. 한 친한 친구가 그의 인생에 있었던 실패를 내게 말하는 것이 너무나 수치스러웠다며 흐느꼈다. "너무 힘들었어. 내 죄 때문에 모든 사람으로부터 고립됐다는 사실이 믿기지가 않았어. 그렇게 오랫동안 숨겨 왔던 죄를 자네에게 말할 수 없었네. 나는 언제든지 내 죄를 끊을 수 있다고 믿고 싶었지만, 결국 내게는 그 죄를 끊을 수 있는 힘이 없다는 사실을 인정할 수밖에 없었어. 만일 그 사실을 인정하지 않았다면 지금도 자네에게 말하지 못했을 거야."

그 친구는 내면의 깊은 이야기를 최소한 한 사람에게라도 말하는 것이 중요하다는 나의 의견에 오랫동안 도전해 왔던 능력 있는 전문인이었다.

그는 나에게 여러 번 이렇게 말했다. "과거에 일어났던 일이나 지금 내면에서 일어나고 있는 일에 대해 자세히 알아야 할 중요성을 잘 모르겠어. 지금껏 난 낙심할 때마다 자네와 나누어 왔잖은가? 우리 모두는 때때로 격려가 필요하니까. 그러나 이 모든 잡동사니들을 전부 끌어내야 할 이유가 있나? 나는 바울의 '뒤에 것은 잊어버리고 앞에 있는 푯대를 향하여 가라'는 말씀에 동의하네. 만일 우리가 성령 안에서 행한다면 모든 깊은 상처와 문제에 대해 염려할 필요가 없을 거야."

그런데 이제 그가 다르게 생각하고 있다. 자신의 내면 깊은 이야기로부터 자신을 끊어 버리고, 과거의 일에서 파생된 현재의 결과에 주의를 기울이지 않는다면, 심한 자기기만에 빠진다는 것을 깨달은 것이다. 그것은 자신이 다른 사람들에게 어떠한 영향을 끼쳤는지를 부인하고 자신의 연약함과 의존성을 부정하는 위험에 빠지는 길이다.

과거의 감정을 부인하는 것은 현재의 친밀함이 발전되는 길을 가로막는 방해 요소가 된다. 그리고 자신의 인생에 하나님의 능력이 흐르지 못하도록 막아버린다. 과거는 끝났고 상관없는 것처럼 치부해 버린다면, 거짓된 독립의 환상에 빠지는 셈이다. "나는 상처가 없어. 나는 괜찮아. 나는 하나님만을 신뢰하고 앞으로 전진할 수 있어."

울고 있는 첫 번째 사람, 나

자신의 영혼을 깊이 들여다보고 드러내는 것의 중요성에 대해 어거스틴의 『참회록』만큼 강하게 피력한 책도 없을 것이다. 어거스틴이 자신의 고백을 책으로 출판했던 401년 이

전까지 이처럼 정직하게 자신의 이야기를 기록한 사람이 없었다. 어떤 역사학자는 어거스틴의 『참회록』이 인간 역사의 첫 번째 진정한 자서전이라고 했다.[10] 그의 참회록은 고통의 이야기처럼 들린다. "나는 내 안에 찢기고 피를 흘리는 영혼을 지니고 있었지만, 어떻게 그 고통을 없앨 수 있는지는 알 수 없었다. 그래서 휴가, 운동, 정원 꾸미기, 친구와 동료들, 섹스, 책 읽기, 한담 등 즐길 수 있는 모든 쾌락을 찾았다." 이것은 인생에 있어서 두 번째 욕구를 채우는 삶이다.

어거스틴은 계속해서 이렇게 말했다. "내 영혼은 공허한 가운데 허우적거리다가 내게로 돌아온다. 내 마음이 도피할 수 있는 곳이 어디에 있을까? 내 자신으로부터 피할 수 있는 곳은 어디일까?"[11]

다윗과 바울 같은 성경의 저자 이외에 이런 글을 쓴 사람은 없었다. 어거스틴처럼 자신의 이야기를 수치로 채우고 자세히 말한 사람은 없었다. 토머스 캐힐은 어거스틴을 "울고 있는 첫 번째 사람, 나"라고 불렀다.[12]

물론 그 이후로 프로이드와 심리치료학자들 모두가 울고 있는 '나'라는 표현을 썼기 때문에 이제는 익숙한 것이 되었지만 말이다. 그러나 어거스틴이 그들과 달랐던 것은 실패하고 고통받는 '나'의 이야기를 은혜의 더 큰 이야기 안에서 풀었다는 것이다. 그는 스스로를 동정하고 희생자로 제시하는 현대의 사고방식과는 거리가 멀었다. 그는 자기 영혼의 이야기를 남을 위한 호기심으로 바라보았다. 자신의 이야기를 조원들에게 공개했던 제인과 같이 어거스틴은 그의 인생을 신비한 드라마, 즉 악의 힘과 선의 힘 사이에서 일어나는 전투로 보았다. 그런데 우리는 인생을 단순히 더 나은 기분을 느끼려고 애쓰는 전투로 생각하고 있다.

어거스틴은 그의 성중독을 설명할 때 애처롭게 보이려 하거나, 비난을 남에게 전가하려 하거나, 박수를 받을 만한 고상한 갈등인 것처럼 꾸미거나, 동정을 자아내는 비관적인 체념으로 보이려 하지 않았다. 그는 자신의 죄를 하찮은 것으로 가볍게 다루지 않았다. 이 책만큼 한 사람에 대해 어떻게 하면 잘 이야기할 수 있는지 효과적으로 보여 주는 책은 없을 것이다.

그의 이야기를 풀어 보면 이렇다. "나의 영혼을 가장 시들게 하는 고통은 내 죄로부터 온다. 나는 내 자신이나 다른 사람으로부터 오는 추한 사실을 감추지 않을 것이다. 나는 내 수치를 나의 특별한 위치나 지적인 재능이나 상당한 영향력 뒤에 포장하지 않을 것이다. 나는 비열하고, 타락하고, 무기력하고, 도덕적으로 실패한 사람이다."

너무 정직해서 어두울 수밖에 없는 이야기는 결국 밝은 은혜 이야기의 시작이 되었다. 이것은 사도 바울과 매우 닮았다. 다시 어거스틴의 글을 보자. "어느 날 나는 천국의 음악 소리에 잠에서 깨어났다. 다른 모든 곳에서 찾아보았지만 찾을 수 없었던 것을 하나님으로부터 찾을 수 있었다. 표현할 수 없는 기쁨이 가득했다. 그것은 고통의 세상으로부터 나를 들어올려 은혜의 우주로 이끌어 주는 신령한 기쁨이었다. 전에는 지옥의 무자비한 소리로 발걸음을 옮겼지만, 지금은 삼위 하나님과 리듬에 맞추어 춤을 추고 있는 나를 발견한다."

우리의 이야기 말하기

우리는 우리의 이야기를 말해야 한다. 우리가 우리 인생의 사건들에 대해서만 말한다면 영혼의 대화는 반밖에 완성되지 못할 것이다. 우리는 이야기를 말하는 것을 배워서 다른 사람들이 그들의 영혼에 대해 이야기하는 것을 들을 수 있어야 한다.

그것은 약간의 연습이 필요하다. 소그룹을 담당하고 있는 한 목사가 이야기 나누는 경험을 미리 체험하기 위해 가까운 친구들과 그룹을 만들었다. 그는 영성 형성을 위한 그룹을 만들고자 하는 비전이 있었고, 서로가 이야기를 나누면서 알아가는 것이 영성 형성을 위한 과정의 중요한 핵심이라고 믿었다.

6개월 동안 그 모임을 가졌던 그는 나에게 이런 편지를 썼다.

친애하는 래리 박사님

우리는 모두 많은 이야기를 나누었습니다. 우리의 삶에서 일어나는 일들에 대해 말했고 비밀도 나누었으며, 과거의 힘들었던 사건들도 이야기했습니다. 그리고 사람들은 잘 들었지요. 우리는 바로 즉시 조언하거나 어려운 이야기를 피하거나 하지 않았습니다. 몇 번의 경우를 제외하고는 "오, 정말 힘들었겠네요."라며 감정이입을 하지도 않았고요. 우리는 질문을 하고 들은 것을 새겨보며 성령의 말씀을 듣기 위해 귀를 기울였답니다.

그러나 아무런 변화가 없었습니다. 우리는 그 과정을 즐거워하기도 했지만 지금은 좌절하고 있습니다. 좋아진 것도 없고, 이제 무엇을 해야 할지 모르겠습니다. 우리가 더 깊은 차원으로 다시 돌아가야 하나요? 그러나 정직하게 말하자면 아무도 그렇게 할 힘이 없습니다. 우리에게 무엇인가가 빠진 것 같습니다. 남을 위한 호기심이 빠졌기 때문인지도 모르겠군요. 우리가 모르는 다른 방법이 있는 건가요? 조언을 좀 해 주시길 바랍니다.

그 목사에게 주고 싶은 제안이 하나 있다. 그것은 어거스틴에게서 배울 수 있는 것이다. 어거스틴 이전의 고대에는 그처럼 자신의 이야기를 했던 사람이 없었다. 옛날과 달리 현대에는 자신의 이야기를 많이 하지만, 그처럼 하는 사람은 없다.

프로이드가 『히스테리 연구』를 출간하여 치료학적인 문화가 만연해진 1895년 이후로 사람들은 실패보다는 고통의 이야기를 해 왔고, 회개와 구원이 아닌 회복을 추구해 왔다.

요즘은 포스트모더니즘이라는 사조에 맞춰 이야기를 나눌 때 확실성, 공동체성, 정체성의 재발견이 강조된다(이것은 환영하는 바이다). 반면 (결코 환영할 수 없는 것도 있는데) 인습타파를 희망하며 다른 사람의 경험에 함께 동참하려는 이야기 구조로, 해체적이고 의구적이며 문제적이고 탐구적인 형식의 방법으로 이야기하려고 한다.

이야기를 나누는 방법 중, 치료학적 문화의 약점이 수치를 모르는 자아도취라면, 세속적인 세상에서 이야기를 나누고자 하는 포스트모더니즘의 약점은 보다 거룩한 은혜의 이야기에 대한 부재, 즉 창조 질서와 거룩한 피로 인한 구속에 대한 이야기가 없는 것이다(현대에서 우리가 이야기를 나눌 때 중심이 되는 것은 하나님이 아닌 사람이다. 즉 인본주의가 문제인 것이다. 때문에 죄에 대한 수치를 모르고 자아도취에 빠져 치료에 급급한 나머지 하나님의 은혜, 복음에는 관심이 없다.-역자 주).

오늘날 우리가 이야기하는 내용들을 보라. 비극, 로맨스, 모순, 혹은 희극 등의 스타일로 이야기하지만 신비한 드라마에 대해서는 아무도 이야기하지 않는다. 남을 위한 호기심을 갖고 들어주는 사람도 없다. 나의 소그룹 조원인 제인의 이야기를 여러 스타일의 이야기로 꾸며서 살펴보자.

비극

제인은 그녀의 이야기를 비극적으로 말할 수 있다. "몸무게를 줄인다는 게 끔찍한 일이네요. 나의 어머니도 체중과다였어요. 그러니 나는 상당히 불리한 입장이지요. 아마도 유전인가 봐요. 기도하고 성령의 능력을 구하는 것이 어떤 도움이 될지 모르겠어요. 어쩌면 이것은 내가 평생 갈등해야 하는 문제일 수도 있겠죠."

앞에서 말한 야구 선수 팀 벌크의 이야기를 생각해 보자. 그도 자신의 이야기를 비극으로 말할 수 있다. "도저히 이해할 수가 없군요. 나는 다섯 명의 아이들을 입양하느라고 프로 선수로서의 수백만 달러의 수입을 포기했습니다. 그런데 어떤 일이 일어났는지를 좀 보세요. 나는 신실하게 살려고 노력하고 있지만 정말 힘들군요."

영혼을 돌아보는 것에 대한 내 강의를 들었던 어떤 여자가 그녀의 이야기를 들려주었다. 그것은 비극적인 이야기였다. "당신이 강의한 대로 나와 함께 대화할 수 있는 사람이 있었으면 좋겠어요. 이혼녀인 경우에는 그와 같은 그룹에 들어간다는 것이 불가능해 보이네요. 그렇다고 다른 이혼녀들과만 어울리면서 우는 소리를 하고 싶지는 않아요. 당신의 강의를 듣고서 상당히 우울한 기분이 되었어요."

사람들은 자신이 희생자라고 생각하며 자신의 이야기를 비극적으로 말한다. "인생은 내게 잔인합니다. 나는 열심히 살아보려고 몸부림치지만 더 나아지지 않고 힘만 들어요. 내 인생에는 고통과 불공평함 외에는 아무

것도 볼 수 없어요. 나는 당신의 격려가 필요해요. 아니, 꼭 그렇게 해 주세요. 격려할 수 있는 방법이 많이 있잖아요. 당신이 내 갈등을 감정적으로 이해해 주고, 나와 함께 있어 주고, 당신이 할 수 있는 것을 해 주세요. 그것이 너무 이기적인 생각이라는 사실은 알아요. 그렇게 해 줄 수 있는 사람이 없을 테니까요. 그래도 나는 최선을 다할 거예요. 하나님을 신뢰하고 사람들에게 친절하려고 계속 노력하겠어요. 나는 희생자입니다. 그것보다 더 중요한 사실은 없어요. 내 인생은 힘들고 앞으로도 어려울 거예요. 호기심은 거절하겠어요. 단지 당신의 연민과 도움이 필요해요."

로맨스

어떤 사람들은 그들이 로맨틱한 이야기의 주인공이나 마땅히 인정받고 관심을 받아야 할 영웅인 것처럼 생각한다.

제인은 그녀의 이야기를 이렇게 할 수도 있다. "이상하게 내게는 불리하지만 내가 180킬로그램이 안 된다는 것도 놀라운 일이지요. 자신에 대해 그만 생각하고, 연민을 느끼지 않고, 바쁘게 사는 것이 비결이라고 생각해요. 그래서 나는 양로원에서 자원봉사를 하고 있는데 그 일은 우리가 갖고 있는 것에 대해 감사하도록 만들어 주지요. 몸무게 때문에 씨름하는 것이 어쩌면 아주 사소한 일일지도 모르죠. 나는 계속 바쁘게 살 겁니다. 실제로 최근에 죽어가고 있는 할머니를 방문했어요. 밤에 그 할머니와 함께 있어 주려고요. 그 할머니는 잠을 잘 못 주무시기 때문에 내가 있어 주면 너무 좋아하세요. 나는 괜찮아요. 곧 다시 살이 빠지겠지요."

팀의 경우를 로맨틱하게 이야기해 보자. "다섯 명의 아이들 중 네 명이 병원 신세를 지고 있으니 우리 집 경제에 타격이 큽니다. 우리는 부자였지만 이제는 빈털터리가 되었죠. 하지만 그만한 가치가 있습니다. 이 아이들 중 하나만이라도 도울 수 있다면 나는 빈털터리가 되어도 기쁘답니다."

영웅들은 그들의 고상한 업적에 초점을 맞춘다. "내가 한 일을 보시오. 나는 인정받을 권리가 있습니다. 나의 인내와 결단력 때문에 거대한 역경을 직면하고도 이겨낼 수 있었습니다. 나는 당신들을 가르칠 만합니다. 당신들은 나에게 박수를 보내야 합니다. 내가 말하는 것을 듣기 위해 모여야 합니다. 나는 해냈습니다. 나는 영웅입니다. 이보다 더 중요한 사실은 없을 겁니다. 힘든 상황에서도 내가 한 일들을 보십시오. 호기심만 갖지 말고 나에게 감동을 받았다고 말해 주십시오."

모순

이야기를 하는 방법들 중 이것은 포스트모던 문화에서 흔히 볼 수 있는 것이다. 남편이 간음했다고 고백하던 내 친구 부부를 기억하는가?

그의 아내가 비극과 로맨스를 섞어 모순에 초점을 맞추어 이야기한다고 가정해 보자. "그가 내게 저지른 잘못을 믿을 수가 없어요. 난 실패했어요. 나는 그가 함께 살기에 힘든 사람이었나 봐요. 그러나 이런 일이 있을 수는 없어요. 만일 그가 간음을 멈추고 내게 돌아온다 하더라도 내가 그를 다시 받아들이기를 원할지 아직 모르겠어요. 정말 그가 싫어졌어요. 그는 추해요. 그가 나를 진심으로 생각해 준 것을 느껴 본 적이 없어요. 어쩌면 우리는 그저 함께 살았을 뿐이지요. 앞으로 더 사이가 나빠질 수도 있어요. 상황이 정말 더 나아질 수 있는지도 모르겠네요. 모든 일이 잘될 거라고 말하는 사람들에게 신물이 나요. 친구들 중 두 명은 그들의 결혼도 실망스럽다고 인정할 만큼 정직하기는 하지만 말이죠."

그들의 이야기를 모순으로 이야기하는 사람들은 자신을 생존하는 희생자나 고상한 영웅으로 보지 않고 비웃는 냉소자로 본다. 평범한 사람들은 흔히 종교적인 과대광고나 소란에 휘말린다. 그래서 상담의 최신 방법이나 어떤 종교적인 치유의 기도가 효과가 있을 것이라고 생각한다. 그러나 모순된 시각을 가진 현대인들은 냉소적으로 인생을 바라본다. "만일 다른 방법이 아무런 도움이 안 된다면 나와 만나 보십시오. 지적으로 높은 시각을 갖고 정직하게 이야기하면서 깊은 교제를 즐겨 봅시다. 현실이 나를 냉소주의자로 만들었습니다. 인생에서 나의 실존보다 더 중요한 사실은 없습니다. 이 세상에는 평강이 없고 모든 것이 허무합니다. 동의한다면 당신의 이야기를 해 보세요. 호기심만 갖지 말고 나의 냉소주의에 동참하십시오."

희극

우리가 이야기하는 가장 흔한 방법은 희극이다. 그냥 넘어가자는 식으로 이야기한다. 문제에 머물러 있지 않도록 자신을 끌어낸다. 컵에 물이 반이나 차 있다고 본다. 그래서 항상 즐길 수 있는 여분이 있다. 인생이 좋은 것으로 가득 차 있지는 않을지라도 괜찮은 것은 항상 있다는 생각이다.

성공적인 사람들은 이런 식으로 이야기하는 것을 좋아한다. 결국에는 나에게 자기의 실패를 고백했던 친구는 그의 인생을 종교적인 희극으로 보았다. 그는 인생에서 역경을 겪었기 때문에 모든 것을 긍정적인 사고로 보고 있다는 것이다.

"물론 일이 어렵게 되었다네. 현재 정말 힘든 일들이 일어났지. 그러나 하나님께서 나와 함께하고 계셔. 미래는 밝고 천국에 대한 소망이 분명히 있잖아. 나는 많은 시간을 성경을 읽는 데 보내고 있다네. 지금은 에베소서를 읽고 있는데 내가 깨달은 것을 자네와 나누고 싶어. 참, 자네가 새 차를 운전하고 있는 것을 보았는데 멋지더군. 새 차가 마음에 드는가?"

희극을 말하는 사람은 그의 인생을 깊이 되돌아보지 않고 종교 행사나 책임의식에 시선을 빼앗기고 바쁘게 산다. "인생은 짧아요. 시간을 왜 신음하고 뾰로통하면서 낭비해야 하나요? 하나님께서 당신을 사랑하고 있어요. 그 이상 무엇을 바랄 수 있겠어요? 나는 인생을 살면서 웃고 있는 어릿광대예요. 하나님을 신뢰하고 웃을 수 있다는 것보다 더 중요한 사실은 없어요. 함께 좋은 시간을 보내 봅시다. 웃고 싶어요. 호기심을 버리고 인생을 함께 즐깁시다."

이야기 뒤에 숨은 또다른 이야기

힘이 들겠지만 당신은 어떤 사람이 자신의 이야기를 비극(나는 희생자니까 나를 도와줘요), 로맨스(나는 영웅이니까 나를 칭찬해 줘요), 모순(나는 비관적이니까 나와 함께 냉소합시다), 혹은 희극(나는 어릿광대이니까 나와 함께 웃어요)으로 말하는 것을 남을 위한 호기심을 갖고 들어줄 수 있다. 영혼의 대화는 상대방의 이야기를 듣는 중에 진정한 전투의 증거를 의도적으로 찾고 그것을 말로 표현한다.

"팀, 당신의 인생에 일어난 일들 때문에 이리저리 많이 갈등했을 것이라 추측됩니다. 당신은 다섯 명의 불쌍한 아이들을 입양하기 위해 야구 선수라는 직업을 포기했기 때문에 하나님께서 축복해 주실 거라고 생각했겠죠. 그런데 인생이 무너져 버린 지금에는 모든 것을 그만두고 싶을 것입니다. 인생을 다시 돌이키고 싶은 소원보다 더 바라는 것이 있나요?"

모든 사람의 인생은 인식을 하든지 못하든지 상관없이 신비한 드라마다. 모든 사람들의 이야기 표면 아래에는 전투가 일어나고 있다. 전투를 인식하고 들어가기 위한 두 가지 간단한 열쇠가 있다. 첫째, 모든 사람이 나누는 이야기 뒤에는 항상 숨은 이야기가 있음을 인식해야 한다. 둘째, 숨은 이야기는 인생에 대한 잘못된 정의와 그런 삶의 방식을 가르쳐준 사건들을 내포하고 있다.

두 가지의 열쇠에 대해 간단히 언급하고 제인의 신성한 체험으로 다시 돌아갈 것이다.

첫째는 숨은 이야기에 대해 살펴보자. 모든 것을 다 말하는 사람은 아무도 없다. 인생을 우리 자신의 힘으로 꾸려 나가기 위해 우리는 깊은 갈망이나 죄를 부인하려고 한다. 가장 원하는 것을 가지려 할 때 우리는 공허함과 실망을 체험하곤 한다. 우리가 즐길 수 있도록 창조된 것을 못 가졌기 때문이다. 우리는 하나님과 완전한 연합을 이루도록 지음을 받은 존재들이다. 또한 그 같은 연합 속에서 사람들과 깊은 친밀함을 누리도록 창조되었다.

하지만 천국에 가기 전까지 하나님과의 연합은 불완전할 수밖에 없다. 그리고 우리는 아무리 가까운 관계의 사람들일지라도 그 친밀함에 부족함을 느낀다. 이 세상은 유쾌한 것들과 불쾌한 것들, 심지어는 끔찍한 것들이 불규칙하게 섞여 있다. 그렇기 때문에 인생에서 신음하고 공허함을 느끼고 깊은 불안을 겪는다는 것은 정직한 고백일 것이다.

더구나 우리의 깊은 죄를 직시하는 것은 더 괴로운 일이다. 불성실한 남편은 그의 성적인 실패가 깨끗이 해결되었을 때 순간적인 안도감을 느낄 것이다. 그가 바라는 다음 단계는 말할 것도 없이 그와 같은 죄를 다시 짓지 않고, 아내가 그를 용서해 주고, 다시 사랑받고 존경받는 가장으로서 집으로 돌아가는 것이다.

그러나 만일 내가 그의 가장 큰 죄는 부도덕, 그 이상의 문제라고 지적한다면 그는 불편함을 느낄 것이다. 우리는 배우자에게 성실할 때조차도 서로가 진정으로 사랑하지 못함을 깨달아 거절감에 대한 두려움을 느낀다. 내가 다른 사람들을 사랑함으로써 하나님께 영광 돌리는 것보다 내가 잘되는 것에 더 많은 관심이 있다는 것을 알게 될 때, 우리는 절망하고 자신을 소망 없는 사람이라고 생각한다.

우리가 이 세상을 살아가면서 인생에 얼마나 깊이 실망하는지, 우리가 부르심을 받은 사명에 얼마나 부족한지 깨닫게 하는 경험들이 있다. 그러나 우리는 그것들을 받아들이려 하지 않는다. 자신의 실망과 실패를 직시하고 부끄러운 죄에 대한 숨은 이야기를 나눌 수 있는 안전한 사람이 되기 위해서는 성령의 역사가 필요하다. 그렇게 되면 상대방은 자신의 이야기를 신비한 드라마로 말할 수 있게 된다. 그리고 비로소 인생을 잘 살기 위해 노력하는 것과 하나님께 가까이 나아가는 것 사이의 전투를 보기 시작한다.

　욕구와 죄를 부인하는 숨은 이야기를 찾는 것이 다른 사람의 신비한 드라마로 들어가는 첫 번째 열쇠이다. 두 번째 열쇠는 과거에 일어난 사건을 인식하는 것이다. 제인의 나머지 이야기를 할 때 알게 되겠지만, 이전의 고통스러운 사건들을 통해 제인이 죽음에 대해 어떻게 이해하게 됐는지, 그리고 즐거웠던 사건들을 통해서는 인생을 어떻게 바라보게 되었는지를 알게 했다. 영혼의 대화를 하는 사람은 다른 사람의 이야기를 들을 때 고통스러웠던 이전의 경험에 대해 남을 위한 호기심을 기울인다. 또한 그는 이야기를 하는 사람의 즐거웠던 경험도 알기 위해 관심을 기울일 것이다.

　나는 한 친구에게 언제 그가 가장 활력을 느꼈는지를 영혼의 대화를 하면서 질문했다. 그는 웃으면서 말했다. "태어난 지 9일 된 딸을 입양해서 집으로 데려왔을 때였어." 그는 이후로 그날의 즐거움을 재현시키기 위해 살아가고 있었다. 그 딸은 이제 16살이 되었는데도 아빠의 끊임없는 보살핌으로 인해 숨이 막힐 지경이었다. 그는 영혼의 전투에서 지고 있었다. 그는 딸을 정말 사랑한다고 믿고 있었지만, 그는 옛 생활의 길을 가는 아빠였을 뿐이고 진정으로 딸을 사랑하는 것이 아니었다. 이제까지 지내온 그의 삶을 함께 살펴보았다. 그에게 평생 가장 즐거웠던 일은 알코올 중독인 편모 아래서 여동생을 보살핀 것이었음을 알 수 있었다. 그가 딸을 사랑한다고 부르는 것이 실제로는 자신의 영혼을 채우고자 하는 시도였다. 그는 종교적인 옛 생활의 길에서 영적인 새로운 길의 순례로 옮기는 중이었다. 그러므로 그가 나아가야 하는 첫 번째 단계는 그의 딸과 시간을 적게 보내고 다른 것에 좀 더 관심을 갖는 것이다.

하나님께 나아가는 순례에 있어 다른 사람의 관심을 끌지 못하는 인생을 사는 것보다 영혼에 더 해로운 것은 없다. 그렇기 때문에 다른 사람의 이야기를 들을 때 남을 위한 호기심을 가지고 들어주는 것을 배워야 한다. 그것은 다른 사람을 하나님의 임재로 들어갈 수 있도록 도와준다. 그리고 거룩한 만남을 위한 기회를 만들어 줄 수 있다. 제인의 경우도 마찬가지다.

14
이야기의 중심으로 들어가기

성령의 역사를 따르라

나는 두 고등학생이 같은 반 친구들을 향해 총을 난사했던 콜롬바인고등학교에서 15분 정도 떨어진 곳에서 살고 있다. 그 사건이 난 지 이틀 후에 나는 기독교 방송국에 초대되어 그 사건에 대한 의견을 말하기 위해 카메라 앞에 섰다.

"무엇이 이처럼 어린 청소년들에게 그렇게 끔찍한 일을 저지르도록 만들었다고 생각하십니까? 이 사건이 우리에게 악의 본성에 대하여 말해 주는 것은 무엇이고, 우리가 악에 대하여 무엇을 할 수 있겠습니까?" 그 뉴스의 진행자는 그 사건에 대하여 진심으로 염려하고 있었다.

나는 이렇게 대답하였다. "우리가 우리 안에도 그와 같은 악의 씨가 있음을 인식할 때까지는 이 청소년들에게 무엇이 잘못되었는지를 이해하기 힘들 것입니다. 우리가 먼저 자신 안에 있는 근본적인 죄를 인식하지 않고, 공포에 떨며 그들의 문제가 무엇인지를 발견하려 하고 어떻게 해야 할지를 찾으려고만 한다면 악에 대한 이론은 피상적일 것입니다. 어른들은 그 문제의 원인을 빈약한 사회주의, 친구 간의 스트레스, 무관심한 부모, 유전적인 원인, 방송과 음악, 영화의 악영향 등에서 찾으려 합니다. 그러나 그것의 진정한 원인은 천국에서 우리를 쫓아냈던 근본적인 죄, 즉 예수님을 배제한 자기중심에서 찾을 수 있습니다."

"컷!" 녹화를 멈춘 이유가 내가 너무 길게 말했기 때문이라고 생각했다. 그러나 곧 그것이 이유가 아니었음을 알게 되었다.

화가 난 앵커우먼의 눈이 번뜩였다. "나는 그 아이들이 저질렀던 짓을 결코 하지 않을 것입니다. 나는 다른 사람을 죽일 수가 없어요. 당신도 그렇기를 바랍니다. 당신이 어떻게 그렇게 다른 말을 할 수 있나요? 그 아이들은 나와는 전혀 다른 악한 사람들이 틀림없어요. 이제까지 시간을 내어 주셔서 고맙습니다."

이 말을 하고는 곧 방송 장비를 거두고 떠나갔다.

나는 우물쭈물 어색한 인사를 하면서 예수님이 당시 종교 지도자들에게 얼마나 큰 충격을 주셨을까 생각해 보았다. "너희는 옛 율법을 아나니 살인치 말라는 옛 율법을 들었다. 나는 너희에게 말한다. 형제에게 바보 얼간이라고 하는 자는 공회에 잡히게 되고 미련한 놈이라 하는 자는 지옥 불에 들어갈 것이다. 즉 말로도 살인할 수 있다는 말이다"(마 5:21, 22).

그 말씀을 하시기 전에 예수님께서는 같은 청중에게 그들이 평안하기를 원하면 영혼에게 어떤 조건이 필요한지 말씀하셨다.

"삶의 곤경에 처한 자에게는 복이 있으니 너는 쇠하고 하나님과 그의 뜻이 흥하리로다. 가장 소중한 것을 잃은 자에게는 복이 있으니 그들은 위로를 받을 것이다. 자신의 모습을 그대로 받아들이는 자에게는 복이 있으니 그들이 살 수 없는 모든 것에 있어 기업의 주인이 될 것이다(삼위일체와 춤을 추는 기쁨).

하나님을 위해 열심히 수고한 자에게는 복이 있으니(영혼의 목적) 그들이 배부를 것이며,

내면의 세계, 즉 마음과 생각을 바르게 다스리는 자에게는 복이 있으니 세계의 외면에 계신 하나님을 볼 것이다.

경쟁과 다툼보다 사람들로 하여금 화평케 하는 자에게는 복이 있으니 그들이 하나님 나라의 참된 신분과 자리를 알리라"(마 5:3~6, 8, 9).

예수님께서는 자신을 어떻게 분명하게 나타내셨을까? 절망과 분노 가운데 고통을 없애기 위해서는 무엇이든지 해도 정당하다고 느끼는 피곤하고 지친 사람들을 보신 그는 그들이 온전해지기 위해서 어떤 일이 있어야 하는지를 드라마 같은 언어로 말씀하셨다. 우리가 깨어진 관계를 회복하고 감정적인 치유를 경험하기 위해서는, 우리의 내적인 세계에 무슨 일이 일어나야 하는지를 분명하게 말씀하셨다.

그런데도 우리는 그를 믿지 않는다. 우리 자신에게 한 번 질문해 보자.

- 우리는 인생의 밧줄 끝에 매달리기를 원하는가? 인생이 힘들어질 때 우리가 이끌어 낼 수 있는 배후의 자원, 즉 유머 감각, 자신감, 좋은 친구를 원하고 있지는 않은가?

- 우리가 중요하다고 붙잡고 있는 모든 것을 정말 잃어버리기를 원하는가? 내가 첫 번째 욕구와 두 번째 욕구에 대하여 가르쳤던 수업 후에 한 여자가 이렇게 말했다. "내가 집착하고 있는 것이 약 오십 개쯤 되요. 나는 그 중 몇 가지는 기꺼이 포기하겠지만 모두 버리는 것은 힘들어요."
- 우리는 코의 생김새나 목에 살이 겹치는 자신의 모습에 만족할 수 있는가? 우리의 기쁨이 딸의 결혼식에서 어떻게 보이느냐 혹은 얼마나 멋진 피로연을 여느냐와 전혀 상관없다고 생각하는가?
- 우리는 실제로 다른 어떤 것보다도 하나님을 더 원하는가? 하나님 외에 아무 것이 없어도 진정한 기쁨을 누릴 수 있다고 믿고 있는가?
- 우리는 금식이나 고독의 시간을 갖고 우리가 누릴 수 있는 즐거움을 포기하면서라도 하나님의 가치 기준에 따라 믿음과 소원이 맞추어지는 것에 우선순위를 두고 노력하고 있는가?
- 어떤 사람이 우리의 평안함을 위협할 때조차도 경쟁하거나 싸우기보다 협력하는 것에 더 가치를 두고 있는가?

만일 우리가 영혼의 대화를 하고 있는 공동체에 속해 있다면 이 모든 질문들에 대해서 예라고 대답을 할 수 있을 것이다. 그러나 우리의 자아가 깨어질 때까지는 영혼의 대화를 할 수 없다. 총을 난사한 청소년들이 진정 선한 사람들이 되기 위해 필요한 것들이 우리에게도 필요하다는 사실을 깨달을 때까지 우리의 자아는 깨어질 수도 없고 영혼의 대화를 할 수도 없다. 하나님을 향한 열정이 우리의 삶을 주관하는 중심이 될 때까지 더욱 북돋워져야 한다. 그것은 영혼의 대화 없이는 일어날 수 없는 것이다.

영혼의 대화를 통해 불붙는 하나님의 능력

만일 콜롬바인고등학교에서 총을 난사했던 소년들의 친구가 그들의 내면을 생각하고, 그 내면에서 일어나고 있는 진정한 전투를 보았다고 상상해 보자. 어떤 헌신된 친구가 그들을 향한 비전, 그리고 그들에게서 본 가능성과 그것이 어떻게 발전할 수 있는지에 대해 이메일을 썼다고 가정해 보자. 만일 그 친구가 이 소년들의 어두운 문화와 이상한 태도를 먼저 알아차리고, 안타까운 마음으로 그들에게 다가가서 그들에게 그리스도의 열정을 드러냈다면, 어떤 일이 일어났겠는가?

어쩌면 소년들은 그 친구에게 그들이 느꼈던 분노와 외로움을 알리는 대화를 했을지도 모른다. 그는 그들에게 영혼의 대화를 하며 그들을 비난이나 회피의 시선으로 바라보지 않고 남을 위한 호기심으로 반응했을 것이다. 성령께서 그들의 눈을 열어 주어 그들은 자신들의 뒤에 있는 영혼의 원수를 보게 되고 그것 때문에 그런 삶을 살고 있음을 깨달을지도 모른다.

상황은 달라졌을 수도 있고 그렇지 않을 수도 있다. 영혼의 대화는 변화된 삶을 보장하는 마법의 공식이 아니다. 그러나 영혼의 대화는 사탄이 주인 행세하고 있는 마음에 성령께서 들어갈 수 있는 기회를 만든다.

바울이 복음을 하나님의 능력(롬 1:16 참조)으로 선포할 때, 그는 다이너마이트와 같이 폭발적인 능력을 의미한 것이 아니다. 그 당시 헬라인들은 다이너마이트의 힘에 대해 알지 못했다. 바울은 하나님의 복음이 하나님의 진리를 가르치고, 하나님의 생명이 살아나도록 하는 능력이 있음을 깨달은 것이다. 그것이 바로 영혼의 대화이다.

나는 또한 성령의 신비하고 주권적이고 기적적인 능력이 그 소년들에게 새로운 길을 살도록 이끌어 주고, 그들이 그것을 받아들여서 전혀 다른 방향으로 향할 수 있었음을 믿는다.

그리고 내가 새로운 성령의 길을 걷기 위해서도 같은 능력이 필요함을 믿는다. 나는 예수님을 따르는 자이기 때문에 그 능력이 내 안에 있다. 그러나 그 능력은 영혼의 대화를 통하여 불붙을 수 있다.

나는 그 소년들처럼 왜 청중을 향하여 총을 난사할 상상조차 할 수 없는가? 나는 왜 사회에 물의를 일으킬 만한 사악한 계획을 생각조차 못하는 것일까? 내가 본성적으로 더 나은 사람이기 때문일까? 아니면 하나님의 거룩한 능력이 나의 영혼에 들어왔기 때문인가? 나는 복음으로 인하여 오늘의 내가 될 수 있었다. 내게는 내 성품에 대해 자화자찬할 여지가 없다. 나의 나 된 것은 하나님의 은혜라고 인정할 수밖에 없다.

계속되는 제인의 이야기

제인은 거룩한 성령의 능력으로 사랑스러운 여인이 되었다. 그녀의 마음은 비록 완전하지 못하지만 충분히 하나님께 속해 있다. 그녀는 빌리 그레이엄 목사나 당신, 그리고 나처럼 여전히 내적으로는 혼란스러워하지만, 헌신되고 착한 어머니이며 성실하고 사랑스런 아내이며 친절하고 지혜로운 친구이다.

그러나 딸의 결혼식에서 딸을 위해 그 자리에 참석하는 것보다 자신이 날씬하게 보이고자 하는 욕망을 가진 그녀는 그로 인해 딸의 영혼을 낙심케 할 수 있는 여지를 갖고 있었다. 무엇이 잘못된 것일까? 그것은 콜롬바인고등학교 소년들이나 사회 곳곳의 범죄자들의 잘못과 같은 것이다.

"싸움은 어디서부터, 다툼은 어디서부터 나느뇨?"(약 4:1) 왜 내가 성경 공부 시간에 몇 주째 계속 나의 가르침에 우쭐대는 사람에게 화가 났을까? 왜 제인은 딸의 기쁨보다도 자신의 몸매에 대해 더 많이 생각했을까?

야고보는 이 모든 악한 생각들과 행동들이 자신의 정욕, 즉 '자신의 뜻대로 하기를 원하는 마음에서 오는 것'(1절)이라고 한다. 다른 말로 하면 우리의 문제는 자신이 필요하다고 생각하는 것을 자기의 힘으로 얻으려고 하는 옛 생활의 길을 따르는 삶에서 온다고 할 수 있다. 깊은 내면에서 싸우고 있는 정욕 때문에 문제가 생긴다는 말이다. 그런데 그 깊은 내면에서 일어나고 있는 전투에는 영혼의 대화를 하는 사람의 도움으로만 접근할 수 있다. 이야기할 때 남을 위한 호기심으로 대화하는 사람의 도움이 필요하다는 말이다.

야고보는 "너희가 욕심을 내어도 얻지 못하고 살인하며 시기하여도 능히 취하지 못하나니 너희가 다투고 싸우는도다"(2절, 개역)라고 말한다. 토마스 아퀴나스는 우리의 행동에는 오직 두 개의 길만이 존재한다고 했다. 하나는 우리가 필요하다고 생각하는 좋은 것을 얻기 위해 사는 길이고, 다른 하나는 우리에게 이미 주어진 좋은 것을 즐기며 살아가는 길이다.

스콧이 로마서의 "육신의 생각은 사망이요."라는 말씀을 읽었을 때, 제인은 자기가 가지지 못한 것을 얻기 위해 살고 있음을 깨닫게 되었다. 그래서 "오!"라고 외쳤던 것이다. 그것은 제인의 자아가 깨어지는 소리였다. 총을 쏜 그 두 소년들에게도 깨어짐의 영혼의 대화가 있었다면 분명 상황은 달라졌을 것이다.

그 이후에 제인에게는 이런 일들이 일어났다. 그런 일이 두 소년들에게도 일어났다면 좋았을 것이다. 그녀는 내면에서 싸우고 있는 진정한 전투를 보기 시작했다. 그 전투는 몸무게에 대한 싸움이 아니라 옛 생활의 묵은 것에 대한 싸움이었다. "딸의 결혼식에서 날씬하게 보이고 싶은 마음이 간절할수록 몸무게로 인한 스트레스는 더 심해졌어요. 내 자신을 예쁜 여자로 보이고 싶은 갈망이 인생의 목표가 되었나 봐요. 나는 패션 잡지의 모델을 보면서 그것에 더 집착하게 되었지요. 이 모든 상황 가운데서 하나님을 첫째 자리에 모실 수가 없었어요. 지금 생각해 보니 너무 무서운 일이네요!"

깨어짐을 경험하는 친구에게서 그의 자기증오와 낮은 자존감을 쉽게 볼 수 있다. 그래서 우리는 확신을 주기를 원한다. "제인, 당신은 이미 아름다워요. 우리는 당신의 있는 모습 그대로를 사랑하고, 하나님도 당신을 진실로 사랑하십니다. 지금도 하나님께서는 당신을 기뻐하시며 즐거워하시고 계세요. 그는 당신을 아름답게 보시며, 나도 그렇답니다."

리사는 제인에게 좋은 의도의 확신을 주려 했지만, 그것은 그녀를 돕거나 고쳐 주려는 시도였으므로 성령의 리듬에 맞추어 춤추는 것이 아니었다. 자아의 깨어짐으로 들어가려면 회개가 따라야 한다. 그러나 리사는 그 대신에 제인에게 자존감에 대한 확신을 주어서 도와주려고 했던 셈이다.

제인은 별로 동요하지 않았다. "그 말이 옳다고 생각해요. 고마워요. 그러나 지금은 좀 다른 것 같아요. 당신이 한 말에 큰 감동을 느끼지 못하겠네요." "내가 너무 성급하게 말했나 봐요. 나는 단지 당신이 날씬해지는 것에서 자유롭길 원했을 뿐이에요." 리사가 응답하였다.

비전을 생각하는 것과 해결책을 제시하는 것에는 큰 차이가 있다. 첫째의 것은 현재는 아니지만 앞으로 될 수 있는 미래를 바라본다. 둘째의 것은 지금 이루어질 수 있는 것을 강조한다.

"자, 이제 결혼식에 있을 모습을 그려 봅시다. 제인은 안내자의 팔에 이끌려 식장 통로를 걷게 될 것입니다. 그때 일어났으면 하고 우리가 가장 원하는 일이 무엇입니까?"

"흠, 제인이 어떤 사이즈의 드레스를 입었느냐와 전혀 상관없음이 분명하군요."라는 빌의 대답에 제인도 웃었다.

마거릿이 "나는 제인이 하나님의 사랑과 딸의 기쁨에 충만해서 자신의 모습 그대로에 평안을 느끼기를 원해요."라고 말하였다. 레이첼도 덧붙였다. "자신이 어떻게 보일까에 대한 염려가 대부분의 여자들에게서 평안함을 빼앗아 가는군요. 나는 제인이 그 순간을 즐거워하는 것 이외에는 어떤 부담감도 없었으면 좋겠어요."

우리는 잠시 침묵했다. 그런 후 제인은 입을 열었다. "내 안에서 변화를 느낄 수 있어요. 내가 하나님을 아는 것을 너무 감사하면서 식장 통로를 천천히 걸어가고 있는 내 자신이 그려지네요. 여러분들의 눈을 쳐다보고 그의 사랑을 느끼면서 말이지요." 제인은 조용히 눈물을 흘렸다.

그 순간 좋지 않는 생각이 내 안에서 일어나는 것을 느낄 수 있었다. 비전을 생각하고 나니까 열정을 생각하게 된 것이었다. 내 안에도 있는 그리스도의 생명이 친구에게로 흘러넘치고 친구에게서 하나님의 뜻이 이루어지기를 그저 바라는 것이 아니라, 자만심이 그것을 방해하고 있다는 것을 느꼈다. 그날 저녁 모임이 성공적으로 진행되는 것을 보면서 내가 기여한 것에 대해 스스로 자랑스러웠던 것이다. 내 영혼은 탄식할 수밖에 없었다. "오! 주님, 저는 교만 없이는 뭐든지 잘할 수가 없나 봅니다. 만일 제 안에 계속 이런 마음이 있다면, 성령에 맞추어 춤을 추지 못하고 제인의 발을 밟을 것입니다. 아무리 제 말이 훌륭하다 하더라도 제 영향력이 선하지 않을 것입니다."

내가 크게 말하였다. "지금 여러분들이 각자 느끼고 있는 것은 무엇입니까? 나는 이 대화가 정말 잘 진행되어서 내 역할에 대해 자랑스럽게 느끼고 있습니다."

스콧이 대답하였다. "나는 방금 내 아내와 함께 살기가 더 수월해질 것이라고 생각하고 있었어요."

리처드는 "뭐라고 해야 할지 생각나지 않는 내 자신이 부족하다고 생각하고 있었어요. 내가 이 대화에 어떻게 참여할 수 있는지 모르겠군요."라고 했다.

제인은 미소를 띠었다. "모두들 나처럼 혼란스러워하고 있다는 것을 알게 되니까 좋군요." 우리는 모두 안도했다.

빌은 깊은 생각에 잠긴 듯하더니 입을 열었다. "우리 모두가 제인 주위로 모여서 기도했으면 했습니다. 하지만 이런 감정도 미숙한 것이었지요. 우리가 듣지 못한 제인의 다른 이야기가 있다는 생각이 드는군요."

그 흐름을 깊게 생각해 보라. 그것은 어떤 정해진 공식이 아니라 성령의 언어에서 나오는 영적인 리듬이다. 즉 내면을 생각(어떤 전투인가?)하는 것이 비전을 생각(성령께서 그에게 하고자 하시는 것은 무엇인가?)하게 하고, 열정을 생각(그 과정에서 내 안에서 일어나고 있는 것은 무엇인가?)하게 해서 영혼의 이야기를 생각하도록 한다. 그런 사이클을 여러 번 반복하다가 결국에는 그 일의 원인이 되었던 과거의 사건과 숨은 이야기를 반영하도록 더 깊은 영혼의 이야기를 생각하고 싶어진다.

제인은 조용히 있었다. 내가 먼저 그녀에게 질문하였다. "당신의 부모나 남자 친구가 당신의 몸무게에 대해 안 좋게 대하거나 이야기한 기억이 있나요?"

그녀는 잠시 생각하더니 눈이 반짝였다. 목소리를 가다듬고 말했다.

"18살이던 내가 대학 갈 준비를 할 때, 나는 몸무게가 늘었음을 깨달았어요. 옷들이 조금씩 작을 정도였어요. 그것이 정말 나를 힘들게 했어요. 이제 새로운 세계를 시작해야 하는데 몸이 불어났으니까요.

그래서 울음을 터뜨렸던 기억이 나요. 그 울음소리가 너무 컸는지 아버지와 엄마가 무슨 일인가 하고 내 방으로 쫓아오셨어요. 나는 아버지에게 말했죠. '아빠, 제 몸무게가 느는 것이 정말 싫어요.'

그때 아버지가 말하셨던 것이 분명히 생각이 나요. '애야, 몸무게를 줄이려면 적게 먹으면 되지 않니? 그것이 뭐 그리 큰 문제라고? 정신과 상담이나 다른 것이 필요한 거 아니니?' 엄마는 아무 말씀도 없었어요. 그리고는 두 분 다 내 방에서 나가셨어요.

그때 내 마음이 무척 상했어요. 아버지는 내 갈등을 이해하려고 하지 않으셨어요. 내가 너무 나약하다고 느꼈지요. 그래서 결심했답니다. 내 인생에서 일어나는 것을 내 혼자의 힘으로 해결해야 한다고 말이지요. 만일 다른 사람에게 내 갈등을 이야기하면 아버지처럼 반응할 것 같았어요.

내가 인생의 모든 것을 주관하고 내 뜻대로 할 수 있다고 생각했었나 봐요. 이상하지만 이 이야기를 하니 정말 기분이 좋군요. 내 영혼이 가벼워지는 것을 느껴요. 정말이에요. 내가 앞에서 이야기했던 변화가 지금 더 실감나네요. 이제 내 딸의 결혼식이 정말 특별한 날이 되도록 돕고 싶고, 그 애가 기뻐하는 모습을 봤으면 좋겠어요. 나는 여전히 몸무게를 줄이고 싶지만 이제 그 욕구는 두 번째가 되었어요. 날씬해지겠다는 부담에서 더 자유로워졌어요.

정말 해방된 느낌이에요. 내 자신보다는 하나님을 더 생각할 수 있을 정도로 자유해졌어요. 그리고 내 모습 그대로 받아들일 수 있게 되었답니다. 여러분들이 말한 것이 내 아버지의 말보다 더 능력이 있는 것 같아요."

그것은 신비한 체험이었다.

영혼의 리듬

나는 그날 저녁을 두통으로 시작하였지만 기쁨으로 마칠 수 있었다. 우리는 영혼의 대화가 가진 능력을 볼 수 있었다. 당신도 사랑하는 사람들과의 대화에서 점점 더 그런 능력을 경험하기를 바란다. 그러기 위해서는 대화의 흐름을 부드럽게 인도하시는 성령의 초자연적인 리듬을 놓치지 말아야 한다.

첫째, 제인은 순례자로서 실제 이야기를 나누었다. "나의 몸무게가 늘고 있어요."

그때 조원들은 내면을 생각하기 시작했다. 몸무게에 대한 관심 아래에서 일어나고 있는 진정한 전투에 대하여 생각했다.

제인의 전투가 옛 생활의 길과 새로운 길 사이의 싸움임이 분명해지자 우리는 성령께서 하시고자 하시는 일에 더 의존했다. 성령을 의존함으로써 오는 확신이 생겼다. 그래서 비전을 생각할 수 있었다. 성령께서 제인에게 원하시는 것이 무엇인가?

비전에 대한 소망과 우리 내면의 열정을 생각함으로 오는 깨어짐은 우리를 자유하게 풀어 주었고, 해결책을 생각하는 것이 아니라 영혼의 이야기를 생각하도록 북돋워 주었다. 제인의 몸무게에 대한 문제가 딸의 결혼식 날짜가 결정되면서 다시 불거졌다는 사실을 남을 위한 호기심을 갖고 들어주었다.

그것은 다시 사이클로 돌아가도록 인도했다. 이것은 어떤 전투인가? 하나님의 비전은 무엇인가? 그 과정에서 우리 속에서는 어떤 일이 일어나고 있는가? 그런 다음 우리는 더 깊이 영혼의 이야기를 생각했다. 그때 제인은 18살 때 아버지와의 사건을 기억해냈다.

제인이 다시는 상처받지 않기 위해 자기 힘으로 주관하며 살려고 결심했던 것이 죄라는 사실을 깨닫게 되자 해방되었다. 하나님의 사랑 안에서 우리의 나쁜 죄를 깨닫게 되면 우리의 진정한 자아가 해방된다. 그리고 우리의 내면세계가 예수님의 내면세계를 점점 더 닮아가도록 변화된다. 하나님께서는 영혼의 대화를 하는 공동체를 통하여 그의 은혜를 나타내신다. 그러면서 우리는 영성 형성의 비전을 향하여 나아간다.

이제는 다섯 번째 단계인 성령의 역사를 생각할 때가 되었다. 우리가 있는 곳에서 예수님을 닮아 가도록 이끄시는 성령의 역사는 어떻게 이루어지는가? 이것이 다음에서 다룰 주제이다.

15
새로운 땅 새로운 삶

성령의 역사에 동참하라

깨어진 관계가 정말 다시 회복될 수 있을까? 어린 시절에 받았던 깊은 상처가 치유될 수 있을까? 귀한 친구를 얻거나 자녀들이 잘되는 것을 보는 것보다 하나님을 더 원하는 수준까지 실제로 도달할 수 있을까? 인생이 잘못되고 있는데도 진정한 기쁨을 누리며 사는 사람이 있을까? 헤더를 기억하는가? 그녀는 내게 춤추는 법을 가르쳐주었다. 그러나 그녀는 실제로 자기가 할 수 있었던 것보다 더 큰 약속을 하였다. 종교도 마찬가지로 지나치게 약속한다.

- "여기에 자녀들을 바르게 키우는 방법이 있다."
- "당신의 결혼생활이 긴장 가운데 계속되고 있는가? 여기 친밀한 대화를 위한

여섯 가지의 핵심을 적용해 보라. 그러면 훌륭한 결혼생활을 할 수 있을 것이다."

- "자신을 경멸하는 태도가 너무 심하지 않은가? 하나님께서는 제자리로 돌이켜 주실 수가 있다. 그 방법을 보여 주겠다."

종교적인 방법은 자신에게 더 집착하도록 부추긴다. 종교의 목적은 항상 동일하다. 당신이 원하는 삶을 살 수 있다는 식이다. 그보다 더 중요한 것이 없다고 생각한다. 종교의 핵심은 우리를 기분 좋게 해 주는 축복에 있다. 하나님을 경험하고 기쁨을 나누는 하나님과의 교제는 단지 달콤한 말일 뿐이다.

C. S. 루이스는 이런 말로 종교의 문제점을 지적하였다. "만일 우리가 첫 번째 중요한 것을 첫째의 위치에 둔다면 우리는 두 번째로 중요한 것도 얻을 수 있다. 그러나 두 번째의 것을 첫째로 두면 우리는 둘 다를 잃어버리게 된다." 그런데 종교는 두 번째의 것을 첫째로 두는 나쁜 습관을 키워 준다.

새로운 방식으로 살아가기

우리에게는 다른 길이 있다. 새로운 삶의 길이다. 전 세계의 사람들이 그것을 찾고 있다. 그러나 많은 사람들이 아니라 각 나라의 소수의 사람들, 각 교회의 소수의 사람들만이 찾고 있다. 많은 사람들을 움직이고, 인간관계에 혁명을 일으키며, 문화에 급진적인 변화의 문을 여는 그저 소수의 사람들일 뿐이다.

이제 우리는 종교적인 순례를 뒤로 하고 떠나야 한다. 우리가 인생을 더 잘살게 만들어 주시도록 하나님을 설득하기 위해 그에게 순종했던 우리의 모습을 회개해야 한다. 그러면 영적인 순례의 길을 걸어갈 수 있다.

우리는 딸이 시집갈 때까지 순결을 지키기를 원한다. 그러나 딸이 그녀의 정절을 지키게 하기 위해 종교적인 방법을 사용하지 말아야 한다. 그것은 두 번째의 것을 첫째로 두는 것이다. 그것은 종교적인 자녀 양육이며 옛 생활의 길이다. 그것은 다른 모든 것 위에 하나님을 더 귀중히 여기지 못하게 하는 것이다.

하나님을 사랑하는 이유로 이 모든 것을 해야 한다. 하나님의 사랑을 나타내기 위해 딸에게 순결을 지키도록 가르쳐야 한다는 말이다. 부모에게는 딸의 순결을 위해 기도해야 하는 책임은 있지만 딸의 순결을 위해 어떤 조건을 제시해야 하는 책임은 없다. 딸의 선택을 부모가 마음대로 주관할 수는 없는 일이다.

모든 기쁨의 근원이신 하나님을 사랑하고 하나님을 나타내기 위해 자녀들을 양육하는 것과 자녀들을 훌륭한 사람으로 만들기 위한 계획에 따라 양육하는 것에는 큰 차이가 있다. 자녀를 부모의 뜻에 따라 키우려는 의문의 옛 생활의 길은 당신과 자녀 모두에게 부담감을 준다. 당신의 기대를 맞추기 위해 피차 올바르게 행해야 한다는 부담감 말이다.

당신이 열심히 노력하면 자녀들이 잘 자란다는 사고방식은 옛 생활의 길의 방식이다. 자녀를 부모의 뜻에 따라 키울 때 그 자녀는 두 가지로 반응한다. 반항하며 개인적인 자유를 주장하는 길로 가든지, 아니면 부모를 기쁘게 하기 위해 자신의 영혼을 죽이는 것이다.

그러나 새로운 삶의 길은 자녀의 존엄성을 존중해 준다. 율법이 해결해 줄 수 없다는 것을 깨닫고, 자신의 죄를 인정함으로써 하나님의 용서를 통해서 그들이 찾고 있었던 기쁨을 누리도록 잔치에 초대되는 은혜를 깨닫게 한다. 힘으로 누르려는 갈등 없이 영적인 순례의 길로 가도록 훈련하는 자녀양육은 선택의 자유를 존중하고, 자녀를 통해 부모의 허전함을 채우고자 하는 강요 없이 사랑할 수 있도록 해 준다. 그래서 자녀를 부모의 우상이 되지 않아도 되게끔 강박감에서 풀어 준다.

하나님을 알아가는 새로운 순례

암과의 전쟁 이후, 나는 하나님을 알아가는 새로운 순례의 길을 가게 되었다. 성령께서 병실에서 내게 주신 신비한 경험(이 책의 서론에서 이야기했다)은 바울의 다메섹 도상에서의 경험과 같은 것이 되었다. 물론 그것이 나의 회심 사건은 아니었다. 나는 이미 오래전에 그리스도께로 회심했다.

그러나 그 경험은 내 영혼을 일깨워 주었다. 예상치 못한 기쁨을 느꼈고, 암이 낫고 싶다는 소원은 두 번째가 되었다. 성령께서는 나를 이끄셔서 영적인 순례의 길을 가도록 인도하셨다. 물론 수술이 잘됐으면 했지만, 그런 바람은 천국에서 춤을 추는 바람에 비하면 두 번째 우선순위일 뿐이다. 오! 얼마나 멋진 춤인가! 성령의 리듬에 맞추어 움직이고, 성자의 구원하시는 능력 안에서 뛰며, 성부 하나님의 환영하시는 품 안에 안기는 것!

영원하신 하나님과의 교제를 이처럼 인격적으로 경험한 적이 없었다. 하나님 이외의 모든 것을 잃어버릴 각오를 하자 비전을 볼 수 있었다.

그 이후로 내가 원하는 모든 것들은 두 번째로 가치 있는 것이 되었고, 문자 그대로 다른 모든 좋은 것보다 하나님을 더 원하게 되었다. 나는 21세기가 영성의 시대가 될 것이라는 현대 문명 학자들의 말에 동의한다.[13]

나의 내면 깊은 소리는 어떤 좋은 인생보다 하나님을 바라는 영적 순례로 가야 한다고 계속 나를 설득했다. 그렇지 않으면 겉으로는 옳게 보일지 모르지만, 결국에는 인생에서 하나님을 경험하는 것과 우리가 경배하는 더 나은 인생 모두를 다 잃어버리는 비참한 삶에 속아서 살아갈 것이다.

부모로서 나의 가장 큰 실수는 두 아들을 너무 사랑했던 것이다. 두 아이는 태어나자마자 내 인생의 최우선순위가 되었다. 그러나 나는 내 눈을 가리는 두껍고 어두운 자기기만 때문에 그것을 보지 못했다. 나는 그들을 거룩한 사랑으로 사랑한다고 생각했지만, 사실 그것은 나를 위한 자아도취적 사랑이었다. 나는 그들의 운동 시합에 참여하고, 그들에게 테니스를 가르쳐주고, 그들을 엄하게 훈계하며, 성경을 가르치면서 나의 아성을 쌓아왔던 것이다.

바라는 욕구대로 커가는 기쁨을 누리기 위해서는 더 나은 생활이 필요했다. 부모로서 종교적인 순례를 하면서 경건한 아버지처럼 보이기 위해 자기경배의 옷을 입고 있었다. 나는 어리석었다.

이제 내게는 영혼의 대화를 향한 간절함이 있다. 하나님께서 원하시는 언어로 이야기하는 것이 인간 영혼에서 성령의 운행하심을 따를 수 있는 가장 강력한 도구임을 확신하기 때문이다.

하나님께서는 우리를 종교의 길에서 끌어내시고 영의 길로 나아가도록, 옛 생활의 길에서 새로운 삶의 길로 옮기도록 우리 안에서 역사하신다. 우리를 사랑하시기 때문에 우리 안에서 역사하신다. 그분은 그리스도가 생명이시며 모든 좋은 것의 근원임을 알기 때문에 그리스도께 몰두하신다. 그리고 우리를 통해 그의 능력을 드러내어 다른 사람들이 새로운 땅에 있는 새로운 삶으로 인도되기를 원하신다.

우리가 새로운 삶을 살아갈 때 성령께서는 회복된 관계, 치유된 상처, 그리스도를 향한 깊은 열정, 그리고 아무도 빼앗아 갈 수 없는 기쁨을 주시며 즐거워하신다. 이 모든 축복들은 두 번째의 것이지만, 그리스도를 향한 갈망이 우선인 사람들에게 성령께서 주시고자 하는 것들이다.

헤더에게 춤을 배웠어도 나는 춤을 잘 추지 못했다. 내 어깨를 치면서 "나에게 춤추는 방법을 가르쳐주시겠어요?"라고 말하는 사람은 한 명도 없다.

그것은 헤더의 잘못이 아니다. 그녀는 좋은 선생이었다. 문제는 내게 있었다. 내 팔과 다리와 어깨는 좋은 음악에 맞추어 자연스럽게 움직이는 리듬감이 부족했기 때문이었다.

하나님의 율법은 좋은 선생이다. 십계명은 우리에게 어떻게 살아야 하는지를 가르쳐준다. 예수님을 따르는 자로서 그의 교훈을 들을 때 나는 정말 순종하기를 원한다. 마치 춤을 잘 추기를 원하는 것처럼 말이다.

그러나 무엇인가 잘못되어 있다. 나는 하나님의 계명을 따르기를 원하지만 마귀의 소리에 더 쉽게 이끌리는 것처럼 보인다.

- 비판을 느낄 때 나는 방어적이 된다.
- 기대가 있는 곳에서 부담을 느낀다.

- 어떤 사람이 나를 싫어하는 것처럼 생각되면 뽀로통해진다. 마귀의 인도에 따라 보복하고 싶은 마음도 든다.
- 나를 초청하지 않은 파티에 대한 소식을 들을 때 나를 냉대한 사람을 초청하지 않고 파티를 열고 싶어 한다.
- 내가 상처받고 무시되고 실망할 때 내가 받은 고통보다 더 부당한 것은 없다고 생각한다. 그래서 자신을 위해 정의를 앞세워 싸운다. 그리고 나의 자존감을 회복하기 위한 나의 싸움에 왜 다른 사람이 동참해 주지 않는지 의아해 한다. 물론 다른 사람은 내 싸움에 관심이 없지만 말이다.

그럴 때 나는 먼저 자신에게 말하고 그 다음에는 내 이야기를 들어주는 다른 사람에게 비극적으로 말한다. "내가 얼마나 참고 있는지 좀 보세요."

어떤 경우에는 로맨스로 이야기하기도 한다. "나는 내게 쏟아져 내린 자갈더미의 인생에서 벗어났소. 영웅의 힘으로 말이오. 박수 쳐 주시오."

때로는 으쓱해지고 우월한 마음으로 이야기한다. 그래서 환상에 빠진 친구들을 모아 어두움 가운데서 멋진 교제를 즐긴다. 우리는 함께 인생을 냉소하며 모순적인 이야기를 나눈다.

그러다가 기분이 나쁜 것에 싫증을 느끼면 더 나은 기분을 가질 수 있도록 분위기를 전환한다. 기분을 좋게 하기 위해 골프를 치거나 쇼핑을 하거나 주일학교 4학년을 가르치거나 새 차를 사거나 파티를 열든지 아니면 교회에 간다. 그러면 내 인생이 희극이 되어서 얼굴에 미소를 그린 어릿광대처럼 인생을 바라보고, 영혼의 고통과 허무함을 감추고 인생의 표면만 보며 행복하게 살아간다. 갈등에 대해 5분이나 10분 정도 이야기하고는 저녁식사나 영화를 관람하기 위해 나간다.

이것이 내가 본성적으로 살아왔던 네 가지의 길이었다. 당신도 마찬가지일 것이다. 그러면 어떻게 우리가 자기몰두의 형태로부터 하나님께 몰두하는 새로운 삶의 길을 갈 수 있는가? 어떻게 하면 우리의 인생을 평탄하게 살기를 원하기보다 성삼위 하나님과 춤추기를 원할 수 있을까?

옛 생활의 길 따라 사는 인생

옛 생활의 길에서는 성삼위 하나님과 함께 춤을 출 수가 없다. 종교적인 순례의 길에서 우리의 선생은 율법이다. 우리는 그것을 지킬 수 있다는 소망을 갖는다. 그러나 우리는 여전히 율법의 요구를 들으며 내면의 깊은 곳에서 죄의식을 깨닫는다. 우리는 하나님의 표준에 결코 도달할 수 없음을 안다. 시내 산 꼭대기에서 우리가 따라갈 수 없는 리듬의 음악을 듣는다.

그래서 우리는 따르기를 포기하고, 죄를 부인하고, 우리 나름대로 최선을 다한다. 우리의 본성적인 에너지가 두 번째의 욕구에 목표를 둔다는 사실을 깨닫지 못한다. 하나님보다 건강, 친구, 돈, 가족, 만족, 기쁨, 모험, 사랑, 보람에 더 가치를 둔다.

로마서 1장과 2장에서는 우리의 본성적인 에너지가 하나님을 하찮게 여기도록 만드는 정욕으로 묘사되고 있다. 그것은 하나님을 경배하지도 않는다. 온 세계를 지으신 그의 영광을 "값싼 물건은 길거리 어디서나 구할 수 있다."(롬 1:23)고 말씀한다.

내가 천국에서 들리는 음악의 리듬에 따라 춤추는 것이 힘든 이유를 알게 되었다. 그것은 내 본성의 에너지가 하나님을 아는 것보다는 더 나은 인생을 위한 길로 맞춰져 있고, 눈이 가려져 어리석고 악한 길의 결과를 보지 못하기 때문이다. 하나님보다 다른 것에 대한 즐거움을 추구하는 것은 인간 본연의 목적을 잃어버리는 것이다. 사람에게는 아직도 하나님의 형상이 남아 있지만, 죄로 인해 인간은 부패했다. 그래서 왜곡된 정욕이 타오르게 되었다. 내 힘으로 사이클을 돌리면서 어느 정도 인생을 주관할 수 있는 즐거움에 중독되어 있다. 아마도 그것이 얼마나 어리석은지 깨닫지 못한 이유일 것이다.

이 모든 것들이 내 안에서 일어나고 있는 동안에도 나는 좋은 표정만을 관리하려고 한다. 그러면서 '좋은' 그리스도인이 되고 교리에 정통한 사람이 된다고 생각한다. 다른 사람처럼 눈에 드러나는 죄에 빠지지 않음을 자랑스럽게 여긴다. 교회 출석을 열심히 하고 십일조를 드리며 전도 위원회에서 봉사하기도 한다.

의식하지 않는 사이에 아무도 볼 수 없는 내 영혼의 깊은 곳에서 지옥의 소리들이 새 나온다. 그것을 막으려 하고 숨기면서도, 어느 정도 그것을 즐긴다. "그녀를 위해 기도할 필요가 있어요. 그녀가 무슨 일을 저질렀는지 들으셨어요?"라며 험담을 하기도 한다. 거짓말도 하고 말로 남의 인격을 죽이기도 한다. 그리고 마치 세 살 된 아이가 잠자러 가기 싫을 때 "엄마, 미워!"라고 외치듯이 내 자유를 방해하는 권위를 원망한다.

지옥의 소리에 이끌리면서도 더 깊은 곳에서는 내가 잘못된 방향으로 가고 있다는 소리가 들려온다. 그러나 멈출 수가 없다. 한동안 그것을 상관하지 않고 관심도 기울이지 않는다. 점점 더 어두운 아래로 끌려간다.

그러면서도 다른 사람이 나를 이해해 주고, 나를 비난하지 말고 격려해 주고, 유쾌하게 해 주고, 나와 함께 있어 주고, 방향을 바꾸라고 말하지 않고 더 나은 기분을 느낄 수 있도록 도와주어야 한다고 생각한다.

이것이 지옥의 춤이다. 예수님을 따르는 수많은 사람들도 이런 춤을 추고 있다. 프로그램 중심이고, 성공지향적이며, 흥분에 중독된 교회 문화로 인해 그것을 보지 못하고 있다. 그것은 암에 걸렸는데 단지 상처의 표면에만 반창고를 붙이고는 암이 퍼지는 것은 무시하는 것과 같다.

- 경건의 시간을 가지라!
- 소그룹에 참여하라!
- 십일조를 드리라!
- 성가대에 봉사하라!
- 베스트셀러 기독교 서적을 읽으라!
- 수양회에 등록하라!
- 더 기도하라!
- 개혁 교단에 들어오라!
- 칼뱅을 따르라!
- 성경의 원리에 따라 자녀를 키우라!
- 사춘기의 딸에게 아버지와의 시간을 할애하라!
- 청소년기의 아들에게 성과 마약에 대하여 교육하라!
- 상처를 치유하고 상한 자존감을 회복하기 위하여 상담하라!
- 아내에게 사랑의 언어로 말하라!

- 남편에 대한 불평을 멈추라!
- 부정적인 사고를 멈추라!

그런데 인간의 영혼에서 일어나고 있는 진정한 전투에는 결코 들어가지 않는다. 영혼의 대화를 하는 사람이 아무도 없다. 옛 생활의 길과 새로운 삶의 길 사이의 전투를 인식조차 못한다. 성령께서 우리의 내면에서 무엇을 행하기 원하시는지도 알지 못한다. 그 누구도 자기집착이 자기내면을 오염시키고 있음을 모른다. 우리의 영혼에서 흘러나온 생수가 다른 사람의 갈급한 영혼으로 흘러가는 길이 막혔음을 깨닫지 못한다.

우리는 다른 사람의 영혼의 이야기를 들어 본 적이 없다. 친구나 남을 위한 호기심을 갖고 들어주려는 사람이 있어도 우리의 이야기를 영혼의 신비한 드라마로 말하지 못한다. 우리의 수치스러운 숨은 이야기는 말하지 않고 감춘다. 또한 당혹스러운 비밀을 결코 나누지 않는다. 그리고 진솔한 갈등이나 실패를 드러내지 않는다. 우리는 예수님을 따르는 자들과 함께 매일 어울리지만 서로 깊이 있게 알지 못하고 관심을 받지 못하는 비극적인 인생을 살고 있다.

영혼의 친구를 기뻐하라

이제 돌아서서 태양을 바라보라. 당신이 어둠 가운데서 지옥의 음악에 따라 춤을 추고 있는데, 어떤 친구가 당신을 향하여 걸어오고 있다고 상상해 보라.

그 친구는 당신이 한평생을 신뢰할 수 있는 영혼의 친구이다. "한평생을 신뢰할 수 있는 친구가 없는 사람은 머리 없는 몸과 같다."라는 아일랜드 속담이 있다.

상상력의 나래를 펼쳐 보라. 마귀의 춤을 추는 곳으로 들어온 이 친구가 영혼의 대화로 말하는 사람이라고 가정해 보자.

- 내면을 생각하면서, 옛 생활의 길과 새로운 삶의 길 사이의 진정한 전투를 보고, 종교의 거짓된 복음과 기독교 진리의 복음 사이의 차이를 말한다.
- 비전을 생각하면서, 당신의 특성을 알고 미래에 대한 가능성을 믿는 눈으로 소망을 갖고 바라본다.
- 열정을 생각하면서, 자신의 연약함을 깨달아 겸손하며, 성령께 의지하는 깨어진 사람으로서 예수님의 향기가 난다.
- 영혼의 이야기를 생각하면서 당신이 이야기를 비극적으로, 또는 로맨틱하게, 모순적으로, 혹은 희극적으로 이야기할 때 인내하며 참아 주고, 남을 위한 호기심을 갖고 들어준다. 사랑으로 책망하고 도전하며, 은혜로 인도하여 잘못된 곳에 서조차도 하나님을 바라볼 수 있도록 해 준다. 그는 당신 영혼의 이야기를 탐구하면서 당신을 흔들 수 없는 소망으로 이끌어 준다.

이제 당신 스스로를 그 친구로 상상해 보라. 사랑하는 친구의 영혼 속에 있는 전투로 들어가 하나님께서 원하시는 언어로 이야기하려는 친구의 입장이 되어 보라.

사랑하는 친구와의 관계에서 더 이상 율법은 선생이 아니다. 당신은 더 이상 모세의 율법과 계명을 대표하는 사람이 아니다. 당신이 대화하면서 따라야 하는 정해진 원칙이 있는 것은 아니다. 당신 안에 계시는 성령께서 바로 선생이기 때문이다.

물론 율법은 여전히 남아 있고 영원할 것이다. 그러나 돌에 새긴 의문의 묵은 것으로 율법화되지는 말아야 한다. 시내 산 앞에서 떨어야 할 이유가 없다. 이제는 함께 하나님의 도성인 시온 산으로 올라가고 있기 때문이다. 율법은 당신 안에 있고 당신의 새로운 심령에 새겨져 있다. 과거에는 거룩한 의무였다면 이제는 거룩한 갈망이 된 것이다. 그래서 더 이상 부담스러운 의무가 아니라 소원하는 갈망이 되었으므로 당신의 친구도 그런 자유함을 누리기를 원한다.

이제는 하나님께 순종함으로써 하나님을 사랑하기를 원한다. 또한 원망을 버리고 음란을 포기함으로써 배우자를 사랑하기를 원한다. 자녀들에게는 하나님을 나타내기 위해 사랑으로 양육하기를 원한다. 하나님의 뜻이 하늘에서 이루어진 것처럼 땅에서 이루어지기를 원하기 때문에 친구들을 섬기며 좋은 시민이 되고 사회를 섬기려고 한다. 비록 그런 갈망이 친구의 영혼에 묻혀 있을지라도 그도 역시 그것을 원하고 있음을 안다.

그러므로 당신은 더 이상 낙태, 도박, 아동학대, 매춘에 대해 자기 의로 가득한 십자군처럼 싸우지 않는다. 또한 동료 그리스도인들에게 도덕적인 전투에 참여하고, 교회에 가서 봉사하며 가족을 사랑하도록 명령하지도 않는다. 그러나 자신은 나쁜 것에 대해서는 이전보다 더 분명하게 대항하며 선을 위하여 더 뜻 깊게 살아간다.

이제는 영혼의 대화를 함으로써 사람들을 더 좋은 길로 초대하면서 그리스도의 향기를 나타낸다. 천국의 음악을 듣고 성령의 리듬이 당신 안에 있음을 깨닫는다. 그래서 그 음악을 들을 때 춤을 추기 시작한다. 성삼위 하나님께서 창조 이후 계속 추고 계신 천국에서의 춤을 당신도 출 수 있다. 그것은 지치지 않고 영원히 출 수 있는 춤이다. 그것은 당신과 나, 그리고 우리가 사랑하는 사람들이 지금 출 수 있는 춤이기도 하다.

우리의 계속되는 갈등

우리가 천국에 갈 때까지는 결코 완전한 춤을 출 수는 없을 것이다. 우리는 여전히 리듬을 놓치고 남의 발을 밟기도 할 것이다. 우리 안에는 아직도 지옥의 소리에 따르고 싶어 하는 본성이 있기 때문이다.

그래서 바울과 같이 정직하게 고백할 수밖에 없다. "나는 육신에 속하여 죄 아래 팔렸도다"(롬 7:14, 개역). 바울도 하고 싶은 이야기가 있었음이 분명하다. 우리와 같이 그에게도 예수님을 만나기 전까지의 삶에서 수치스러운 숨은 이야기가 있고, 인생과 죽음을 잘못 정의하게 만든 과거의 사건이 있었을 것이다.

그리스도를 만나기 전에 바울은 종교의 지도자였다. 그는 육백 가지가 넘는 종교적인 규례를 신중하게 따르면서 자신에 대한 자만심이 있었다. 그러던 그가 다메섹 도상에서 그리스도를 만난 후 영적인 순례의 길을 가게 되었다. 우리의 순례의 길이 그렇듯이 그의 순례도 순탄하지는 않았다. 로마서에서 그는 남을 위한 호기심을 갖고 그의 이야기의 단편을 들어보도록 우리를 초대한다. "나의 행하는 것을 내가 알지 못하노니 곧 원하는 이것은 행하지 아니하고 도리어 미워하는 그것을 함이라"(롬 7:15, 개역).

바울 당신도 그렇다고? 그 사실이 나에게 위로가 된다. 바울은 실패했을 때도 소망을 버리지 않았다. 그리고 믿을 수 없는 상실의 시기에도 잘 견디었다. 그는 다메섹 이후로 언젠가는 완전하게 춤을 출 것이라는 기대를 가지고 인생을 살았다. 어떻게 그렇게 할 수 있었을까?

"나는 무엇인가 더 필요합니다. 저는 부족합니다. 내 안에 죄가 날로 나를 사로잡습니다."(17, 18, 19절).

바울도 정말 갈등하지 않았는가? 그런데 해결책이 있을까?

"모든 것을 시도했지만 소용없었습니다. 지금 난 절벽의 밧줄 끝에 매달려 있습니다"(24절). 바울이여, 우리가 인생의 밧줄 끝에 달려 있을 때 우리가 축복받은 사람임을 기억하라고 주님이 말씀하시지 않았는가?

물론 내가 인생의 밧줄 끝에 매달려 있을 때, 나는 "거기 나를 도와줄 사람이 없소?"라고 묻는다.

바울은 우리가 자기집착에 빠져 있는 동안에는 로마서 7장 6절의 말씀대로 새로운 삶의 길을 결코 살 수 없다고 한다. 인생의 밧줄 끝자락에 매달려 있을 때, 우리의 자기집착이 더 이상 소망이 아님을 깨닫고 하나님께 매달리기 시작한다. 이것이 바울이 말하고자 하는 대답일 것이다.

"하나님께 감사합니다. 주 예수 그리스도께서 우리를 하나님께 집중할 수 있는 자유함으로 인도하십니다. 메시아이신 예수님이 오심으로 – 옛 모습으로 살면서 동시에 새로운 삶을 추구하는 이 딜레마를 풀어 주셨습니다. 이제 우리는 우리 안에 역사하시는 성령님으로 인해 기뻐할 수 있습니다"(롬 7:25; 8:1, 2).

새로운 삶의 길을 살고 싶은데 옛 생활의 길을 따라 사는 어쩔 수 없는 딜레마가 예수님이 오심으로 해결되었다는 말씀이다. 이제 우리는 성령께서 우리 안에서 행하시는 대로 성령을 좇아 행하기만 하면 된다(롬 8:4).

우리는 영혼의 대화를 하는 사람들의 공동체 안에서 함께 성령을 좇아 행할 수 있다. 우리는 새 땅의 새로운 삶으로 서로를 인도할 수 있다.

이것이 영혼의 대화의 다섯 번째이며 마지막 단계인 성령의 역사를 생각하는 것이다. 성령께서는 이미 우리의 전투에서 우리가 미래에 될 수 있는 비전을 향해 역사하고 계신다. 그는 깨어진 형제와 자매를 우리의 영혼으로 인도하여 남을 위한 호기심을 갖고 우리의 이야기를 듣도록 움직이신다.

우리가 성령의 역사를 인식한다면 우리는 그의 운행하심을 나타내고 북돋워 주는 말을 하면서 그를 따를 수 있다.

성령의 역사를 생각해 보자.

16
내 파트너는 성령

혼자 막춤 추는 사람

당신이 성령과 함께 춤을 출 때 성령께서는 항상 당신을 인도하신다. 성령의 움직임에 민감하지 않으면 당신은 혼자서 필요 이상으로 빨리 움직이거나 다른 방향으로 나갈 것이다. 그러면 자아의 대화를 할 수밖에 없다.

그것은 강단 위에서든지, 상담 중이든지, 원고 집필 중이든지, 강의를 듣는 중이든지, 수양회에서든지, 친구와의 대화에서든지, 소그룹에서든지, 어디에서든지 마찬가지이다. 자아의 대화는 에이즈보다도 더 흔하면서도 치명적인 유행성 질병이다. 어떻게 그런 일이 일어날 수 있는지를 설명해 보겠다.

어떤 문제가 화제가 된다. 어쩌면 이혼이나, 우울증이나, 낙심에 대한 문제일 수도 있겠다. 우리가 원하는 대로 일이 되지 않아서 마음이 상하고 낙심이 되며 불행해 한다.

바로 모든 초점이 해결책에 맞춰진다. 이 문제를 어떻게 할 것인가? 어떤 방법으로 우리가 원하는 대로 인생을 다시 회복시킬 수 있을까? 어떻게 이 모든 고통을 해소하고 축복을 다시 돌이킬 수 있을까? 상황이 좋아지기 위한 하나님의 계획은 무엇일까? 이 모든 것은 하나님의 영광을 위한 것이라고 주장하면서 이런 질문들을 한다. 그러나 실제로는 하나님의 영광을 단지 그가 공급해 주는 선물로만 축소시키는 것이다. 그 인격의 아름다운 영광에까지 이르지 못한다. 그러나 이것은 수많은 설교를 들은 뒤에 이루어지는 생각들이다. 또한 우리가 문제를 당한 친구와 함께 대화할 때 자주 따라가게 되는 방향이기도 하다.

우리는 축복에 대한 강박증이 만연한 문화에 살고 있다. 우리는 축복을 위해 살아가면서, 자아집착을 하나님의 이름으로 포장하여 말한다. 하나님께서는 우리가 행복하기를 원하신다. 하나님께서는 축복하시기를 원하신다. 자신의 아들을 아낌없이 우리에게 주신 하나님께서 어찌 다른 좋은 것들을 주지 않으시겠는가? 이런 질문들을 던지며 하나님의 선하심에 대한 감사를 교묘하게 자기과시로 바꾼다.

우리가 가장 원하는 것들을 '좋은 것들'이라고 정의하면서 하나님께서 지금 이 땅 위의 인생에 그 좋은 것들을 확실하게 주실 것을 믿는다. 그러나 이것은 축복에 집착한 삶이고 자기집착에 사로잡힌 삶이다. 두 번째의 욕구에 사로잡힌 인생이다. 이와 같은 욕심은 결국 하나님께 몰두하는 삶을 보지 못하도록 한다.

두 번째의 것을 첫 번째로 두는 것

현대 기독교의 약점은 피상적인 예배, 근거 없는 흥분, 군중집회에 대한 집착뿐 아니라 다음의 한 마디를 더 추가할 수 있다. 우리는 성령님을 하나님께서 우리에게 축복을 주시기 위해 마련한 존재로만 인식한다는 것이다. 고통 당한 어린양은 이제 그 사명을 다 이루었다. 다음은 전능하신 성령의 차례다. 성령 사역은 이미 완성된 십자가의 고통 위에서 우리의 문제를 해결하고, 상처를 치유하고, 안정되게 하며, 고통을 모험과 보람과 사랑으로 대신하는 것이라고 생각한다.

그래서 우리는 보다 질 좋은 생활을 위해 타 종교들, 자립 정책들, 그리고 이상적인 정치적 이념들과 함께 경쟁하고 있다. 그러나 우리가 천국에 가기 전까지 그리스도께서는 그 어떤 축복도 이 땅 위에서 보장하신 적이 없다. 그저 승산 없는 싸움일 뿐이다.

기독교 문화에서는 두 번째의 것이 첫 번째 자리를 차지하고 있다. 그러므로 우리는 하나님과의 인격적인 경험을 바로 잃어버릴 위험에 처해 있다. 우리는 자기과시에 집착해서 하나님께서 우리에게 주시기를 원하시는 두 번째의 좋은 것들조차도 잃어버릴 위험에 직면한 것이다. 예를 들면 사랑하는 좋은 배우자, 책임 있게 살아가는 자녀, 우리의 외로움을 해소시켜 주는 친구들과 같은, 인생에 필요한 정당한 욕구들이 설 자리를 잃어버린다. 하나님께서는 이런 좋은 축복들을 우리에게 주실 수도 있고 주지 않으실 수도 있다. 그러나 만일 우리가 첫 번째의 것을 첫째로 제대로 둔다면, 그래서 우리가 하나님을 깊이 알게 된다면, 즉 하나님을 아는 것이 인생에서 첫 번째로 중요한 욕구가 된다면, 하나님께서 우리에게 주실 두 번째 욕구를 막을 방해물은 없다.

우리는 성령의 역사하심을 믿는다. 그는 항상 역사하신다. 우리가 대화하는 중에도, 우리 가운데 역사하신다. 그러나 성령께서 우리가 세워 놓은 시간에 우리가 선택한 방향에 따라 역사하시리라고 추측하는 것은 금물이다. 예를 들면, 감정의 치유를 위한 주말 수양회를 준비해 놓고, 그 수양회의 주제를 설명하는 "이번 주말에 당신은 성령의 어루만져주심을 느끼고 영혼이 회복될 것입니다. 당신은 기쁨으로 충만할 것입니다."라는 말 자체가 맞지 않다는 것이다.

자아의 대화를 영혼의 대화인 것처럼 가장하는 위험은 우리가 성령의 역사를 생각할 때 흔히 일어난다. 현대 기독교는 성령께서 우리로 하여금 그리스도를 닮아가도록 하는 것보다 우리에게 좋은 인생(우리가 정의하는 좋은 인생)을 주시기 위해 역사하신다고 추정함으로써 과거의 기독교의 모습(고난을 감내하는 그리스도인)으로 역행하고 있다. 그러므로 우리는 기독교라는 이름 아래 행복하게 잘 살기 위해 최선을 다한다. 그 결과 우리는 종교적인 자아의 대화를 할 뿐이다. 자아의 대화는 주일마다 대부분의 교회에서 이루어지고 있다. 기독교조차 자아의 대화로 가득하게 되었다는 말이다.

그러나 만일 우리가 성령께서 어디서 어떻게 역사하시는지를 성경적으로 생각한다면, 진정한 영혼의 대화를 위한 기회가 더 많아질 것이다.

당신은 사랑하는 사람과 영혼의 대화를 할 것이다. 그 결과 주일학교에서 가르치며, 소그룹을 인도하며, 설교를 하며, 상담을 할 준비가 된다. 사람들이 영혼의 이야기를 나눌 때 귀를 기울인다. 어쩌면 그들의 숨은 이야기와 현재에 강하게 영향을 끼친 과거의 사건을 알게 될 수도 있다.

그리고 당신이 들은 이야기의 내면을 생각한다. 당신과 다른 사람들 안에 있는 옛 생활의 길과 새로운 삶의 길 사이의 전투를 이해한다. 성령께 의지하여 비전을 생각하며 그 사람의 인생에서 일어날 수 있는 가능성으로 인하여 마음이 설렌다. 동시에 자신을 점검하면서 당신의 내면의 동기를 살펴본다. 자신을 돌아봄으로써 겸손해지고 회개한다. 성령께서 당신의 언어를 주관하고 능력 주시기를 간절히 바란다. 내면을 생각하고, 비전을 생각하고, 열정을 생각하고, 영혼의 이야기를 생각하는 것이다. 이제 다음 단계로 넘어갈 준비가 되었다.

당신은 다른 사람들을 위한 성령의 비전을 향해 나아가기를 원한다. 비전을 강요하는 것이 아니다. 비전을 가지는 것이 첫 번째로 중요한 우선순위임을 부각시키는 것이다. 하나님을 즐거워하고 그를 다른 사람에게 나타내고 성령께서 어디로 인도하시는지를 분별하고 따르는 것, 그것이 첫째이기를 원한다. 또한 성령께서 이끄시는 변화를 이루는 데 있어 당신이 파트너로서 무엇을 할 수 있는지를 알고자 한다. 그것은 바로 성령의 역사를 생각하는 것이다.

만일 당신이 영혼의 대화를 한다면 무엇을 말해야 할지 알 것이다. 당신이 하나님께서 원하시는 언어로 말한다면 가족이나 친구의 삶에 깊은 영향을 끼치는 대화를 나눌 것이며, 또한 하나님의 놀라운 쓰임을 받을 것이다. 하나님께서는 다른 사람의 결혼생활을 회복시키기 위해 당신을 쓰실 수도 있고, 그렇지 않을 수도 있다. 그러나 그렇든지 그렇지 않든지, 당신의 삶은 예수 그리스도를 더 아름답고 매력적으로 보이게 하기에 충분할 것이며, 하나님의 기쁨을 크게 할 것이다. 더불어 당신은 사랑하는 사람이 변화되기를 간절히 원할 것이다. 이것은 두 번째의 욕구에 속하지만 정당하고 강한 욕구이다.

당신의 눈으로 실제 성령의 역사를 보는 것만큼 흥분되는 일은 없다. 또한 당신이 말하는 이야기가 성령의 역사에 쓰임 받고 있다는 사실을 아는 것만큼 만족스러운 일도 없을 것이다.

성령의 역사를 생각하라

어떤 이야기를 통해 성령의 역사를 생각하라는 다섯 번째의 교훈을 소개하고자 한다. 이것은 실제의 이야기이며 슬픔과 고통으로 시작되었지만 새 땅의 새로운 삶으로 바뀐 사람의 이야기이다.

말린은 4년 전에 남편과 이혼을 했다. 어느 날 그 남편이 다른 여자와 재혼을 한다는 이야기를 들었다. 그때 말린은 일주일 동안 수양회에 참석할 예정이었다. 성령의 리듬에 맞춰 다른 사람의 영혼으로 들어가는 훈련에서 그녀는 자신의 이야기를 했다.

"다음 주에 이혼한 남편과 함께 모여야 하는 가족 모임이 있습니다. 내가 그를 무시해야 하는지, 차갑게 예의를 갖추어야 하는지, 비난을 해야 하는지 모르겠어요. 이 모든 것들이 잘못된 것인 줄은 알지만 내가 어떻게 해야 할지를 정말 모르겠어요."

무엇을 해야 한다는 말을 들을 때마다 이것을 의식하라. 그 말은 단지 의무일 뿐이고 리듬이 없는 말이다. 그것은 구습의 단어이다. 말린은 계속 말했다.

"내가 다음 주에 그를 만났을 때 성령의 인도하심에 따르려면 기도가 많이 필요할 것입니다. 지금은 두렵고 화가 나요. 그리고 마음이 매우 상했어요." 그녀는 옛 생활의 길에서 새로운 삶의 길로 옮기기를 원했지만 기적이 일어나야 그것이 가능하다는 사실을 알고 있었다.

우리 그룹은 한 주간 동안 우리 영혼 안에서 벌어지고 있는 진정한 전투에 대하여 이야기하였다. 그 전투는 우리의 삶이 잘 풀리기를 원하고, 자신에 대하여 좋은 기분을 느끼기를 원하고, 합당한 축복을 너무 원해서 우리가 선호하는 것이 첫째 욕구가 되는 옛 생활과의 싸움에 대한 것이었다. 우리는 두 번째 욕구를 첫째로 삼고, 그것이 주어지지 않으면 원망하고, 보복하고, 자기보호에 빠지는 죄를 고백했다.

우리는 영성 형성에 대해 이야기하면서 성령께서 종종 우리에게 축복 대신 고통을 느끼게 하여 축복에 대한 집착으로부터 떼어 놓으신다는 사실을 이야기했다. 그 후에 성령께서 어떤 두 번째의 욕구도 채울 수 없고 오직 하나님만이 채우실 수 있는 우리 영혼의 텅 빈 공간을 발견하도록 도와주신다는 사실 또한 고백했다.

우리는 회복된 결혼이나 어떤 다른 축복도 만족시킬 수 없는 깊은 갈망을 발견하기 위해 우리의 영혼을 돌아보는 시간을 가졌다. 그리고 하나님께서 축복을 주시지 않을 때라도 하나님을 경험하는 것이 실제로 우리의 만족이 된다는 의미를 숙고해 보았다.

4세기의 신학자들은 하나님과 교제하고, 하나님과의 연합을 경험하는 것이 어떤 것인지를 보여 주는 그림을 그렸다. 그들은 마침내 '함께 춤을 춘다'는 단어로 결론을 지었다. 그들이 제시한 것은 성삼위 하나님께서 완전한 사랑의 리듬 안에서 함께 춤을 추시는 그림이었다.

우리는 온전히 하나님 아버지를 기쁘시게 하는 예수님을 생각하고, 그의 완전한 자유함을 함께 소유하며 즐거워하고, 은혜를 베푸시는 성부 하나님을 그려 보았다. 성부의 아름다운 사역에 전적으로 헌신하여 아버지께 자신을 온전히 포기하여 드린 성자를 마음속에 그려 보았다. 그리고 하나님의 영으로서 거룩한 춤을 추시는 성령님, 성부와 성자 사이에 깊은 친밀감을 돋우시는 성령을 떠올렸다.

토요일 아침 우리는 성삼위 하나님의 춤에 동참하도록 초청하시는 하나님께 예배를 드렸다. 조원 중 한 명이 피아노 앞에 앉았다. 그의 손이 건반 위를 날아다니며 연주를 시작했을 때 우리는 모두 의자에서 일어났다. 거의 15분 동안을 그 방에 가득하게 울려 퍼지는 아름다운 음악에 맞추어 함께 춤을 추었다.

아무도 방해하는 사람이 없었다. 우리의 춤은 웅장하고 경건하면서도 자유로운 음악에 맞춘 것이었다. 그것은 멋진 광경이었다. 나이 든 사람, 젊은 사람, 활달한 사람, 조용한 사람, 마른 사람, 뚱뚱한 사람, 키 큰 사람, 작은 사람이 모두 함께 춤을 추었다. 각자 다른 춤이었지만 잘 어울렸다. 축제 안에서 하나가 되었다. 내면에서 나오는 리듬과 성령의 리듬에 사로잡혀 아름다운 춤을 추었다.

우리는 24시간 후인 마지막 날 아침에 모여 말린을 위해 기도했다. 일주일을 함께 보내면서 우리는 성령께서 그녀를 인도하시는 방향을 감지할 수 있었다. 말린이 거룩한 열정을 가지고 이혼한 남편에게 그리스도의 성품을 나타내기를 바란다는 것을 알 수 있었다. 고난 중에 있는 그리스도인의 아름다운 특권을 누리길 원하심을 알았다.

두 주 후에 우리는 다음과 같은 편지를 받았다. 편지의 일부분만을 인용했으며, 나의 해설은 고딕으로 썼다.

친애하는 친구들에게

해야 할 이야기가 많은데…. 먼저 여러분들께서 나를 위해 하나님의 보좌에 올려 드린 기도에 진심으로 감사드려요. 지난 주일, 교회에서 시어머니를 만날 필요가 있다는 생각이 들었어요. 그래서 예배 후에 전화를 하고 가기로 했지요. 우리는 좋은 시간을 가졌고, 어머니는 아들의 잘못 때문에 이혼한 거라고 몇 번이고 말씀하셨어요.

성령께서 도우시지 않았다면, 말린은 열심히 맞장구를 치며 남편에 대한 원망의 불을 태웠을 것이다.

월요일 아침, 이혼이 짐의 잘못이었다는 시어머니의 말이 내 머리를 맴돌며 뇌리를 떠나지 않았어요.

며칠 전에 나누었던 영혼의 대화가 열매를 맺는 것인가? 하나님께서 기도에 응답하시는가?

지난 주 내내 나는 내 선택이 아니라 하나님의 선택이 이루어지도록 기도했어요. 그래서인지 그날 아침 산책을 하는데, 결혼 후 첫 해에 있었던 사건이 기억났어요.

성령께서는 현재 우리를 다스리고 있는 열정이 무엇인지를 분명히 보도록 하기 위해

기억할 필요가 있는 과거의 사건이나 숨은 이야기가 생각나게 하신다. 그녀의 편지에서 말린은 남편이 나쁜 장소에 함께 가자고 했던 사건을 이야기하였다. 그때 말린과 짐은 그리스도인이 아니었다. 그러나 말린은 그곳을 가고 싶지 않았을 뿐 아니라, 그런 장소를 싫어했으며 그의 남편은 그런 그녀를 조롱했다.

그때 남편은 내 반응에 반발하거나 아니면 자신의 잘못을 인정하는 것 중에 하나를 선택할 수 있었어요. 어떤 선택을 했을까요? 그러나 더 큰 문제는 나 역시 죄를 선택했다는 사실입니다.

성령의 인도하심을 따라 기억을 회상하게 될 때는 성령께서 촉구하시는 깨달음이 있다. 성령께서는 고통보다는 죄를 깨닫기를 촉구하신다. 그렇게 될 때, 깨어짐을 경험하고 영혼을 소생시키는 영의 힘을 얻게 된다. 그것이 치유다. 이런 일이 말린에게 일어난 것이다.

그때 나는 분노하고, 거절하기로 선택했어요. 그러나 지금은 전 남편에 대한 예수님의 긍휼하심으로 가득하답니다. 그를 향한 자비와 은혜가 넘치게 됐어요. 우리가 둘 다 자신을 보호하기 위해 잘못된 선택을 했음을 알고 통곡했지요. 그때 주님이 내 죄를 깊이 보여 주셨어요.

성령의 역사는 항상 우리의 내면세계가 예수님의 마음을 닮아 가는 비전을 갖게 한다. 성령께서 그 이외에 관심을 두시는 것은 아무것도 없다. 우리의 축복, 우리의 안락, 우리의 행복도 아니다. 그리고 그 과정은 항상 우리가 주님과 얼마나 다른지를 깨달음으로써 깨어지는 데부터 시작된다. 우리가 우리의 죄를 볼 때 우리는 깨어진다. 그러면 생수가 그 깨어짐을 통해 흘러나오는 것이다.

내 죄를 다 헤아릴 수 없었어요! 나는 짐을 온전히 사랑하지 못했고, 그를 제대로 돌아보지 못했고, 심지어는 남편보다 아버지에게 더 의지했고, 상처를 받지 않으려고 자기보호에 급급했음을 알았습니다.

몇 년 동안 말린은 하나님께 복종하기보다 자기의 기분을 좋게 하는 것에 가치를 두면서 자기보호라는 흔한 죄에 빠졌다. 그러나 이제는 고통을 줄이는 경험을 소중하게 여기는 옛 생활의 길에서 벗어나 하나님께 나아가는 새로운 길을 갈망하는 자가 된 것이다.

그날 아침 나는 주님께서 얼마나 남편을 사랑하시는지, 그리고 성삼위 하나님께서 얼마나 그와 함께 춤추고자 하시는지를 느꼈어요. 그가 가장 소중한 하나님을 잃어버리고 있음을 깨달았지요. 그래서 큰 기대와 설렘을 가지고 남편과 만나러 갔지요.

그녀가 그와 다시 합치기 위해? 말린의 사랑이 확고함을 짐에게 알리고 그의 죄를 깨우치기 위해? 만일 이런 결과를 가져온다면 교회에서 좋은 간증거리가 될 것이다. 말린은 다시 짐과 결혼할 것이라고 교인들에게 선포하고 박수를 받을 것이다. 그래서 결국에는 축복을 받는 종교로 돌아간다. 즉 올바르게 행하면 하나님께서 축복하신다는 종교의식 말이다.

그러나 성령께서는 그가 가장 중요하게 여기시는 것을 향해 운행하신다. 결혼을 회복시키거나 감정의 치유보다는 복음을 위해 고난받는 것을 기뻐하는 제자가 되기를 원하신다. 하나님께 축복을 구하지만, 만일 하나님께서 그녀가 원하는 축복을 주시지 않더라도 그를 경배할 수 있는 제자 말이다.

우리는 점심을 함께했어요. 나는 남편에게 내가 말을 마칠 때까지 들어달라고 부탁을 했지요.

리듬을 맞추는 춤은 종종 신중한 스텝으로 시작된다.

나는 기억을 더듬어 그가 무언가 거절했을 때 내가 선택했던 반응과 내가 그에게 잘못했던 모든 것을 이야기했어요. 그리고 지난 26년의 결혼생활에서 그가 잘못한 선택에 대해서도 용서하겠노라고 말했지요. 동시에 나를 용서해 달라고 그에게 부탁했답니다.

남편의 죄로 인해 심하게 고통하던 아내가 오히려 용서를 구할 수 있었던 것은 성령의 영향력 아래 있었기 때문이다.

이 일이 그와 그의 약혼녀에게 선물이 되기를 원한다고 했어요. 그리고 내가 그에 대해서는 불쌍히 여기는 마음뿐이고 더 이상 어떤 미움이나 분노가 없다고 말했어요.

놀랍다! 말린은 자존심이라는 거인을 무찌르고 승리했다. 예수님을 첫째로 사랑하는 것보다 영혼에 더 큰 기쁨이나 특권은 없다.

그는 충격을 받은 것 같았어요. 그는 화해하자는 말을 했고 내 마음도 그 방향으로 움직였어요. 그가 약혼녀에 대해 말했을 때, 나는 그녀가 좋은 사람임을 믿고 있다고 말해 주었어요.

여기에서 자기보호를 위한 회피를 볼 수 없다. 단지 이전에는 자신에 집착하던 인간의 의지가 이제는 거룩한 뜻에 따라 순종하는 기적을 볼 뿐이다.

우리는 웃으며 몇 가지를 더 이야기하고 헤어졌지요. 그는 나를 안아 주어도 되는지를 물었고, 나는 기쁘게 받아들였어요. 적어도 십 년 만에 이 남자에게 안기는 것이 좋게 느껴졌으니까요.

첫 번째의 것을 첫째에 둔다면 그 이후에 두 번째의 것으로 무엇이 주어지든지 즐길 수 있다. 우리가 갖기를 원하는 것에 훨씬 못 미치는 경우에도 말이다. 더 좋은 세계가 있고 그것이 오고 있기 때문이다.

그리고 우리는 작별인사를 했어요. 하나님께서 영광을 받으셨겠지요? 그러셨을 거라고 생각해요. 그리고 어젯밤에 모처럼 편안하게 잠을 잤어요.

두 번째 소욕은 그녀가 첫 번째의 것을 첫째로 두었을 때 해결되었다.

나는 후회와 회개와 깊은 애통은 있었지만, 기뻐하며 춤을 추었어요.

고통을 통한 성장은 천국에 갈 때까지 계속될 것이다.

하나님께서는 정말 선하십니다. 오늘 아침 산책할 때 주님은 내 귀에 속삭여 주셨어요. "나는 네게 어떤 것으로부터의 자유를 준 것이 아니라, 어떤 것을 위한 자유를 주었단다." 나는 주님이 내게 무엇을 위한 자유를 주셨는지 알고 싶어 견딜 수가 없군요. 여러분이 기도해 준 것들이, 내가 바라고 소원했던 것보다 더 멋지게 응답되었답니다.

여러분을 사랑하는 말린 드림

한 주 동안 우리 그룹은 영혼의 대화를 했다. 성령의 역사와 함께 리듬에 맞추어 춤을 추었다. 만일 우리가 다음과 같이 말했다면 상황이 달라졌을 수도 있다. "말린, 당신은 너무 많은 상처를 받았어요. 그가 다시는 당신에게 상처를 주지 못하도록 해요. 자신을 존중하고 자신이 안전하도록 선을 그어야 해요. 하나님께서는 당신이 더 이상 고통당하는 것을 원하지 않으실 거예요." 아니면 "만일 당신과 짐이 다시 합친다면 놀라운 일이 아니겠어요? 우리가 믿는 하나님께서는 크신 분이니까 크신 일을 행하시리라 믿읍시다. 하나님께서 당신을 이혼의 어두움으로부터 화해된 결혼의 빛으로 인도하시기 원합니다. 그것을 위해 기도합시다. 이제 어떻게 하면 당신이 화해를 할 수 있는 최선의 기회를 얻을 수 있을까요?"

자아의 대화를 할 수 있는 수많은 방법들이 있다. 그리스도인들도 모두 매일 자아의 대화를 한다. 그러나 그것은 모두 자기집착이다. 큰 기쁨을 가져다줄 수 있는 것을 우리는 지금 당장 원한다. 그래서 성령께서 연주하시는 음악에 따르지 않고 제멋대로 자신의 춤을 춘다. 성령께서 집으로 돌아오라고 우리를 부드럽고 친절하게 부르시는 동안에도 우리는 필요한 것을 미친 듯이 쫓아다닌다.

성령의 역사를 생각하는 우리에게는 확실한 것이 있다. 성령은 성자에게 붙들려 있다. 즉 성령께서는 그리스도의 마음이 말린의 마음에 형성되기를 원하신다. 그것보다 더 원하시는 것이 없다. 왜인가? 그녀가 거룩한 춤에 동참하길 바라시기 때문이다! 성령께서는 아버지와 그의 돌아온 탕자 모두에게 이보다 더 큰 기쁨이 없음을 아신다.

그것이 성삼위 하나님과 춤을 추기 위해 해야 하는 첫 번째의 것이다. 그것이 말린에게 일어났던 일이었다. 우리 그룹은 영혼의 대화를 했고 성령께서는 나머지의 일을 행하셨다.

영혼의 대화의 신비

성령의 역사를 생각하라! 성령께서는 당신이 사랑하는 사람과 이야기하는 그 순간 역사하신다는 것을 당신의 마음속에 새겨라. 그의 인도하시는 방향을 바로 분별하고, 그 방향을 따르며, 어떤 순례의 길인지를 알도록 하라. 그러면 영혼의 대화를 하게 될 것이다.

그러나 주의할 것이 있다. 우리가 아는 것만이 사람들의 변화를 돕는 지침서가 되는 것은 아니다. 항상 지식을 뛰어넘는 신비한 비밀이 있기 때문이다. 영혼의 대화에는 어떤 공식이 없다. 그러나 만일 공식이 있다면 지식의 일부분에 비해 신비한 부분이 열 배는 더 많을 것이다. 우리는 정말 영혼의 대화로 달라질 수 있다고 생각하는가?

말린에게 무슨 일이 일어났는지 설명할 수 있는 사람이 있을까? 그것을 다른 사람에게도 의지적으로 재생할 수 있을까? 물론 그 과정에 대해서는 이야기할 수 있을 것이다.

나는 영혼의 깊은 전투를 말로 설명하고 사람들이 자신의 문제 아래 있는 것을 보도록 격려할 수는 있다. 또한 바울의 말씀을 인용하여 만일 당신이 다른 사람의 영혼의 전투로 들어가서 비전을 갖게 된다면 아기를 낳는 진통과 같은 심한 고통을 느낄 것이라고 경고도 할 수 있다. 당신이 다른 사람의 갈등을 들을 때 당신 안에서 일어나고 있는 동기나 생각에 주의하라고 충고할 수 있다. 다른 사람이 당신에게 지은 죄보다도 더 큰 죄를 당신 안에서 볼 때까지는 당신은 자아의 대화만을 할 것이라고 말할 수 있다. 그리고 사람들이 말하는 내용뿐만 아니라 그들이 어떻게 그 이야기를 하는지 남을 위한 호기심을 가지고 들어준다는 의미가 무엇인지를 설명할 수 있다.

그러나 우리가 함께 배운 모든 것과 앞으로 배울 수 있는 모든 것을 최선을 다해 합하더라도 일부분의 지식일 뿐이다. 그 나머지는 신비한 영역이다. 우리가 성령의 역사를 생각할 때 신비한 영역이 훨씬 더 많기 때문에 어떤 공식이 없다.

당신을 지금 성령께 전적으로 의존하여 그의 역사의 신비함으로 들어오라고 초청한다. 그러면 다른 세계에 있는 당신을 발견하게 될 것이다.

17
성령의 신비

할 수 없는 것에 대한 용기

나는 말린이 남긴 음성 녹음을 조금 전에 들었다. "네, 원하신다면 제가 보낸 편지를 인용하셔도 좋아요. 놀라운 일이죠. 전 남편에 대한 삼십 년의 분노가 이제 다 사라졌어요. 정말 믿을 수 없을 정도예요."

나는 그녀의 녹음된 음성을 들었을 때 안도와 놀라움을 느꼈다. '와! 그녀가 정말 변화되었구나! 오! 내가 믿음이 적었군.'

방금 또 다른 여성의 전화를 받았다. 그녀도 역시 말린의 편지를 받고 느낀 것에 대해 이야기했다.

내가 그 편지를 읽었을 때 정말 마음이 아팠어요. 웬일인지 모르겠지만 그녀의 말이 나를 너무 불편하게 했어요.

　말린의 전 남편이 수년 동안 말린을 거절하다가 다른 여자를 만나 말린을 떠났잖아요. 그들이 결혼했을 당시 그가 그녀에게 가자고 했던 끔찍한 장소가 어디인지 알았을 때 나는 화가 치밀었어요. 그가 그녀에게 그렇게 잘못했으면서 그곳을 싫어한다고 어떻게 그녀를 조롱할 수 있어요? 그런데 그가 그녀에게 큰 죄를 지은 상황에서도 그녀가 남편에게 지었던 자신의 죄를 본 것은 정말 놀라운 일이었어요.

　내 마음이 왜 불편했는지 분명해졌답니다. 나는 결혼 초, 남편을 위해 모든 노력을 다했지만 그는 절 거절했지요. 그 이후로 나는 같은 상처를 다시 받지 않도록 노력하며 살았는데 왠지 그것이 잘못이라는 생각이 드는군요. 말린의 편지를 읽고 나서 말입니다. 남편은 죄인이고 나는 희생자이고, 나를 보호하려는 모든 노력들이 정당하다고 생각했지요.

　그런데 말린의 편지를 읽은 후 내가 얼마나 남편에게 잘못했는지 보이는 겁니다. 바로 내 마음이 불편한 이유지요. 나는 더 이상의 고통을 느끼지 않도록 주께 도움을 구하면서도, 하나님께 주먹을 흔들어 댔다는 것을 깨달았어요. 나는 하나님과 춤추지 않고 불평으로 가득 차 있었던 거죠.

　나는 이렇게 내 자신이 깨어지는 것에 대해 행복하게 느껴진 적이 없었답니다. 내가 그에게 잘못했던 행동을 깨닫게 되었고, 남편에게 그것을 고백하고 그의 용서를 구하고 싶은 열망을 느꼈지요. 나는 바로 그것을 고백했어요. 그런데 남편이 부드럽게 말했어요. "당신에게서 그런 말을 듣게 될 거라고 생각해 보지도 못했소." 이제 우리의 관계는 새로운 방향으로 큰 진전을 하게 되었답니다.

나는 이 이야기를 들으면서 겸손과 흥분을 느꼈다. 내가 받았던 모든 훈련과 경험으로는 결코 그녀의 영혼을 움직일 수 없었을 것이다. 그녀가 자신의 죄를 깨닫고 진정으로 즐겁게 용서를 구하는 일은 일어나지 않았을 것이다. 그러나 성령께서는 하실 수 있으시고 또 하셨다. 영혼의 대화를 할 때 우리는 성삼위 하나님의 도움이 없이는 아무것도 할 수 없음을 깨닫게 된다. 하나님의 도우심만이 우리를 신비한 역사에 참여하게 하며 신비한 과정에 협력하게 한다.

물론 성경에서 나타난 몇 가지 원리들과 내가 배운 것들을 적용할 수도 있다. 예를 들면 성삼위 하나님과 함께 춤을 추도록 비전을 가질 수 있다. 또한 초월하는 비전에 눈을 열어 우리의 육신 때문에 일어나고 있는 것, 즉 우리가 정상적이라고 생각하지만 비전에 방해되는 숨은 죄를 인식할 수 있도록 설명해 줄 수도 있다.

자신의 죄에 대한 진정한 깨어짐은 거절 받는 고통으로부터 벗어나 전혀 다른 세상을 보게 한다. 거절 당한 비참함이 아니라 깨어짐의 아픔으로, 하나님께로 향하는 자유함을 얻는다. 죄에 대해 깨어진 우리는 첫째로 하나님을 구하게 된다. 그리고 그의 자비만을 바라며 우리의 권리를 주장하지 않는다(호 5:15; 7:13, 14 참조).

다음과 같은 영적 순례의 과정을 도표로 만들어 보자.

- **깨어짐으로부터**: "나에게 죄를 지은 사람에게 나 또한 죄를 지었다. 내 죄는 그의 죄만큼이나 하나님을 거슬린다. 또한 하나님을 두 번째에 놓는 죄를 범했다."

- **회개를 통해**: "나는 인생이 형통하도록 그리고 나의 삶이 역동적이기 위해 필요한 모든 노력을 다했다. 종교적 순례의 길을 걸어왔다. 이런 집착을 하나님을 향한 몰두로 바꾸고 싶다."
- **포기함으로**: "하나님께서 내 믿음을 보증해 주는 눈에 보이는 증거를 주시지 않을지라도 기꺼이 하나님을 신뢰할 것이다. 또한 성령께서 가라고 말씀하시는 곳은 어디든지 갈 것이다."
- **확신을 향해**: "하나님께서 춤추시고 계신다. 이제는 나도 함께 춤추기 시작한다. 성령의 음악 소리가 들린다. 보라! 나는 실제로 춤을 추면서 생명력을 느낀다. 성삼위 하나님과의 친밀한 교제가 실제로 내 영혼의 중심을 채운다. 이것이 생명이다!"
- **해방의 결과로**: "이제 나에게 상처 주는 사람들을 축복하기를 원한다. 내 고통은 핵심이 아니다. 그렇다. 나는 여전히 상처받지만 하나님께 몰두하고 있다. 나는 조금씩 더 예수님을 닮아간다. 그것은 내가 누구인가를 말해 주는 것이다. 나는 진정한 자아를 발견하고 있다. 이것이 기쁨이다!"[14]

우리의 진정한 자아가 해방된다는 것은 그리스도 안에서 새로운 피조물로 산다는 것이다. 살아 있는 견고한 존재로서, 기뻐하며 성령의 인도하심을 받는 사람이 된다는 것이다. 진정으로 새로운 피조물이 된다면 종종 두 번째의 축복들이 따라오기도 한다. 즉 상처가 있는 전 남편과 회복한 아내, 아내로부터 따스함을 새롭게 느낀 남편의 경우처럼 잘못된 방향으로 가던 우리의 상처에 치유의 역사가 일어나 인생의 유익이 이루어지는 것이다. 그러나 두 번째의 축복들을 다 잃어버릴지라도 버릴 수 없는 하나님에 대한 갈망, 그 기쁨은 바로 우리의 헛된 꿈이 깨어질 때 드러난다.

나는 책을 쓰고, 세미나를 인도하며, 소그룹에 참여하고, 상처 입은 친구와 이야기를 나눌 수는 있다. 그러나 진정한 영적인 역사가 일어나는 순간, 곧 어떤 사람의 내면세계가 예수님의 내면세계와 점점 더 닮아갈 때, 내가 할 수 있는 것은 그저 경이로움에 놀라며 하나님께 경배 드리는 것뿐이다. "오, 하나님! 주님이 행하신 일을 보소서. 제게 그것을 보여 주시고 그 일부분에 동역하게 해 주셔서 감사드립니다. 영혼의 대화를 더 많이 할 수 있도록 능력을 부어 주소서. 그것은 성령의 언어이며 주님께서 저를 통하여 말씀하기 원하시는 언어임을 압니다."

영혼의 변화

뉴웨이사역단체는 매년 여러 번에 걸쳐 일주일 기간의 영적 순례 학교를 연다. 영적 순례를 떠나기 위해 모인 삼십 명이 한 그룹이 되고, 매번 그 학교는 참여자들의 간증과 만찬으로 끝을 맺는다. 다섯 명의 장애아들을 입양한 친구인 야구 선수 팀 벌크가 이 학교에 참가했다. 그는 마지막 만찬에서 눈물을 흘리며 성령의 역사를 이렇게 고백했다.

"나는 죽고 싶었습니다. 하나님께 수천 번이나 내 인생의 좋았던 시절로 돌아가고 싶다고 말했습니다. 하지만 그렇게 할 수 없다는 사실을 알았기 때문에 그저 죽고만 싶었지요. 그러나 내가 경험한 모든 고통이 하나님을 아는 문을 열어 주었습니다. 고통이 없었을 때에는 결코 알 수도 없고, 이해할 수도 없는 방법으로 말입니다. 나는 이제 내가 할 수 있는 한 아내와 아이들을 사랑하고 하나님을 섬길 수 있기를 원합니다. 나는 살고 싶어요!"

우리가 이해할 수 있는 것을 바꾸는 것은 기적이 아니다. 우리가 우리의 의지로 바꿀 수 있는 변화도 결코 초자연적인 성령의 변화라고 볼 수 없다. 그것이 좋은 변화일 수는 있지만, 경배의 대상이 될 수는 없다. 아침에 일어날 때 나는 입 냄새가 가그린으로 입가심을 해서 향기로 바뀌는 것은 기적이 아니다. 그것은 화학 약품으로 만든 변화이다.

그러나 옛 생활의 길에서 새로운 삶의 길로 바뀌는 영혼의 변화는 다르다. 종교적인 순례에서 영적인 순례로 가는 변화는 전혀 다르다. 하나님을 진정으로 경험하는 것이 우리가 가장 원하는 첫 번째의 것이 될 때 우리는 하나님의 손길을 분명히 체험할 수 있다.

말린이 삼십 년간 품었던 분노가 사라졌을 때, 한 여인이 말린의 편지를 보고 자신의 죄에 대해 깨어졌을 때, 한때는 세계적인 명성을 날렸지만 절망에 빠져 있던 유명 야구 선수가 다시 희망을 갖게 되었을 때, 그것은 하나님께서 행하신 일이다. 그 외에 무엇으로 그것을 설명할 수 있겠는가?

우리는 오직 위를 바라보며 성삼위 하나님께서 춤추시는 것을 바라볼 것이다. 아버지는 기쁨으로 노래하신다. 그 아들은 고통 당하면서도 앞에 놓인 기쁨을 보았고, 이제 아버지의 오른편에 서 계신다. 성령께서는 흥분하시면서 속삭이신다. "예수님께서 너희에게 생명을 주셨다. 나는 그것을 북돋워 주려고 한다. 오라! 아버지를 즐거워하며 아들을 경배하며, 우리와 함께 춤을 추자!"

우리가 천국을 바라보고 믿음의 눈으로 보이지 않는 세상을 보면, 영혼의 대화가 하나님께서 우리에게 원하시는 대화라는 사실을 확실하게 느낄 수 있을 것이다. 영혼의 대화를 통해 성령께서는 사람들이 하나님을 더 친밀하게 알고 다른 사람과 더 깊이 관계하도록 역사하신다. 인생이란 하나님을 사랑하고 다른 사람들을 사랑하는 삶이다. 인생은 우리의 영혼을 다스리는 자신을 보호하고자 하는 열심이나, 자기집착과 자아의 대화를 위한 것이 아니다.

나는 인생을 너무 장밋빛으로만 그리고 싶지 않다. 성령의 신비한 역사에 따라 말하는 것은 용기가 필요하다. 이것은 매우 혼란스러운 일이며, 특히 다른 사람의 실패에 대해 이야기해야 할 때 더욱 그럴 것이다. 지금이 죄를 드러내고 깨어짐을 촉구할 때인가? 우리가 그들의 이기심을 나무라지 않을 수 있도록 비전에 대해 충분히 생각하고 있는가? 우리 안에 아직도 남아 있는 율법주의로, 아니면 우월감을 위해 다른 사람의 죄를 다루려고 하는 것은 아닌가? 아니면 깨어짐이 가져다줄 수 있는 자유함을 기대하면서 흥분으로 떨리고 있는가?

하나님을 첫째로 모시는 것이 어떤 의미인지를 찾으려고 애쓰는 동안에도 인생은 계속된다. 마약을 하는 아들을 가둘 것인지 아니면 그를 위해 기도하며 그의 감정을 이해할 것인지를 결정해야만 한다. 우리는 어떻게 해야 할지를 모른다. 더구나 지불해야 할 청구서가 있고, 빨래도 해야 하고, 처리해야 할 일이 쌓여 있다.

성삼위 하나님과 함께 춤을 추면서 영혼의 대화를 하는 것이 실생활과 무슨 상관이 있을까라고 생각할지도 모른다. 그러나 우리가 생활의 축복보다 하나님의 임재를 더 진지하게 구할 때 다음 두 가지의 일이 일어난다. 첫째, 우리는 우리의 내적인 힘을 느끼게 되고 역경을 견딜 수 있게 된다. 낙심되고 허무하더라도 영혼의 대화를 그만두고 싶지 않을 것이다. 둘째, 우리 영혼에 지혜가 생긴다.

하나님을 향한 열망이 첫 번째 우리의 욕구가 되기 전에는 결코 보이지 않았던 행동들이 옳게 보이기 시작한다. 그럴 때 대부분 당신의 행동들은 하나님 보시기에 좋은 일들이다. 성령께서는 우리에게 인생 항해에 필요한 지혜를 공급해 주신다. 그런데 성령께서 주시는 지혜는 인생을 더 편안히 살기 위한 것이 아니라, 우리가 만나는 모든 사람들에게 하나님의 성품을 나타내기 위한 것이다.

성령 역사의 순례

7장에서 이야기했던 그 부부와 다시 마주 앉았다. 남편이 불륜을 고백한 지 한 달이 된 시점이었다. 물론 그 사이 몇 번 만나기는 했지만 대화를 오래 나누지는 못했다.

나는 내가 할 수 있었던 모든 것을 했다. 그들 각자에게 당면한 전투에 대해서 열심히 생각했고, 그들이 각자 받았던 상처와 고통, 그리고 더 이상 고통을 받지 않기 위한 자기보호의 방어막도 느껴 보았다. 그리고 싸움과 긴장 가운데서도 그들이 하나님께 몰두하는 남을 위한 삶을 산다면 어떻게 달라질 것인가 하는 비전도 그려 보았다.

그러나 그들 사이가 더 나아질 수 있는 실제적인 방법에 초점을 맞추어 무언가 빠른 진전을 보고 싶어 하는 내 내면의 욕구, 옛 생활의 묵은 에너지가 내 안에 여전히 살아 있어 매우 초조함을 느꼈다. 나는 그들의 이야기를 더 들었다. 그들이 겪었던 어려움과 무시, 무례함을 나누면서 그들은 모두 울음을 터뜨렸다.

내면을 생각하고, 비전을 생각하고, 열정을 생각하고, 이야기를 생각한 것은 내가 할 수 있는 것이었다. 그리고 성령의 역사를 생각했다. 나는 그들이 깨어지길 바라면서 그들을 지켜보고 깨어짐에 필요한 지혜를 계산해 보았다. 성령의 역사가 일어나는 과정에서 도움이 될 수 있는 회개, 포기, 확신, 해방에 대해서도 생각했다. 그러나 어떤 사람을 실제적인 새로운 삶의 길로 가게 하는 것은 다른 차원의 것이다. 그것은 내가 할 수 없는 일이다.

마음속으로 나는 성령 역사의 순례를 그릴 수 있었다. 깨어짐, 회개, 포기, 확신, 해방을 생각하면서 다음 단계가 무엇인지 분별할 수는 있었지만, 그런 일이 일어나게 할 능력은 없었다. 막상 가장 중요한 문제는 내가 주관할 수 없음을 깨달았다. 그래서 나의 똑똑함이 아니라 기도에 의지할 수밖에 없었다.

고통으로부터 거룩한 사랑의 신비로 옮기는 것은 항상 초자연적인 역사이다. 그것은 성령께서 하시는 사역이다.

내 역할은 성령의 역사를 따르는 것일 뿐, 결코 내 힘으로 사람들을 거룩한 사랑으로 옮길 수 없다. 하나님을 향한 갈망이 커지도록 하는 성령의 목표를 함께 소원하는 것이 바로 고통하고 있는 친구를 위해 내가 할 수 있는 일이다. 성령께서 열어 놓으신 문을 통해 친히 친구의 영혼으로 들어가 역사하시기를 기다려야 한다. 그러기 위해서는 지금 당장 어떤 변화가 일어나기를 바라며 조바심을 내거나, 강요하지 않는 인내가 필요하다.

영혼의 긴 순례를 위해 마음을 준비해야 한다. 고통에서 자신을 보호하고 싶은 마음이나 배우자의 부드러운 태도를 원하는 것 같은 둘째의 축복으로부터 떨어지는 것은 항상 힘들다. 고통스러운 작업이기도 하다. 팀에게 한 번 물어보라. 성령을 따라 새 땅에서의 새로운 삶으로 가는 길에는 어두운 밤도 있다. 우리가 영혼의 밤을 겪을 때 혹여 잘못된 방향을 택한 것은 아닌지 갈등도 할 것이다.

나 또한 그들의 갈등에 공감한다. 그리고 그 순례가 더 깊이 진행될수록 더 많은 갈등과 의문이 쌓이는 것을 보게 된다. 그러나 기쁨으로 가는 길이, 그 시작은 아무것도 보이지 않는 사막이며, 끝이 없을 것 같은 고통의 골짜기임을 알고 있다.

그러므로 친구가 겪는 그 경험은 분명 가치 있는 일이며, 그 어떤 고통도 성삼위 하나님과 춤을 추는 기쁨과 비교할 수 없다는 것을 알고 있다. 그 때문에 나는 그 과정에 협력하는 것이다.

만일 다른 사람의 인생에 역사하시는 성령의 사역에 동참한다면, 그가 하나님과의 춤에 동참하는 것을 보는 기쁨을 누리게 될 것이다. 말린과 팀, 제인, 그리고 수많은 사람들의 삶에 일어났던 일과 같은 것 말이다.

성령의 역사는 우리가 마스터할 수 있는 어떤 기술이 아니다. 그것은 성령의 열정에 의해 힘을 얻고, 성령의 지혜로 인도받아야 하는 관계적인 것이다. 아마도 그것이 어떤 것인지를 설명할 수 있는 최선의 길은 영혼의 이야기를 하면서 그 결과가 전혀 불확실한 상태에 처하는 것을 통해 배우는 어떤 것일 거다.

성령께서는 잘될지 또는 잘되지 않을지 전혀 알 수 없고, 우리 힘으로 주관할 수 없는 과정에 우리로 하여금 용기 있게 협력하도록 우리를 초청하신다. 그래서 다른 사람의 인생에 역사하시는 성령의 신비를 경험하게 하신다.

다음 장에서 또 다른 영혼의 대화를 통해 느꼈던 것을 나누고자 한다.

18
영광의 리듬을 배우라

하나님 기다리기: 마지막 이야기

친구가 열여섯 살 된 딸의 문제로 전화를 했다. 딸이 한 달 전에 유산을 했다고 부모에게 고백했다는 것이다. 부모는 딸에게 성경험이 있을 것이라고 전혀 생각하지 못했기 때문에 충격을 받았다.

"우리가 어떻게 해야 하나? 도와줄 수 있을까? 자네가 우리 딸과 한 번 이야기해 보는 것이 어떨까? 혹은 우리와 함께 이야기하는 것이 더 좋겠는가? 어쨌든 자네 생각을 따르겠네. 그것이 가장 좋겠다는 생각이 드네."

그들이 "가장 좋겠다."고 말한 의미가 무엇인지 궁금했다. 심각한 위기에 처했을 때는 익숙한 옛 생활의 길에 따라 생각하는 것이 더 자연스러울 것이다. 그것이 어떤 문제이든지 간에 해결보다 더 중요한 것은 없어 보인다. 만일 하나님께서 기꺼이 그 문제를 평탄하게 해결해 주시지 않는다면, 하나님의 임재 따위는 중요한 것으로 보이지 않는다. 가장 중요한 핵심으로 보이지 않는다는 말이다.

나는 순간 부담을 느꼈다. 도대체 내가 어떻게 도울 수 있단 말인가? 사람들은 내가 마치 전화 옆에 하루 종일 앉아서 한 문제라도 더 들어주고 해결해 주려고 간절히 기다리는 사람으로 생각하는 것 같다. 짜증이 났다.

나는 다시 생각을 정리하려고 노력했다. 그들은 좋은 친구들이고 나는 그들을 돌봐주고 싶다. 그들은 딸이 옳은 길로 돌아오기를 원했으며, 그것은 잘못이 아니다. 만일 내가 그들과 같은 입장이라면 그들과 똑같은 바람을 가졌을 것이다.

이것이 정말 옛 생활의 길이란 말인가? 옛 생활의 길이 정말 나쁜 것일까? 부모인 그들이 딸이 잘되기를 원하는 것은 당연하다. 그렇지 않을 부모가 어디 있을까? 그것이 바로 사랑이 아닌가?

이것 이상 다른 것을 원하는 것이 정말 가능할까? 다른 모든 것 위에 하나님을 가장 소중히 여긴다는 것이 어떤 뜻일까? 딸이 산부인과에 가서 태아를 죽인 것을 알았을 때 하나님을 가장 최우선에 모신다는 것은 어떤 의미일까?

생각하고 말하기에 너무 지친다. 소설책을 하나 읽으면서 나쁜 사람이 패하고 착한 사람이 승리하는 재미있는 이야기에 빠지는 것이 더 낫겠다. 어떻게 해야 할지 모르겠다.

전화를 받고 난 후 이른 저녁부터 나는 뜨거운 물속에 잠겨서 밀고 당기는 여러 생각들을 깊이 묵상해 보았다. 제대로 된 신앙인이라면 딸에 대한 염려 가운데서도 천국의 음악에 따라 춤을 추는 것이 어떤 것인지를 내게 물어보아야 하지 않았을까? 신앙인으로서 바르게 정립해야 할 첫째 욕구와 두 번째 욕구의 올바른 순서란 진정 어떤 것인가? 나는 친구에게 어떻게 대답해야 하나?

상처를 입은 친구와 대화하기 위해 다시 전화하거나 스케줄을 잡지 않고 싶을 때가 있다. 흥미 있는 책을 읽거나 골프를 치면서 생산적으로 아침 시간을 보내고, 위기에 빠지지 않은 친구나 아내와 함께 조용히 저녁 시간을 보내고 싶기도 하다. 하나님께 첫 번째 욕구를 우선순위로 헌신하였다고 해서 두 번째의 욕구를 전혀 즐기지 말라는 의미는 아니다. 우리는 사람이고 쉼이 필요하다.

물에 잠겨 있으면서 마음이 좀 안정되었다. 내가 아니라 하나님께서 주관하고 계신다는 사실에 초점을 맞추었다. 단지 하나님으로부터 명령을 기다리기만 하면 됐다. 내가 움직이도록 만드는 내적 리듬을 감지하면서 그의 명령을 분별하였다. 친구의 기대에 따라 행하지 않고, 친구가 나에게 이렇게 해야 한다고 생각하는 대로 하지 않고, 가장 큰 부담을 주는 것에 따르지 않고, 성령의 인도하심을 민감하게 들으려 했다.

물론 책임감이 중요하다. 밀린 청구서도 처리해야 하고, 세금 보고를 하며, 약속을 지켜야 한다. 책임이 있는 사람이 되어야 한다. 책임감의 리듬이 있다.

우리는 다른 사람의 기대에 맞추어야 한다는 책임을 곧잘 느낀다. 내게 부담이 되는 다른 사람의 결정에 따르는 것이 올바른 책임이라고 생각하기 쉽다. 그러나 그렇다면 내가 하나님으로부터 오는 명령이 아니라 사람들로부터 오는 명령을 받아들이는 셈이다. 우리가 범하기 쉬운 여러 가지 죄가 있는데 이것이 그 중의 하나이다.

욕조에 누워 있던 나는 매우 고민하고 있을 부모와 딸의 문제에 동참하고 싶다는 순수한 열심이 생겼다. 내게는 그럴 만한 시간이 없을 수도 있고, 쓸 수 있는 에너지가 제한되어 있기도 하다. 게다가 심한 두통도 있다. 그러나 그들이 계속 생각나도록 나를 인도하는 자발적인 리듬을 느낄 수 있었다.

나는 내면을 생각해 보았다. 친구와 긴 시간 이야기한 것이 아니었기 때문에 자세한 것은 알지 못했지만, 그 부모의 가장 큰 전투는 성령의 새로운 길을 따라 살고자 하는 삶과 단순히 딸의 회복만을 바라는 것 사이의 싸움일 것이다. 그것은 참 어려운 일이고 힘든 전투이다. 그것은 우리 속에서 우리를 위하여 싸우고 있는 초자연적인 능력으로만 승리할 수 있는 전투이기도 하다.

사탄이 충동질하고 세상이 부추기는 육신의 소욕은 성령을 대항하여 일어선다. 그래서 그 부모들로 하여금 결론 나지 않을 말로 서로를 비난하게 한다. 또한 이런 문제를 가장 잘 다룰 수 있는 경험 있고 훈련된 사람을 찾아서 상담하여 해결할 것을 충고한다.

기도는 좋은 것이고, 남편과 아내의 대화도 좋고, 지혜로운 친구에게 이야기하는 것도 좋다. 그러나 이 모든 좋은 것들이 단지 더 나은 인생만을 위한 것이라면, 그것은 그저 옛 생활의 길일 뿐이다. 그것은 육신에 의해 힘을 얻은 종교적인 순례이다. 그리고 그 목적에 맞는 육신의 열매는 어렵지 않게 얻을 수 있다.

내 친구 부부는 그들 각자에게 일어나고 있는 진정한 전투로 들어갈 필요가 있었다.

비전을 생각해 보았다. 십대인 아들들이 내게 반항했을 때 적용해 보고 싶었지만 결코 할 수 없었던 바로 그 일을 이 부부가 할 수 있기를 바랐다. 사실 나는 수년 동안 아들들을 키우면서 그들이 변화되는 것을 보기 위해 최선의 노력을 다했지만, 그들은 그것을 부담스러워하고 싫어했다. 누구든지 그럴 것이다.

이 부부가 나보다 더 잘할 수 있을 것이라고 믿으며 비전을 그렸다. 그리스도 안에서, 그 온전한 중심에 서서, 성령의 리듬에 따라 은혜롭게 움직이고자 했다. 그저 문제 해결에 소망을 두고 몰두하기보다는 하나님 아버지의 즐거움에 집중하는 그들을 마음속에 그리면서 상상의 나래를 폈다. 그들이 하나님 안에서 이미 갖고 있는 것을 정말 즐거워해서 딸에게 절망적으로 매달리지 않을 수 있지 않을까?

만일 성령께서 움직이시는 대로 그들이 따라오지 않는다면, 그들의 대답은 '아니오'일 것이다. 내 비전이 너무 커서 성령께 의존할 수밖에 없었다. 내가 올바른 궤도에 서 있음을 알 수 있었다.

그리고 열정에 대해 생각했다. 자기연민이 섞인 교만이 내 의식의 표면에 올라옴을 느낄 수 있었다. 불을 진화하는 소방관처럼 순간 문제를 해결해 주는 영웅이 된다면 얼마나 멋질까? 그들이 삶의 문제에 파묻혀 질식되기 전에 그들을 끌어내 준다면 그들은 나에게 감사해 할 것이다.

그것은 멋진 생각이었다. 영혼을 돌보는 수양회에서나 다음 책에서 그것을 예화로 쓸 수 있고, 그것을 사역적 측면에서 로맨틱하게 이야기할 수도 있다. 나는 영웅의 역할을 맡은 자로서 하나님께 영광을 돌리는 합당한 절차를 밟으며, 한 전투라도 더 이기기 위하여 힘을 얻는 병사임을 자청할 수 있다.

나는 몇 초 동안 그런 환상을 즐기고 있었다. 그때 두려움을 느꼈다. 만일 내가 실패하면 어쩌지? 만일 그들이 나를 시험해 보고 난 후 나와는 다른 방식으로 영혼을 돌보며 가정의 회복을 우선하는 사람에게로 가면 어떡하지? 하나님께서는 영웅이 되고자 하는 내 계획에 협조하지 않으실 것임을 알고 있었다.

두려움은 원망으로 바뀌었다. 하나님께서는 너무 하시는 것 같다. 부모는 연약하고 딸은 무지하고, 그들은 모두 어찌할지 모른다.

나는 오십 년 동안을 예수님만 따라왔지만 여전히 이런 생각을 한다. 그러나 그리 놀랄 것이 아니다. 내가 죽을 때까지 육신의 소욕은 나와 함께 하고 나를 때때마다 잠식할 것이다. 내가 육신의 소욕을 허용할 때는 질투, 교만, 분노, 두려움과 같은 육신의 결과를 가져온다. 내가 마치 돼지처럼 이렇게 더러운 모습으로 하나님께 나아가는데도, 하나님 아버지께서 항상 기쁨으로 나를 돌보시는 것은 놀라운 기적이 아닐 수 없다. 그것은 용납해 주시는 하나님의 은혜이며 나를 버리지 않고 하나님께로 이끌어 주시는 놀라운 사랑이다.

나의 내면세계에 뱀처럼 기어 다니는 자기집착과 혼란스러운 모든 생각과 느낌들조차도 모두 선으로 사용될 수 있다. 그것들은 이미 용서받았기 때문이다. 또한 그 혼란스러움은 나를 깨어지도록 하고, 그 깨어짐은 내 영혼에서 흘러넘쳐 타인에게로 가는 능력의 강물이 된다. 이 모든 것들이 나를 예수님께로 인도해 준다. 이것은 장 피에르 드 코사드의 말인데 보혈의 능력에 대해 생각하게 한다.

나는 이 가정을 정말 사랑한다. 내가 영웅이 되지 않는다 해도 상관없다. 하나님께서 나를 사용하신다면 하나님께서 영웅이 되셔야 한다. 그것이 정말 내가 원하는 것이다. 그렇다. 나는 이 가정의 문제에 함께할 것이다. 그렇게 하도록 성령의 인도하심을 느낄 뿐만 아니라 자발적인 기분도 느낀다. 은혜의 리듬이 나를 성령으로 이끌어 준다.

나는 욕조에서 나와서 옷을 입고 좀 더 생각하기 위해 벽난로 옆에 앉았다. 평화와 생동감이 감돌았다. 성부의 용납해 주시는 은혜와 성자의 구원해 주시는 은혜, 성령의 역사하시는 은혜를 즐기면서 성삼위 하나님과 춤을 추고 있었다. 내 마음은 친구를 향한 성령의 소욕으로 충만하였고 더이상 육신의 소욕이 주관하지 못했다.

영혼의 이야기를 생각했다. 우리가 만난다면 들을 수 있는 그들의 숨은 이야기는 무엇일까? 항상 처음에 이야기한 사실 이외의 숨겨진 이야기가 훨씬 많다.

남편이 불성실했는가? 그가 성적으로 옳지 못한 비밀스런 삶을 살았는가? 수치로 가득한 그의 비밀 때문에 무기력해진 것은 아닌가? 딸과의 관계가 좋지 않은가? 아니면 강한 남성상을 앞세워 너무 엄하게 통제한 것은 아닌가?

아내는 자신과 남편에 대하여 어떻게 알고 있는가? 그녀의 연약한 성품으로 남편에게 꼼짝없이 매여 있는가? 어쩌면 딸을 포함하여 집안일을 통제하고 있는 남편의 힘 때문에 쉬지 못하는가? 아니면 아내가 집안을 주관하려 하여 남편의 기가 꺾여 있지는 않은가?

　현재의 사건을 만든 과거의 사건은 무엇인가? 만일 내가 남을 위한 호기심을 가지고 안전하게 들어주는 사람이라면 그들로부터 무슨 이야기를 들을 수 있을까? 남편은 그의 아버지로부터 인정을 받고 자랐는가? 어떤 사건이 그에게 깊은 상처를 주고 그의 영혼을 짓눌러서 인생의 실패와 성공에 대한 거짓말을 가르쳐주었는가? 그는 결단력이 있고, 유능하고, 그의 의견을 나누고 말하기를 좋아하는 사람이다. 이런 인간관계의 스타일은 어디로부터 왔을까? 무엇이 그의 아내와 딸을 억눌리게 만들었을까?

　아내의 배경에 학대의 경험이 있는가? 만일 남편에게 무슨 말을 할 때, 그녀는 어떻게 반응하는가? "내 손에 걸리면 죽일 거야!"라며 보통의 남자와 다를 게 없는 반응을 할 것인가? (이런 반응은 학대받는 여자뿐만 아니라 남편도 불안하게 한다.) 그녀는 어디에서 깊은 사랑을 느꼈나? 누구의 사랑을 실제보다 더 받은 것처럼 꾸몄는가? 아버지인가, 어머니인가? 외로움과 공포를 직시하지 않기 위해 자신을 보호하고 있지는 않은가?

　딸의 내면에는 무슨 일이 일어나고 있는가? 부모로부터 어떤 경험을 했는가? 일차적 관계를 탐구하는 것은 이차적인 관계를 탐구하는 것보다 더 중요하다. 아버지와 어머니와의 관계는 여든 살이 되어도 일차적이다. 자녀는 태어나면서부터 하나님만이 공급해 주실 수 있는 것을 부모에게서 얻고자 하기 때문에, 부모와의 관계는 인생에 있어 첫 번째의 관계이다. 그러므로 가장 깊은 실망을 주는 관계가 되기도 하다.

　내 마음에 계속되는 질문과 함께 나는 비전을 생각해 보았다. 성령께서는 그 부모에게 딸을 변화시킬 수 있는 마법적인 힘을 주고자 애쓰지 않으신다. 오히려 그들을 하나님과 교제하도록 인도하여 어떤 위협이나 통제, 소유욕 없이 딸을 사랑할 수 있도록 그들을 자유하게 만드신다.

만일 그 딸이 성삼위 하나님과 함께할 수 없는 그릇된 사랑을 부모로부터 받고 있다면, 딸은 본능적으로 진실된 사랑을 원하고 있을 것이다. 그러나 그 딸은 달라진 부모의 사랑에 한동안 저항할지도 모른다. 하지만 성령께서 그녀의 영혼으로 들어가는 문이 되어 주실 것이다.

시계를 보았다. 늦은 시간이었고 피곤해서 잠자리에 들었다. 침대에 누워도 많은 생각들이 계속됐다. 내면의 전투, 비전, 내 안에 있는 자기집착, 거기에서 나오는 추한 열정, 반면 내 영혼을 하나님께로 이끌어 주는 거룩한 열정, 내 안에 있는 숨은 이야기, 그들의 영혼을 주관하시는 이는 하나님이시라는 사실 등이 실타래처럼 엉켜 내 머릿속에 계속 남았다.

다음날 아침 5시에 깼을 때 나는 성령의 역사에 대해 생각했다. 성령께서 어떻게 역사하실 것인가? 성령께서는 항상 나를 놀라게 하신다. 성령께서 어디로 가시는지는 알지만 거기에 도달하기 위해 어떻게 하실지는 알 수 없다. 내가 생각했던 것들은 다음과 같다.

첫째, 부모는 잠잠히 있어야 한다. 좋은 춤은 조용히 시작된다. 우리가 잠잠히 있을 때 천국의 음악을 들을 수 있다. 새로운 삶의 길을 떠나기 위해서는 먼저 옛 생활의 길 가던 것을 멈추는 데서부터 시작해야 한다. 마치 바울이 다메섹 도상에서 빛 때문에 눈이 멀고 멈추었듯이 말이다.

영혼의 대화에서는 깊은 충고를 하거나, 감정이입을 하거나, 전문가의 조언을 찾지 않는다. 대신 이렇게 말한다. "딸을 돕기 위해 당신이 할 수 있는 것을 말하기 전에 딸의 문제로 인해 당신 내면에 일어나고 있는 것에 대해 말해 주세요." 딸의 문제를 지혜롭게 다루기 전에 그들의 영혼이 치열하게 싸우고 있는 실제적인 전투를 바로 알아야 한다.

우선 자녀를 도와줘야 한다고 생각하는 부모들의 단편적인 마음은 피할 수 없는 힘을 행사하여 갈등을 심화시킨다. 자녀들에게 성경을 읽게 하고, 기도해 주고, 주말에 함께 놀러가고, 수양회에 보내고, 감정이입의 대화를 하고, 분명한 한계를 그어줌으로써 어떤 결과를 기대하기도 한다. 그러나 자녀를 도와주는 것을 최우선순위에 두는 한, 비록 그것이 그리스도인의 지혜를 충분히 갖고 있다 할지라도, 그것은 모두 자아의 대화일 뿐이다. 부모는 자녀들에게 부담만을 잔뜩 주고는 그것을 사랑이라고 부른다. 자녀를 하나님인양 대하고, 모든 기쁨의 경험을 자녀에게 의존하며, 그리스도인의 자녀 양육에 온 마음을 빼앗긴다. 그러면 점점 더 육신의 소욕에서 일어나는 그릇된 힘이 자녀들 안에도 일어나게 된다.

만일 그 자녀가 강한 기질이라면 자기가 부모의 부속물이 아니라는 사실을 증명하기 위해 반항하기도 할 것이다. 반면 순종하는 타입의 자녀라면 부모를 기쁘게 하고 그들의 인정을 받기 위하여 애쓸 것이다. 그래서 형식적으로 그리스도께 헌신하고, 마음의 상태와는 상관없이 좋은 행동을 꾸며댈 줄 아는 바리새인과 같이 될지 모른다. 그러면 부모는 기도가 응답되었다고 감사할 것이다.

이런 부모는 먼저 성령의 새로운 길로 가는 영적 순례를 떠나야 한다. 그들의 영혼에서 일어나고 있는 전투를 인식하고, 영혼의 대화를 통해 하나님께 딸을 맡기어야 한다. 그러면 딸이 그들의 인생의 첫 번째였으며, 딸이 우상 숭배의 대상이었음을 고백하게 될 것이다. 우리 모두도 마찬가지다.

만일 성령의 인도하심을 느끼고, 부모가 영혼의 대화를 따르고, 깨어짐과 회개와 포기를 경험한다면 다음과 같이 기도할 수 있을 것이다. "하나님, 우리 딸을 그리스도의 온전하심으로 회복시켜 주시기를 간청합니다. 그러나 그리 아니하실지라도 우리 마음 깊은 갈망이 하나님을 알고 즐거워하며, 다른 사람들에게 주를 나타내는 것임을 선포합니다. 주님께 나아가는 은혜를 받는 기쁨을 누리며, 우리가 죄를 직면할 때도 성자의 구원해 주시는 은혜에 의지하고, 딸의 영혼의 전투에 들어갈 때는 성령의 리듬에 민감할 수 있도록 우리를 깨뜨려 주시고 자유케 해 주시기를 원합니다."

제자의 도는 높은 수준을 요구한다. 영혼의 대화도 마찬가지다. 그러므로 이렇게 말할 수 있다. "당신의 우선순위를 딸의 문제 해결에 두지 말아야 합니다. 당신은 딸이 좋아지기를 바라는 소원이 하나님을 알고자 하는 갈망보다 더 강했습니다. 당신의 죄가 딸의 죄보다 더 나빴음을 깨달아야 합니다. 그럴 때 비로소 당신은 겸손해져서 하나님의 생명이 당신에게서 딸에게로 흘러갈 수 있게 될 것입니다."

친구와 함께 이런 대화를 할 것을 상상하자 나는 흥분되었다. 나는 친구 부부를 더 깊은 영적인 세계로 인도하는 도구가 될 수가 있다. 만일 그렇다면 하나님께서 영광을 받으시고 친구는 그리스도의 중심에 거하며 성삼위 하나님과 춤을 추기 시작할 것이다. 나도 기쁨을 경험하고 딸도 변화를 받아 하나님께로 돌아올 것이다.

나는 이런 가능성을 생각해 보았다. 만일 그 부부가 첫 번째를 첫째에 둔다면, 딸에게 통제하지 않는 힘과 끊을 수 없는 사랑을 줄 수 있다. 그러면 딸은 부모로부터 받은 압박에서 벗어나서 성령의 중보로 인하여 새로운 소원이 생기게 될 것이다. 성령께서 그녀가 원하는 사랑을 주시므로 하나님을 경배하고자 하는 소원이 불일 듯이 일어날 것이다.

성령께서는 항상 운행하시며 역사하신다. 그것이 그 부부와 내가 믿어야 하는 진리이다. 지혜로운 움직임을 탐구하면서 그들이 두 번째 열정을 갖고 딸을 향해 나갈 때 성령께서 역사하실 것이다. 성령께서 딸의 혼란스러운 영혼("부모님께 무슨 일이 일어난 걸까? 다르게 보이는데")의 경이로운 문("내가 기대했던 것과는 전혀 달라")으로 들어가실 것이다.

그녀는 성령의 음성에 저항할지도 모른다. 하나님께서는 우리에게 선택의 자유를 주셨다. 강압은 사랑이 아니다. 성령께서는 그녀의 영혼에 하나님을 향한, 부모를 향한, 자신을 향한 진정한 사랑을 만드시기 위하여 역사하신다. 그럼에도 그녀는 하나님을 거절할지도 모른다. 부모가 그 선택을 대신해 주지는 못한다. 그러나 기도해 줄 수는 있다. 때로는 성령의 주권적인 역사로 강퍅하게 반항했던 사람들이 하나님께로 돌아오기도 한다.

그러면 부모에게 큰 기쁨이 될 것이다. 그러나 인생이 항상 잘 풀리지는 않는다. 그럴 수도 있고 아닐 수도 있다. 부모가 옛 생활의 길을 결코 떠나지 않을 수도 있다. 딸이 부모의 가슴에 기쁨을 주지 않을지도 모른다. 우리는 기도하고 기다리면서 지켜볼 뿐이다.

영혼의 대화의 교훈

영혼의 대화는 특권이다. 그것에는 삶을 변화시키는 능력이 있다. 그것은 하나님께서 우리를 통해 말씀하시기 원하는 언어이다.

- 전투를 보기 위하여 내면을 생각하라.
- 앞으로 일어날 수 있는 변화를 보기 위하여 비전을 생각하라.
- 그 과정에서 당신 안에 일어나고 있는 생각을 보기 위하여 열정을 생각하라.
- 당신이 사랑하는 사람들의 내면을 보기 위하여 영혼의 이야기를 생각하라.
- 성령의 역사로 들어가기 위하여 성령의 움직임을 생각하라.

나는 당신이 영혼의 대화의 언어를 배우기 위해 필요한 모든 것을 하기 원한다. 우리 모두는 고등학교 시절 외국어를 배우느라고 힘들었던 기억이 있어, 영혼의 대화를 배우는 것이 어색할지 모른다. 그러나 나는 영혼의 대화를 잘하고 싶고 당신도 잘할 수 있으면 좋겠다.

이 책을 다시 읽어 보라. 그리고 친구와 함께 나누어 보라. 주일학교에서 가르치거나 기회가 된다면 강단에서도 가르쳐 보라.

영혼의 깊은 전투로 들어가며 성령의 인도하심을 듣는 것을 성삼위 하나님과 춤을 추는 비유로 생각해 보라. 그것이 무슨 뜻인가? 친구, 가족, 목사 혹은 상담자와 함께 그것에 대하여 이야기해 보라.

낙심하지 말라. 당신은 영혼의 대화를 할 수 있다. 성령께서 당신 안에 거하시며, 영혼의 대화는 그가 하시는 언어이기 때문이다. 그것은 하나님께서 당신을 통해 말씀하시기를 원하시는 언어임을 기억하라. 그것은 하나님께서 교회를 부흥시키시는 언어이고, 오직 예수님 안에서만 가능한 새로운 길로 가도록 초청하는 언어이다.

어떻게 하면 하나님의 은혜에 의해, 예수님의 모범에 따라, 성령의 능력으로 이야기할 수 있는지 조금 더 나누고 이 책을 마무리하고 싶다. 이제는 세상을 망하게 하고, 나라를 부패시키고, 교회를 약화시키는 자기집착에서 나와 하나님께 몰두하는 삶으로 옮기기를 바란다.

성령의 새로운 길을 살도록 초청하고자 한다. 종교를 버리라. 영적인 순례의 길을 걸으라. 은혜의 리듬을 배우고, 영혼의 대화를 하고, 성삼위 하나님과 춤을 추면서 당신이 사랑하는 사람들의 영혼의 전투로 들어가라.

하나님께서 우리에게 원하시는 언어를 배울 수 있는 은혜를 주시기를 바란다.

19
에필로그

작은 고리로 움직이는 큰 문

우리는 영적 혁명의 최전방에 있는 셈이다. 성령께서는 종종 이름 없는 사람들의 영혼 속에 조용히 말씀하셔서 강력한 일을 이루신다. 혁명은 큰 집회장이 아닌 가정과 작은 모임에서 시작된다.

기초는 이미 세워졌다. 세계 교회의 사람들은 성삼위 하나님께서 베푸시는 연회에 초대받아 성삼위 하나님과 함께 즐거워하며 그 에너지를 가지고 이 땅을 살아가도록 부르셨음을 깨닫고 있다.

우리는 영혼에서 진정한 하나님 아버지를 알고자 하는 깊은 갈망을 발견한다. 그리고 보이지 않는 지도자이시며 완전한 충성을 요구하시는 예수님을 따르게 하는 강한 이끌림을 경험한다. 우리의 구원자 예수님께서는 우리가 그를 따르면 고통을 당할 것이라고 말씀하시고, 눈에 보이지 않는 무기를 가지고 도덕적인 전투로 들어가도록 우리를 보내신다. 우리는 마치 이웃 사람이 옆집에 살고 있듯이 거룩하신 하나님께서 실제로 우리 안에 살아 계심을 믿는다. 우리는 심지어는 오십 년 동안 해로한 배우자나 친구보다도 삼위 하나님을 더 잘 알 수 있다는 소망이 있다.

약 십 년 전, 나는 살날이 일 년도 남지 않은 친구와 함께 야외 온천에 앉아 있었다. 우리는 맑은 밤하늘 아래 오랫동안 몸을 담구고, 전에는 거의 나누지 못했던 높은 수준의 영혼의 대화를 했다. 후에 그가 이야기하길, 그때 내가 먼저 일어난 후 그는 별이 가득한 하늘을 우러러보며 이렇게 소리쳤다고 한다. "하나님, 저는 주님을 아는 것보다도 이 친구를 더 잘 압니다. 주님을 향한 갈망이 제 마음을 찢어지게 하며, 주님의 마음도 아프게 하고 있다는 것도 압니다. 저는 주님을 더 잘 알기 위해 어떤 값이라도 치르겠습니다." 죽기 한 달 전, 주님을 잘 알고 싶어 하던 그의 소원이 이루어져서, 그는 성삼위 하나님과 함께 거하는 것보다 더 바라는 것이 아무것도 없다는 고백을 하였다.

그 후 몇 년 뒤 연세가 많은 성자와 함께 저녁 시간을 보낸 적이 있다. 그는 하나님 아버지의 임재 가운데 살고 있었다. 그는 주님을 따르기 위해 모든 것을 포기했고 영적 전투의 흔적을 지니고 있었다. 그의 말은 그의 영을 가득 채우고 있는 거룩한 성령의 부드러운 리듬으로 흘러나왔다. 세 시간의 대화에서 대부분의 시간을 내 순례의 갈등에 대해 이야기했고 그는 조금밖에 말을 하지 않았다.

그러나 그리스도의 향기가 그 방을 가득 채웠다. 그것은 정원의 꽃밭에서 풍기는 향기처럼 강했다. 우리가 헤어져서 내 숙소로 돌아왔을 때 나는 바닥에 엎드려 부르짖었다. "거룩하신 하나님, 그 사람이 하나님을 아는 것만큼 주님을 알기 위해 어떤 값도 치를 것입니다." 그것은 내 인생의 가장 초월적인 순간 중 하나였다. 하나님을 친밀하게 알고 나와 영혼의 대화를 한 사람으로 인하여 이런 놀라운 사건이 일어났다.

하나님 아버지를 알고 예수님을 사랑하고 성령의 음성을 듣는 것의 가장 분명한 증거는 교회의 크기도 아니고, 우리의 인생과 사역에서 번듯하게 이루어 놓은 눈에 보이는 성공도 아니다. 우리가 성삼위 하나님과 춤을 추고 있다는 증거는 우리가 다른 사람을 대하는 방식에 있다. 즉 우리가 말하는 대로 살아가는 삶이 그 증거이다.

자아의 대화는 값싼 것이다. 그러나 영혼의 대화는 값을 요구한다. 영혼의 대화는 자아에 대하여는 죽고, 자기집착을 십자가에 못 박아 하나님께 몰두하는 것이 부활하도록 한다. 솔직한 자아의 대화("내가 원하는 대로 말하고 내게 솔직해질 것이다")는 자유라는 이름을 빌린 이기적인 대화이다. 종교적인 자아의 대화("어떻게 하면 하나님을 우리의 편에 서게 해서 좋은 일이 일어나게 할 수 있을까")는 편리와 협조라는 거짓된 우상을 숭배하는 대화이다.

그러나 영혼의 대화는 신성하다. 그것은 거룩한 은혜의 기적이다. 영혼의 대화는 우리가 사랑하는 사람의 영혼을 하나님의 능력으로 해방시켜 준다. 우리는 하나님을 첫째로 섬기고 하나님께서는 그의 뜻대로 우리를 통해 역사하신다. 당신이 인생에서 상처를 받아왔다는 사실을 안다. 당신에게 상처를 준 사람의 영혼의 전투로 들어가라. 당신의 배우자와 친구가 당신에게 잘해 줬으면 하는 바람이 있다는 것도 알고 있다. 그런 욕구를 두 번째로 두고 그들에게 잘해 줌으로써 그들의 전투로 들어가라. 교회를 개척하도록 부르심을 느낄 수도 있다. 그렇다면 당신의 부르심 뒤에 있는 에너지가 교회가 잘되는 것보다 하나님을 즐거워하는 것에 더 관심을 기울이도록 하라.

그러면 초자연적인 능력이 당신의 영혼에서 다른 사람의 영혼으로 흘러넘칠 것이다. 모든 사람은 아니지만 많은 사람들이 그것에 반응하여 함께 춤을 출 것이다. 그래서 초월하는 능력이 더 실제적으로 와 닿는다. 아버지의 품안에서 쉼을 얻는다. 메시아의 사랑 안에서 즐거워한다. 그리고 성령의 음악에 따라 춤추게 된다.

큰 문이 작은 고리에 의해 움직이는 것처럼, 생명의 불을 붙이는 영혼의 대화는 소수의 사람들에게 달려 있다.

한 사람의 장로가 갈등하는 당회를 안전한 공동체로 변화시킬 수 있다. 한 사람의 목사가 위치나 인정받는 일에 관심을 두지 않고 섬기는 자로서 설 때, 하나님을 향한 갈망으로 깨어진 삶의 능력으로 인도할 때, 순례자의 한 사람으로서 겸손하게 공동체를 이끌어 갈 때, 살아 있는 목회를 할 수 있다. 깨어진 목사 한 사람이 교회를 성령의 불을 지피는 공동체로 변화시킬 수 있는 것이다.

한 사람의 소그룹 지도자가 성령께 귀를 기울인다면 어떤 일이 일어날까? 사람들의 영혼에 진정한 전투가 천천히 일어나고, 그 모임은 성령께서 인도하시는 영혼의 대화의 창조적인 장이 될 것이다.

하나님을 간절히 바라고 다른 사람들에게 진실한 교인, 영혼의 대화를 배운 한 사람의 교인이 교회라는 단어의 의미를 회복시킬 수 있다. 그 마음이 전달되는 데 몇 주일, 몇 년 걸릴지 모르지만 말이다.

나는 도표를 그리기 좋아한다. 마지막 쪽의 도표를 보기를 바란다. 도표의 각 요소를 살펴보면 도움이 될 것이다. 거기에서 이 책에서 말한 다섯 단계를 볼 수 있다.

영혼의 대화를 배울 수 있도록 도와주시길 하나님께 간구하라. 하나님께서 당신을 통해 말씀하시기 원하시는 언어로 말할 수 있도록 능력을 주실 성부, 성자, 성령을 알기 위해서라면 어떤 값도 치르겠다고 말씀드리라.

영혼의 대화의 기회를 포착하도록 기도해야 한다. 그때는 도표에 매이지 말고 단순하게 천국의 음악을 듣도록 귀를 기울이라.

그 음악을 듣고 알 수 있는가? 그 리듬에 맞추고 있는가? 거룩한 춤을 추고 싶은 욕구를 느끼는가?

사랑하는 사람이 갈등을 이야기할 때 귀를 기울여 들으라. 말을 많이 하지 말고 옛 생활의 길의 흔적을 살펴보라. 새로운 길의 에너지가 어디에서 일어나서 하나님의 임재로 그 사람을 들어올리고 있는지 분별하라.

당신의 동기를 생각해 보라. 남을 감동시키려고 하는가? 감동시키지 못할까 봐 두려운가? 그 사람을 순수하게 사랑하고 싶다고 하나님께 말씀드리라. 친구에게 질문하라. 그러나 간섭하거나 꼬치꼬치 캐려고 하거나 스트레스를 주지 말아야 한다. 남을 위한 호기심으로 돌보는 자세로 질문을 해야 한다. 그리고 당신이 보게 된 두려움, 원망, 자기보호, 소망, 깨어짐들을 나누어 보라.

성령의 역사를 볼 때 흥분하면서 말하고 기뻐하라. 하나님의 임재 안에서 사랑하는 사람과 춤을 추라.

거룩한 사랑의 언어로 이야기하고 하나님께서 원하시는 언어로 이야기하는 혁명에 참여하라. 영혼의 대화를 하며 하나님께 영광을 돌리라. 그 이상의 큰 기쁨은 없을 것이다.

천국의 생명의 잔치에 오게 된 당신을 환영한다!

영혼의 대화

사랑하는 사람이 자신의 인생에서 일어난 일을 이야기한다.

1. 내면을 생각하라

섣불리 말하지 말라. 외식과 신앙 사이에 있는 전투에 대하여 생각하라.
그는 무엇에 더 관심이 있는가?
축복에 대한 욕구인가 아니면 하나님을 향한 갈망인가?

3. 열정을 생각하라

지금 당신은 얼마나
자기집착에 빠져 있는가?
그렇다고 느낀다면 하나님께
고백하고 자아가 깨어져 그를
진실로 사랑하기를 바라라.

2. 비전을 생각하라

만일 그가 축복보다
하나님을 더 원한다면
어떻게 달라질 것인가?
어떻게 하면 그의 인생이
낭비되지 않을 수 있을까?

4. 영혼의 이야기를 생각하라

남을 위한 호기심을 갖고
귀를 기울여 두려움과
수치의 숨은 이야기와
자기 힘으로 인생의 길을
찾기 위해 하나님으로부터
멀어졌던 과거의 사건을 들어 보라.
질문을 많이 하되
충고하려는 유혹에 빠지지 말라.

5. 성령의 역사를 생각하라

깨어짐을 향한 성령의 역사에
주의를 기울이라.
그리고 회개, 격려, 신뢰,
하나님께 대한 확신을
말로 표현하고
그의 진정한 자아가
해방된 것을 축하하라.

참고 – 본문에 인용된 *The Massage* 원문

- So they'll be as unified and together as we are.... Then they'll be mature in this oneness, and give the godless world evidence that you've sent me. (John 17:22-23)

- You don't need a telescope, a microscope, or a horoscope to realize the fullness of Christ.... When you come to him, that fullness comes together for you, too. His power extends over everything. (Colossians 2:9-10)

- Entering into his fullness is not something you figure out or achieve.... No, you're already in.... God brought alive—right along with Christ. (Colossians 2:11, 13)

- People who try to run our life are "completely out of touch with the source of life, Christ.... whose very breath and blood flow through you." (Colossians 2:18-19)

- The mystery in a nutshell is just this; Christ is in you.... it's that simple. (Colossians 1:27-28)

- We've been given a brand-new life.... Your life is a journey you must travel with a deep consciousness of God. (1 Peter 1:3, 17)

- We were also given absolutely terrific promises to pass on to you—your tickets to participation in the life of God. (2 Peter 1:4)

- My people are broken—shattered!—and they put on band-aids, saying, 'It's not so bad. You'll be just fine.' But things are not 'just fine'! (Jeremiah 6:14)

- Are you tried? Worn out? Burned out on religion? Come to me. Get away with me and you'll recover your life. (Matthew 11:28-29)

- Why doesn't one of you just shut the Temple doors and lock them? Then none of you can get in and play at religion with this silly, empty-headed worship. I am not pleased. (Malachi 1:10)

- Be prepared. You're up against for more than you can handle on your own. Take all the help you can get, every weapon God has issued, so that when it's all over but the shouting you'll still be on your feet.... Pray hard and long.... Keep your eyes open. (Ephesians 6:13, 18)

- Lead with your ears, follow up with your tongue. (James 1:19)

- Don't be in any rush to become a teacher.... We get it wrong nearly every time we open our mouths. (James 3:1-2)

- You're blessed when you've worked up a good appetite for God. He's food and drink in the best meal you'll ever eat. (Matthew 5:6)

- I'm turning cartwheels of joy to my Savior God. (Habakkuk 3:18)

- Get away with me and you'll recover you life. (Matthew 11:28)

- Lead with your ears, follow up with your tongue, and let anger straggle along in the rear. God's righteousness doesn't grow from human anger. (James 1:19-20)

- Prosperity is as short-lived as a wildflower, so don't ever count on it.... At the very moment everyone is looking on in admiration, it fades away to nothing.
  Anyone who meets a testing challenge head-on and manages to stick it out is mighty fortunate. For such persons loyally in love with God, the reward is life and more life.
  Don't let anyone under pressure to give in to evil say, "God is trying to trip me up".... The temptation to give in to evil comes from us and only us. We have no one to blame but the leering, seducing flare-up of our own lust....
  So, my very dear friends, don't get thrown off course. Every desirable and beneficial gift comes out of heaven. The gifts

are rivers of light cascading down from the Father of Light....
Post this at all the intersections, dear friends: Lead with your
ears, follow up with your tongue. (James 1:10-19)

- Peter blurted out, "Even if everyone else is ashamed of you when things fall to pieces, I won't be." Jesus said, "Don't be so sure. Today, this very night in fact, before the rooster crows twice, you will deny me three times." (Mark 14:29-30)

- Peter said, "I don't get it. Put it in plain language." Jesus replies, "You too? Are you being willfully stupid?" (Matthew 15:15-16)

- "Master, if only you had been there, my bother would not have died." (John 11:32)

- When Jesus saw her sobbing.... a deep anger welled up within him. He said "Where did you put him?" (John 11:33-34)

- "You're familiar with the command to the ancients, 'Do not murder.' I'm telling you that anyone who is so much as angry with a brother or sister is guilty of murder. Carelessly call a brother 'idiot!' and you just might find yourself hauled into court. Thoughtlessly yell 'stupid!' at a sister and you are on the brink of hellfire. The simple moral fact is that words kill." (Matthew 5:21-22)

- You're blessed when you're the end of your rope. With less of you there is more of God and his rule.

You're blessed when you feel you've lost what is most dear to you. Only then can you be embraced by the One most dear to you.

You're blessed when you're content with just who you are—no more, no less. That's the moment you find yourselves proud owners of everything that can't be bought.

You're blessed when you're worked up a good appetite for God. He's food and drink in the best meal you'll ever eat....

You're blessed when you get your inside world—your mind and heart—put right. Then you can see God in the outside world.

You're blessed when you can show people how to cooperate instead of compete or fight. That's when you discover who you really are, and your place in God's family. (Matthew 5:3-6, 8-9)

- Where do you think all these appalling wars and quarrels come from?.... come about because you want your own way (James 4:1)

- I'm full of myself—after all, I've spent a long time in sin's prison. What I don't understand about myself is that I decide one way, but then I act another, doing things I absolutely despise. (Romans 7:14-15)

- I need something more!..... I realize I don't have what it takes.... Something has gone wrong deep within me and gets the better of me every time. (Romans 7:17, 18, 20)

- I've tried everything and nothing helps. I'm at the end of my rope. (Romans 7:24)

- The answer, thank God, is that Jesus Christ can and does.... With the arrival of Jesus, the Messiah, that fateful dilemma is resolved. (Romans 7:25, 8:1, 4)

Scriputre quotations are taken from *The Message*, copyright © 1993.
Used by premission of Navpress Publishing Group.

주

1. C. S. Lewis, *The Weight of Glory* (1949; repr., New York: HarperCollins, 2001), 46.
2. Peter Kreeft, *The Ants and the Angels* (Ann Arbor, Mich.: Servant Publications, 1994), 12~13.
3. Tim Burke, *Major League Dad* (Colorado Springs: Focus on the Family, 1999).
4. 성령의 새로운 길 대 의문의 옛 생활의 길에 대한 자세한 논의는 저자가 쓴 『하나님을 즐거워하라』 (서울: 두란노, 2003)에서 볼 수 있다.
5. C. S. Lewis, "First and Second Things," *God in the Dock* (1970; repr., Grand Rapids: Eerdmans, 2002), 280
6. Alastair V. Campbell, Kenneth Leech, *Spirituality and Pastoral Care* (Cambridge, Mass: Cowley Publications, 1989), 35에 인용됨.
7. 위의 책, 51.
8. Saint Augustine, Brennen Manning, *The Rabbi's Heartbeat* (Colorado Springs: NavPress, 2003)에 인용됨.
9. Stephen F. Olford, *Heart-Cry for Revival* (Westwood, N.J.: Fleming H. Revell, 1962), 17에 인용됨.
10. Thomas Cahill, *How the Irish Saved Civilization* (New York: Doubleday, 1995), 39.
11. 위의 책.
12. 위의 책.
13. André-Georges Malreaux, Thomas Cahill, *How the Irish Saved Civilization* (New York: Doubleday, 1995), 218에 인용됨.
14. 저자가 쓴 『하나님을 즐거워하라』 (서울: 두란노, 2003)에 영적 형성의 사이클에 대해 좀 더 자세히 설명되어 있다.